Ludwig Stacke

Erzählungen aus der griechischen Geschichte in biographischer

Form

Ludwig Stacke

Erzählungen aus der griechischen Geschichte in biographischer Form

ISBN/EAN: 9783743638341

Hergestellt in Europa, USA, Kanada, Australien, Japan

Cover: Foto ©ninafisch / pixelio.de

Weitere Bücher finden Sie auf **www.hansebooks.com**

Erzählungen

aus der

Griechischen Geschichte

in

biographischer Form.

Von

Prof. Dr. Ludwig Stacke,

Prorektor a. D.

———

Mit einer Karte.

———

Dreiundzwanzigste Auflage.

———◆✦◆———

Oldenburg.
Druck und Verlag von Gerhard Stalling.
1886.

Vorwort zur erften Auflage.

Der hiſtoriſche Unterricht in den unteren Klaſſen der Gymnaſien wird jetzt faſt allgemein in biographiſcher Form erteilt. Zu dieſem Zwecke dürfte dem Schüler ein Leſebuch nicht unwillkommen ſein, das, in einem einfachen und dem Knaben verſtändlichen Stile geſchrieben und zwiſchen der Ausführlichkeit größerer Werke und der kompendiöſen Darſtellung eines Leitfadens die Mitte haltend, geeignet wäre, ihn in ſeinen Präparationen zu unterſtützen oder als Nachleſe über das in der Schule Gehörte zu dienen. Es ſoll daher dieſes Büchlein keineswegs den mündlichen Vortrag des Lehrers überflüſſig machen, ſondern denſelben im Gedächtnis des Schülers befeſtigen.

Überall habe ich mich beſtrebt, die Ereigniſſe den Perſonen unterzuordnen und letztere als Träger der erſteren hervortreten zu laſſen. So oft es die individuelle Beſchaffenheit des Stoffes und der Quellenſchriftſteller geſtattete, habe ich die eigenen Worte der letzteren gegeben, was namentlich bei den aus Pauſanias (nach der Überſetzung von Siebelis, Stuttgart 1829) und aus Herodotos (nach der Überſetzung von Lange, Breslau 1834) entliehenen Stücken der Fall iſt. Von den Erzählungen aus der Geſchichte des trojaniſchen Krieges ſind einige (III., 4—8) mehr oder weniger wörtlich aus Schwabs Sagen Trojas (Stuttgart 1846), die auch im proſaiſchen Gewande die Poeſie nicht verkennen laſſen, entnommen, was hoffentlich nicht als Plagiat angeſehen werden wird. Bei den älteſten ſagenhaften Geſchichten, von denen jedoch die Ödipusſage hier ausgeſchloſſen worden iſt, habe ich mich bemüht, die poetiſche Färbung, in welcher ſie erſcheinen, zu bewahren, und deshalb an mehreren Stellen die den Alten ſo bedeutungsvollen Orakelſprüche in metriſcher Form eingerückt. Was die Maſſe des geſchichtlichen Stoffes anbetrifft, ſo ſind die Erzählungen aus den früheren Zeiten bis zu den Perſerkriegen einſchließlich ausführlicher behandelt, als die aus den ſpäteren, wo die politiſchen Verhältniſſe Griechenlands anfangen ſchwieriger und verwickelter zu

werden. — Von der Aufnahme dieses Büchleins wird es ab=
hängen, ob ich auch die römische Geschichte in gleicher Weise
bearbeite. **Dr. Stacke.**

Vorwort zur zweiten Auflage.

Der rasche Absatz der ersten Auflage zeugt für die Brauch=
barkeit dieses Büchleins, und diese zu erhöhen war der Wunsch,
der mich bei der Durchsicht zur zweiten Auflage geleitet hat.
Es sind daher manche stilistische Unebenheiten, besonders aber
die zahlreichen Druckfehler beseitigt worden, welche leider die
erste Auflage entstellten; hier und da, wo es die poetische
Schilderung zu fordern schien, sind Erweiterungen eingeschaltet
worden; neu hinzugekommen ist die Erzählung von Herakles
(besonders nach Schmiebers Mythologie, Kassel 1821). Das
letztere ist auf den Wunsch des Herrn Dr. Hölscher zu Her=
ford geschehen, der das Büchlein in der Mützell'schen Zeitschrift
einer Beurteilung gewürdigt hat. Möge auch diese zweite
Auflage eine günstige Aufnahme finden! **Dr. Stacke.**

Vorwort zur dritten Auflage.

Diese dritte Auflage ist ein unveränderter Abbruck der
zweiten. Zusätze und Erweiterungen aufzunehmen schien mir
nicht ratsam, weil badurch leicht der ursprüngliche Zweck des
Büchleins vereitelt werden könnte. **Dr. Stacke.**

Vorwort zur sechsten Auflage.

Bei Abfassung der ersten Auflage glaubte ich die Ödipus=
sage ausschließen zu müssen. Da sie jedoch einen integrierenden
Teil der hellenischen Sage bildet, und auch andere Bücher
ähnlicher Art kein Bedenken tragen, sie aufzunehmen, so hat
sie in dieser neuen Auflage hier ihre Stelle gefunden.
Fulba, im November 1866. **Dr. Stacke.**

Vorwort zur neunten Auflage.

Diese neue Auflage ist durch eine kurze Übersicht der Geo=
graphie des alten Griechenlands vermehrt worden.

Rinteln, im Februar 1872.   Dr. **Stacke.**

Vorwort zur zehnten Auflage.

Zu dem unveränderten Texte der vorigen Auflage ist eine
Karte des alten Griechenlands hinzugekommen.

Rinteln, im April 1873.   Dr. **Stacke.**

Vorwort zur zwölften Auflage.

Bei dieser neuen Auflage halte ich die Bemerkung für
nicht überflüssig, daß die dem Büchlein beigegebene Karte auf
kartographische Vollkommenheit und Genauigkeit keinen An=
spruch macht, wohl aber dem Zwecke des geschichtlichen Unter=
richts auf dieser Stufe genügen dürfte. Eben so hielt sich die
Darstellung der Sagengeschichte von aller kritischen Behand=
lung der Mythe fern.

Rinteln, im Februar 1875.   Dr. **Stacke.**

Vorwort zur zwanzigsten Auflage.

Diese Auflage ist sowohl durch angemessene Zusätze
innerhalb einzelner Erzählungen, als durch einige Mitteilun=
gen über die wichtigsten National=Institute der Griechen ver=
mehrt worden.

Rinteln, im März 1883.   Dr. **Stacke.**

Inhalt.

Geographische Übersicht des alten Griechenlands.

Griechenland, die südöstliche Halbinsel Europas, zerfällt in Nord-, Mittel- und Südgriechenland. Im Norden ist das Land von hohen Gebirgen umgrenzt. Der Pindus im Norden, der die Wasserscheide zwischen dem jonischen und ägäischen Meere bildet, entsendet das kambunische Gebirge nach Osten aus, das am thermaischen Busen mit dem Olympus, dem höchsten Berge Griechenlands (9160 Fuß hoch) endet. Die westliche Fortsetzung der kambunischen Gebirge bildet das keraunische, das mit dem Vorgebirge Akrokeraunion ausläuft. Südlich vom Olymp erhebt sich der Ossa; zwischen Olymp und Ossa strömt der Fluß Peneos und bildet das von den Dichtern gepriesene reizende Thal Tempe. Südlich vom Ossa zieht sich der Pelion durch die thessalische Halbinsel Magnesia. Nach Mittelgriechenland entsendet der Pindus den Oeta mit dem berühmten Passe der Thermopylen (benannt von den noch heute dampfenden Quellen), der Mittelgriechenland von Thessalien scheidet. Mittelgriechenland oder Hellas ist von Berggruppen erfüllt, dem Parnassus*) in der Landschaft

---

*) An den Berg Parnassus knüpft sich folgende Sage: Zeus, der oberste der Götter, hatte beschlossen, das ganze Menschengeschlecht wegen seiner Ruchlosigkeit zu vernichten; nur ein einziges Paar, das fromm und gut geblieben, sollte erhalten werden, Deukalion und seine Gemahlin Pyrrha. Während nun Platzregen vom Himmel stürzten, Flüsse und Meere anschwollen und die Berge bedeckten, und das Menschengeschlecht in der allgemeinen Flut seinen Untergang fand, trieben Deukalion und Pyrrha neun Tage in einem hölzernen Kasten umher, der sich endlich, als die Flut sich verlaufen, am Berge Parnassus niederließ. Auf ihr Flehen um ein neues Menschengeschlecht erhielten sie den Bescheid, sie sollten mit verhülltem Haupte die Gebeine ihrer Mutter umwenden. Sie errieten den Sinn

Phocis, dem Helikon und Kithäron in Böotien, dem Pentelikon und Hymettos in Attika. Südgriechenland oder der Peloponnes, jetzt Morea genannt, ist fast ganz mit Gebirgen bedeckt; ein in der Mitte der Halbinsel gelegenes Hochland, Arkabien, wird ringsum von höheren Randgebirgen eingeschlossen, deren Knotenpunkt der Kyllene ist, der seine Zweige in drei Hauptrichtungen durch die Halbinsel sendet. Die höchste dieser Ketten ist der Taygetus, der in das Vorgebirge Tänarum (Kap Matapan) ausläuft.

Griechenland hat viele, aber wenig bedeutende Flüsse. Bemerkenswert sind der schon genannte Peneos, der durch das Thal Tempe in Thessalien fließt; der Achelous, der sich ins jonische Meer ergießt; der Kephissus, der in den mit unterirdischen Abzugskanälen versehenen See Kopais in Böotien fließt. Im Peloponnes ergießt sich der Alpheus in Messenien ins jonische Meer, der Eurotas in Lakonien in den lakonischen Meerbusen.

Die vielen Gebirgszüge, welche Griechenland durchziehen, mit ihren Querketten, die sie brückenartig verbinden, drücken der Halbinsel ein eigentümliches Bodengepräge auf und verleihen ihr die größte Mannigfaltigkeit. Wilde Thalschluchten mit ihren schroffen Felsenklippen und zerrissenen Schlünden wechseln mit lachenden Auen, anmutigen Höhen und fruchtbaren Hochlanden. Das Meer mit seinen vielfachen Einschnitten bewirkt die reichste Küstenbildung, eine Menge von Busen, Baien und Anfahrten. Die Natur des Landes prägt sich auch im Charakter seiner Bewohner aus, in ihrem beweglichen Sinn, ihrem reizbaren und veränderlichen Wesen. Über die ganze Halbinsel mit ihren Inselmeeren ist derselbe klare, heitere Himmel ausgespannt, der den Bewohnern einen unverwüstlich heiteren Sinn verlieh.

––––––––

des dunkelen Spruches: ihre Mutter war die Erde und deren Gebeine die Felsen. Nun warfen sie mit verhülltem Haupte Steine hinter sich. Da wurden aus den Steinen des Deukalion Männer, aus denen der Pyrrha Frauen. So wurden beide die Wiederhersteller des Menschengeschlechts. Am Abhange des Parnassus war dem Deukalion aus einem Geschiebe von Steinen eine Art Tempel gebaut.

Nordgriechenland zerfiel in zwei Landschaften, von denen die westliche Epirus war, mit dem uralten Heiligtum und Orakel*) von Dodona, die östliche Thessalien, wo die sagenberühmten Städte Jolkos und Pherä (mit dem Hafen Pagasä) lagen.

Mittelgriechenland oder Hellas umfaßte folgende neun Landschaften:

1) Akarnanien am ambracischen Meerbusen;
2) Ätolien, durch den Fluß Achelous von der vorigen getrennt;
3) das ozolische (westliche) Lokris mit den Städten Amphissa und Naupaktus;
4) das kleine Bergland Doris;
5) Phocis, mit dem berühmten Orakel*) von Delphi, den Städten Krissa und Elatea;

---

*) Die Griechen glaubten, daß die Götter ihnen auf Befragen ihren Willen offenbarten. Solche Götteraussprüche über die Zukunft hießen Orakel, ebenso die Orte (Tempel) wo sie erteilt wurden. Das älteste Orakel war das des Zeus zu Dodona, wo Priesterinnen aus dem Rauschen uralter, heiliger Eichen, oder aus den Tönen frei hängender, vom Winde bewegter eherner Becken den Willen des Gottes deuteten. Das berühmteste Orakel war das des Apollo zu Delphi, das die Alten für den Mittelpunkt der Erde hielten. Hier entdeckte einst ein Hirt einen Erdschlund, aus welchem ein berauschender Dunst emporstieg. Über demselben, auf einem Dreifuß sitzend, verkündete die Priesterin, die Pythia, im Zustande der Begeisterung die Aussprüche Apollos. Später wurde über der Orakelstätte ein Tempel gebaut, an den sich Priesterwohnungen, Schatzhäuser und Heiligtümer, allmählich die Stadt Delphi, anschlossen. Ursprünglich erteilte Apollo nur an seinem Geburtstage, später am siebenten Tage eines jeden Monats, in der Zeit von Griechenlands Blüte an jedem Tage Orakel. Die Fragenden, im Vorhofe des Tempels durch Reinigungen, Räucherungen und Gebete vorbereitet, opferten eine Ziege, deren Eingeweide die Priester sorgfältig untersuchten. Ward das Opfer als fehlerfrei erkannt, so wurden die Fragenden, einen Lorbeerkranz auf dem Haupte und Zweige mit Wollenbinden in den Händen, in das Innere des Heiligtums geführt, wo der Gott, in Weihrauchwolken gehüllt, seine Gegenwart ahnen ließ. Die Pythia, durch Waschungen aus dem benachbarten kastalischen Quell und durch dreitägiges Fasten vorbereitet, in schleppendem Gewande auf hohen Stelzschuhen einherschreitend, nahm mit sichtbarem Widerstreben auf dem Dreifuß Platz. Bald geriet sie durch die aus dem Schlunde aufsteigenden Dünste in Verzückung. Nach langem Kampfe stieß sie Töne und Worte aus, die meist nur den Priestern verständlich waren und von diesen in Versen nieder-

6) das östliche Lokris;

7) Böotien mit den berühmten Orten Theben, Aulis, Platäa, Tanagra, Haliartus, Chäronea, Koronea, Leuktra u. a.;

8) Attika, mit der berühmten, durch bewundernswürdige Kunstwerke geschmückten Hauptstadt Athen, die durch die langen Mauern mit den Häfen Piräeus und Phaleron verbunden war; ein dritter Hafen Athens war Munychia. Andere Städte waren Marathon und Eleusis;

9. Megaris, auf der Landenge zwischen dem korin=thischen und saronischen Busen, mit der Hauptstadt Megara.

Südgriechenland oder der Peloponnes (Morea) umfaßte folgende neun Landschaften:

1) Korinth mit der gleichnamigen Stadt an der Land=enge, dem Isthmus;

2) Sicyon;

3) Phlius;

4) Achaja;

5) Elis, mit dem berühmten Haine von Olympia am Alpheus, wo ein Tempel des Zeus stand mit der von Phidias aus Gold und Elfenbein gefertigten Bildsäule des Gottes, wo die berühmten olympischen Spiele gefeiert wurden*);

---

geschrieben wurden. Die Orakel waren oft dunkel und doppelsinnig. Delphi, dessen Priester eine tiefe Einsicht in die Verhältnisse der griechischen Staaten besaßen, ward in allen wichtigen Angelegenheiten um Rat gefragt und beherrschte Jahrhunderte lang durch seine Orakel die alte Welt. Durch die Geschenke seiner Besucher gewann es uner=meßliche Reichtümer.

*) Die Griechen hatten vier Nationalfeste und Spiele: die py=thischen bei Delphi, die nemeischen bei Nemea in Argolis, die isthmischen auf der Landenge von Korinth und die olympischen Spiele zu Olympia. Die letzteren waren die berühmtesten; als ihr Stifter wird gewöhnlich Herakles genannt. Sie wurden mehrmals erneuert. Seit dem Jahre 776 v. Chr. fand die Aufzeichnung der Sieger und, da sie immer nach vier Jahren, in jedem fünften Jahre gehalten wurden, die Zeitrechnung nach Olympiaden statt. Sie be=gannen um den 1. Juli und dauerten fünf Tage. Während der Feier herrschte Waffenruhe (Gottesfriede), und die Landschaft Elis

6) **Messenien**, mit dem Hafen **Pylos** und den Berg-
  festen **Ira** und **Ithome**;

7) **Lakonien**, mit der Hauptstadt **Sparta** am Flusse
  Eurotas;

8) **Argolis**, mit den Städten **Argos, Mycenä,
  Trözen**;

9) **Arkadien**, mit den Städten **Mantinea, Orchomenos**, u. a.

---

ward für ein heiliges, unverletzliches Land erklärt. Die Spiele wurden zu Ehren des olympischen Zeus gefeiert. Ursprünglich war der
Lauf das einzige Kampfspiel, erst allmählich kamen die übrigen
hinzu, doch blieb der Lauf immer die Hauptsache. Vor dem Anfang wurde mit den Kämpfern eine Prüfung angestellt, indem durch
Herolde öffentliche Anfrage geschah, ob etwa ihre Geburt oder Ehrlosigkeit oder Frevel ihre Zulassung verbiete; dann wurden sie eidlich
verpflichtet, so zu kämpfen, wie die Kampfordnung es vorschrieb, und
wie sie in den letzten zehn Monaten, während welcher sie in Elis
unterrichtet waren, gelernt hatten. Über den Sieg entschieden Preis-
oder Kampfrichter. Zu dem ursprünglichen Wettlauf kamen hinzu
der Ring- oder Faustkampf, das Werfen mit dem Diskos,
einer schweren eisernen Scheibe, die im Bogen nach einem Ziele hin
geworfen wurde, der Sprung und das Werfen mit dem Wurfspeer. Diese fünf Arten bildeten das Pentathlon (den Fünf-
kampf). Auch Wettrennen zu Roß und Wagen fanden statt, die im
Hippodrom gehalten wurden. Bei dem Faustkampf gab es oft
gräßliche Verwundungen, ja sogar Totschlag. Einem Faustkämpfer
wurden einst die Zähne eingeschlagen; er schluckte sie, den Schmerz
verbeißend, sofort hinunter und verblüffte dadurch seinen Gegner so,
daß sich dieser für besiegt erklärte. In einem Rennspiel von 40 Wagen blieb einst nur einer unversehrt. Die Sieger erhielten Kränze
von Ölzweigen. Weit wichtiger aber waren die mit dem Siegespreis
verbundenen Ehrenbezeigungen: man benannte das Jahr nach den
Siegern, verherrlichte sie durch Lobgesänge und Bildsäulen, führte
sie im Triumph in ihre Vaterstadt zurück und beehrte sie mit lebens-
länglicher Auszeichnung, insbesondere mit Geldbelohnungen und Ab-
gabenfreiheit. Diagoras von Rhodos hatte selbst mehrmals gesiegt; als nun auch seine beiden Söhne zu Olympia siegten, rief ihm
ein Spartaner zu: „Stirb, Diagoras, denn in den Himmel wirst du
doch nicht steigen!" Und er starb, als die beiden Jünglinge ihm ihre
Kränze aufs Haupt setzten. Zu den olympischen Spielen eilten Teil-
nehmer und Zuschauer aus allen griechischen Staaten herbei; sie
waren für das Volk eine Veranlassung, sich seiner Stammeseinheit
bewußt zu werden; Freundschaften, Geschäfts- und Familienverbin-
dungen wurden hier geschlossen; Redner, Dichter und Geschichtsschreiber trugen ihre Leistungen vor, und Maler stellten ihre Gemälde zur Schau.

Im Nordwesten Griechenlands, im jonischen Meere, liegen die jonischen Inseln, von denen Ithaka als Heimat des Odysseus, in späterer Zeit Korcyra, berühmt waren. Im Osten der Halbinsel liegt das ägäische Meer (Archipelagus oder Inselmeer), das schon in den frühesten Zeiten den Verkehr zwischen Asien und Griechenland vermittelte. Westlich darin liegen die Inseln Salamis, neben Attika Euböa mit der Stadt Eretria, südlich um die dem Apollo geweihte Insel Delos herum die Kykladen, unter ihnen Naxos und Paros, und Kreta (Candia); nördlich die Inseln Lemnos, Imbros, Thasos, an der Küste von Kleinasien Lesbos mit der Stadt Mytilene; Samos, Chios, Rhodos; am östlichsten Cypros.

Herakles.

In Theben lebte ein König, Amphitryon, dessen Gemahlin Alkmene hieß. Sie gebar einen Sohn, den Herakles (Hercules), als dessen Vater Zeus galt, der Gott des Himmels und der Erde. Als der Knabe acht Monate alt war, sandte Hera, die ihm feind war, zwei Schlangen in seine Wiege, um ihn zu töten; aber der Knabe streckte lächelnd seine Hände nach ihnen aus und erdrückte beide. Zeus gewann eine besondere Vorliebe für den schönen und kraftvollen Sohn und verlieh ihm die Unsterblichkeit. Auch Amphitryon, der sterbliche Pflegevater des Götterkindes, erkannte die große Bestimmung des Knaben und ließ ihn frühzeitig von den besten Meistern in allen Künsten unterrichten, durch welche sich die Helden jener Zeit auszeichneten. Die angeborene Riesenkraft wuchs mit den Jahren, und den Geist bildete Chiron herrlich aus.

Als er zum Jüngling herangewachsen war, ging er einst einsam in der Gegend umher, und dunkle Ahnungen der Zukunft wurden in ihm rege. Unter großen Gedanken und Entwürfen gelangte er an einen Scheideweg. Indem er noch überlegte, welche Richtung er einschlagen sollte, erschienen ihm plötzlich zwei weibliche Gestalten. Die eine, schön und reizend, halb bekleidet und eitel sich selbst beschauend, ging ohne Scheu auf den jungen Mann los und versprach ihm die höchste Wonne und Glückseligkeit, wenn er ihr folgen wolle. „Wer bist du?" fragte Herakles mit prüfendem Blicke. „Meine Freunde," sprach die Göttin mit selbstgefälligem Lächeln, „nennen mich das Vergnügen, meine Feinde aber das Laster." Da schaute der junge Held nach der anderen Gestalt, die war nicht so schön, aber auf ihrem Antlitz strahlte ein himmlischer Friede; bescheiden und würdevoll stand sie

da und blickte ernst und doch freundlich dem Manne ins An=
gesicht. „Wohin führst du mich?" sprach Herakles zu dieser
Gestalt. „Ich führe dich" — war die Antwort — „in
Arbeit und Gefahren, aber ich verheiße dir Unsterblichkeit,
Ehre und Ruhm bei Göttern und Menschen, wenn du meiner
Leitung dich anvertraust." Diese Worte ergriffen das Herz
des Helden, der Göttersohn war schnell entschlossen; er stieß
die zudringliche Wollust zurück und reichte der bescheidenen
Tugend seine Hand. Auf ihren Rat befragte er das del=
phische Orakel, was er zu thun habe, und dieses wies ihn
an Eurystheus, König von Mycenä, zu dessen Diensten
er sich willig stellte. Dieser legte ihm zwölf schwere Arbeiten
auf, die Herakles glücklich bestand und dadurch der Wohl=
thäter des Menschengeschlechtes und der erste Held seines
Volkes wurde.

Im Walde bei Nemea in Argolis hielt sich ein unge=
heurer Löwe auf, welcher die ganze Gegend umher verwüstete.
Herakles zog auf Befehl des Eurystheus aus, ihn zu töten.
Er schoß seine Pfeile auf ihn, aber unverletzt schüttelte der
Löwe sie wieder von sich. Da fällte Herakles sich eine
Pappel zur Keule, betäubte den Löwen mit einem Schlage
vor den Kopf und erwürgte ihn dann. Das Fell zog er
ihm ab und trug es fortan als Siegeszeichen, und die Keule
war seitdem seine liebste Waffe.

Darauf sandte ihn Eurystheus gegen die Hydra, ein
schlangenartiges Ungeheuer mit hundert Köpfen, das in einem
Sumpfe bei Lernä in Argolis hausete. Weder Menschen
noch Tiere durften sich dem Ungetüm nahen: es zog sie alle
in seinen Schlupfwinkel und verzehrte sie dann. Mit einem
Sichelschwerte nahm ihm Herakles mehrere Köpfe ab, aber
statt jedes abgeschlagenen wuchsen zwei neue zu. Da zündete
endlich Jolaos, sein treuer Waffengefährte, einen Wald an
und reichte seinem Herrn einen brennenden Stamm. So oft
nun ein Kopf fiel, sengte er den Rumpf mit einem Feuer=
brande. Da wuchsen keine Köpfe mehr, und bald lag der
Rumpf der Hydra zuckend vor seinen Füßen. Mit ihrer
Galle, die ein schnell tötendes Gift war, bestrich Herakles
seine Pfeile, die dadurch unfehlbar tödlich wurden.

Eurystheus trug nun dem Helden auf, die der Artemis
(Diana) geweihte Hindin lebendig zu fangen. Sie hatte

eherne Füße und goldene Hörner und lief so schnell, daß
kaum ein Pfeil sie einholte. Ein ganzes Jahr verfolgte sie
der Göttersohn, bis sie ermüdet niedersank. Da nahm er
sie auf seinen Arm und kehrte heim.

Das vierte Mal schickte ihn Eurystheus nach einem Eber,
der am Berge Erymanthos große Verheerungen angerichtet
hatte. Diesen Eber faßte er bei den Ohren und Hinter=
beinen, trug ihn lebendig auf der Schulter nach Mycenä und
setzte ihn vor den erschrockenen König nieder.

Darauf ward ihm befohlen, nach Elis zum König
Augias zu gehen und dessen Rinderstall zu reinigen. Dieser
Stall hatte bisher dreitausend Rinder beherbergt, war aber
nicht mehr zu gebrauchen, weil der Dünger die Thüren ver=
sperrte. Diese Aufgabe zu lösen schien mehrere Jahre zu
fordern. Aber Herakles grub zwei Flüsse, den Alpheos und
Peneos, ab und leitete sie in den Stall. So spülten die
Fluten den Unrat an einem Tage weg.

Nun gab ihm Eurystheus auf, die stymphalischen Vögel
zu vertilgen. Es waren ungeheure Raubvögel mit ehernen
Flügeln und Schnäbeln, die scharenweise um den See Stym=
phalis in Arkadien schwärmten, Menschen und Vieh mit sich
in die Luft nahmen und auf den Felsen verzehrten. Herakles
scheuchte sie mit einer großen Klapper aus dem Walde, der
sie verbarg, und tötete sie alle mit Keulenwürfen.

Um diese Zeit setzte ein wilder Stier ganz Kreta in
Schrecken. Minos der Jüngere, der damals die Insel be=
herrschte, hatte ihn vom Meergott Poseidon zum Geschenk
erhalten. Als er aber nachher dem Meerbeherrscher zu opfern
versäumte, machte dieser den Stier wütend, daß er auf der
Insel umherrannte und vieles Unheil anrichtete. Als Eury=
stheus davon Kunde erhielt, sandte er den Herakles nach Kreta,
daß er ihm den Stier bringe. Dieser bemächtigte sich des
Tieres lebendig und brachte es nach Mycenä; aber Eurystheus
ließ die Bestie wieder los und nun verheerte sie die Gegenden.

In Thracien regierte damals Diomedes, dessen Rosse
durch ihre Größe und Stärke weit und breit berühmt waren.
Sie waren aber so stark, weil sie mit Menschenfleisch gefüttert
wurden, wozu man Sklaven und Fremdlinge nahm. Deshalb
wagte sich niemand nach Thracien, aus Furcht, den Pferden
vorgeworfen zu werden. Eurystheus befahl dem Herakles,

diese Pferde zu holen. Der Held zog nach Thracien, tötete die Führer der Rosse und warf den Diomedes selbst den Tieren vor, die er dann zu Schiffe nach Mycenä brachte.

Nun sandte ihn Eurystheus nach Asien gegen die Amazonen, ein kriegerisches Volk von Frauen, deren Waffen noch niemand widerstanden hatte. Herakles tötete viele von ihnen und nahm der Königin Hippolyte ihr prächtiges Wehrgehänge ab, welches er der Tochter des Eurystheus mitbrachte.

Darauf mußte er nach dem äußersten Abendlande abgehen, um in Hispanien dem Riesen Geryon, der einen dreifachen Leib, sechs Arme und sechs Füße hatte, seine Rinderherden zu entreißen. Herakles erlegte ihn und trieb die Rinder zu Lande durch Italien, von wo er nach Griechenland zurückschiffte.

Die elfte Arbeit war, daß Eurystheus die Äpfel der Hesperiden verlangte, die Herakles holen sollte. Bei der Vermählung des Zeus mit der Hera hatte Titäa, die Erde, Bäume hervorgebracht, die goldene Äpfel trugen, und sie dem Könige des Himmels verehrt. Zu Wächterinnen der Bäume waren die Töchter des Atlas bestimmt, die von ihrer Mutter Hesperiden hießen; Atlas aber war ein gewaltiger Riese, der das Himmelsgewölbe auf seinen starken Schultern trug. Da aber die Hesperiden selbst sich verleiten ließen, von den goldenen Äpfeln zu naschen, wurde ihnen noch ein hundertköpfiger Drache zum Wächter gesetzt. Als Herakles die Äpfel holen sollte, wußte man gar nicht mehr, wo sie eigentlich zu finden seien; nur hatte sich die Sage erhalten, daß sie im äußersten Teile von Libyen (Afrika) nach Abend zu gesucht werden müßten. Herakles fuhr also westwärts auf dem Mittelmeere bis zu den Felsen, die man nach ihm die Säulen des Herakles nannte*). Er gelangte zu der Stelle in Libyen, wo Atlas die Last des Himmels auf seinen Schultern trug. Dieser entdeckte ihm den Aufenthalt der Hesperiden, aber den hundertköpfigen Drachen, der die Äpfel bewacht hatte, fand Herakles versteinert. Dafür mußte er aber mit einem Riesen kämpfen, der den Garten in Besitz genommen hatte. Das war Antäos, ein Sohn der Erde, der von seiner Mutter mit einer Wundergabe ausgestattet war, die ihn fast unüber-

---

*) Meerenge von Gibraltar.

windlich machte. Herakles rang mit ihm und warf ihn mehr=
mals nieder. So oft aber der Riese den mütterlichen Boden
berührte, ward er neu gestärkt und sprang mit frischen Kräf=
ten wieder auf. Als Herakles das inne ward, hielt er ihn
hoch empor und erwürgte ihn in der Luft. Darauf trug
er die goldenen Äpfel nach seinem Schiffe und kehrte nach
Mycenä zurück.

Endlich sandte Eurystheus den schwer geprüften Helden,
den er gern vernichtet hätte, in die grause Unterwelt, um
Kerberos, den Höllenhund, auf die Oberwelt zu bringen
und dann wieder zurückzuführen. Das war ein Hund mit
drei Köpfen, der statt des Schwanzes eine Schlange hatte.
Pluto, der Gott der Unterwelt, bewilligte ihm den Hund
unter der Bedingung, daß er ihn unbewaffnet binde. Herakles
stieg durch den Schlund am Vorgebirge Tänarum, wo man
sich den Eingang zur Unterwelt dachte, hinab. Hier opferte
er eine schwarze Kuh, um mit dem Blute die Schatten zu
versöhnen, und ging dann auf den Kerberos los, den er mit
seiner Riesenstärke bewältigte, nur biß ihn der Schlangenkopf
am Schwanze des Hundes in die Füße. Lebendig brachte er
den Hund vor Eurystheus, der ihm befahl, das Tier wieder
in die Unterwelt zurückzuführen.

Nachdem Herakles den Kerberos zurückgeführt hatte, war
er nach dem Beschluß der Götter von der Dienstbarkeit er=
löst. Aber es war dem Helden noch nicht beschieden, glück=
lich zu sein. Das Gift von dem Bisse des Höllenhundes
wirkte schleichend nach und zog ihm eine Gemütskrankheit zu,
die sich bis zum Wahnsinn steigerte. In diesem Zustande
verübte er manche heillose That, plünderte sogar das del=
phische Orakel und beleidigte den Gott Apollo. Da verkün=
digte die Gottheit, daß er nur dann vom Wahnsinn genesen
werde, wenn er sich abermals auf drei Jahre als Sklave
vermiete. Er befolgte den Rat und trat in die Dienste der
Omphale, Königin von Lydien. Hier verrichtete er von
neuem glänzende Thaten, und sein Heldenmut erfüllte die
Königin mit Bewunderung. Sein Trübsinn verlor sich in
ihrem Umgang; er legte sogar ihre Kleider an und setzte sich
an den Spinnrocken, während sie sich mit seiner Löwenhaut
bedeckte und seine Keule ergriff.

Nach drei Jahren erwachte des Helden Thatkraft und trieb ihn, neue Abenteuer zu suchen. Er kam nach Kalydon in Ätolien, wo damals König Öneus herrschte. Seine Tochter war die schöne Dejanira, um die der Flußgott Acheloos freite. Der Vater versprach sie dem, der in einem Wettkampf siegen würde. Herakles kämpfte mit ihm und warf ihn nieder. Der Flußgott verwandelte sich in eine ungeheure Wasserschlange, aber Herakles hielt ihn fest und erwürgte die Schlange. Dennoch entschlüpfte ihm der Feind und erneuerte den Kampf als riesiger Stier. Herakles bezwang auch diesen und brach ihm ein Horn ab. Da gab sich der Flußgott überwunden, barg beschämt sich in sein Bette und wagte nicht mehr hervorzutreten. Der Sieger aber erhielt die Hand der Dejanira.

Auf der Reise nach Theben mußte er über den Fluß Evenos setzen, der eben hoch angeschwollen war. Der Kentaur Nessos, ein Wesen, das unten ein Roß mit vier Füßen, oben ein Mensch mit zwei Armen war, erbot sich Dejanira auf seinem Rücken hinüberzutragen. Das Anerbieten ward angenommen, und glücklich gelangte Dejanira an das andere Ufer. Hier aber setzte sich der Kentaur in Galopp, um sie zu entführen, da schoß ihm Herakles einen Pfeil durch den Leib. Nessos fühlte bald, daß der Pfeil vom Gifte der Hydra durchdrungen war, und sann im Sterben noch auf Rache. Er gab ihr sein wollenes, mit Blut getränktes Gewand mit dem Bedeuten, wie sie damit des Gatten Liebe erhalten könne, wenn er ihr jemals untreu werden sollte.

Die Veranlassung, davon Gebrauch zu machen, blieb nicht aus. Herakles hatte in einem Kampfe die schöne Jole, eine Königstochter, als Beute gewonnen. Dejanira, eifersüchtig auf sie, suchte sich die Liebe ihres Gatten zu sichern. Sie verfertigte für ihn ein schönes Festkleid, in welches sie die Wolle vom Gewande des Nessos verwebte. Als nun einst Herakles auf einem Vorgebirge der Insel Euböa dem Zeus ein Opfer brachte, übersandte sie ihm das neue Festkleid. Er zog es an, aber kaum erwärmte es sich am Körper des Helden, als dieser einen brennenden Schmerz fühlte. Wütend riß er es vom Leibe, aber er riß Haut und Fleisch mit weg. Vom Schmerz überwältigt, schleuderte er den Überbringer des heillosen Geschenkes ins Meer und ließ sich dann nach

Trachis übersetzen, wo seine Gemahlin auf die Kunde von der verderblichen Wirkung ihres Geschenkes sich bereits das Leben genommen hatte. Herakles fühlte, daß auch er bald aus dem irdischen Leben scheiden müsse. Vor seinem Ende bestimmte er die Jole seinem Sohne Hyllos, seine Pfeile schenkte er dem Philoktetes. Dann ließ er sich auf den Berg Öta führen, wo er mit Jolaos Hülfe einen Scheiter=haufen errichtete. Der von Todesschmerzen gequälte Götter=sohn bestieg den Holzstoß, Philoktetes zündete ihn an, und Zeus Blitze verzehrten ihn vollends. Die Flamme tilgte das Sterbliche am Helden; sein Geist stieg in einer Wolke zum Olympos empor. Hier ward ihm Hebe, die Göttin der ewigen Jugend, vermählt, und mit ihr fand er den lang ersehnten Frieden.

II.

Jason oder der Argonautenzug.

In Thessalien lag die uralte Stadt Jolkos. Als Kretheus, der Gründer der Stadt, gestorben war, hätte ihm eigentlich sein Sohn Äson auf dem Throne folgen müssen, aber Pe=lias, ein Anverwandter des königlichen Hauses, entriß ihm die Herrschaft, und Äson zog, um allen Streit zu verhüten, mit seinem Sohne Jason auf das Land, wo er in Ruhe und Frieden seine Tage verlebte. Hier beschäftigte sich Jason angelegentlich mit dem Landbau, wurde von dem weisen Chiron in allen Künsten unterrichtet, welche damals die Söhne der Helden und Könige zu lernen pflegten, und wuchs zu einem kräftigen Jünglinge heran.

Um diese Zeit war es, als Pelias dem Poseidon, dem Gott des Meeres, ein feierliches Opfer darbringen wollte und außer vielen anderen Gästen auch den Jason zu dem Feste einlud. Jason machte sich auf zur Reise; sein Weg führte ihn an den Bach Anauros, den er überschreiten mußte, um nach Jolkos zum Pelias zu gelangen. Dieser Bach war ge=wöhnlich so klein und sein Wasser so flach, daß man leicht zu Fuß hindurchgehen konnte; damals war er aber durch Regengüsse zu einem großen reißenden Strome angeschwollen. Am Ufer des Baches fand Jason ein altes schwaches Mütter=

chen, das auch gern über den Bach wollte, nun aber, da der Strom zu heftig war, am Ufer wartete, und nicht wußte, wie es hinüberkommen sollte. Als Jason die alte Frau sah und hörte, daß sie gern über den Strom wollte, nahm er sie auf seine starken Arme und trug sie wohlbehalten durch den Fluß. Am anderen Ufer bemerkte er zu seinem großen Schrecken, daß er nur einen Schuh anhabe, denn den andern hatte er im Strudel verloren. Mit einem Schuhe, glaubte er, dürfte er nicht zum Feste in die Königsburg kommen, und war schon im Begriff, wieder umzukehren und die ganze Reise aufzugeben. Aber das alte Mütterchen beruhigte ihn und riet ihm, nur getrost die Reise fortzusetzen. Als sie dies gesagt hatte, verschwand sie, und nun erst erkannte Jason, daß es eine Göttin gewesen war, und ging rüstig weiter.

Dem Pelias hatte einst ein Orakel geweissagt, er solle sich vor dem Manne mit einem Schuh hüten, denn er werde ihm Verderben bringen. Als nun Pelias den Jason nur mit einem Schuh kommen sah, erschrak er, denn er dachte an die Weissagung, und sann daher auf ein Mittel, den Jason aus dem Wege zu räumen. Da er sich jedoch scheute, an dem Jason einen Mord zu begehen und das heilige Gastrecht zu verletzen, so hielt er es für das beste, den Jüngling zu einem Zuge in ferne Länder zu ermuntern, in der Hoffnung, daß er durch die Gefahren einer solchen Reise in unbekannte Länder seinen Tod finden würde. Jason kam seinem Wunsche auf halbem Wege entgegen. Einst fragte ihn Pelias, was er wohl mit einem Manne anfangen würde, von dem ihm geweissaget wäre, getötet zu werden. Jason antwortete: „Ich würde ihm befehlen, das goldene Vließ zu holen." Als dies Pelias hörte, befahl er sogleich dem Jason, sich danach auf den Weg zu machen. Voll Freude nahm der kühne Jüngling, der sich schon längst nach Abenteuern und Heldenthaten gesehnt hatte, den Antrag an. Mit diesem goldenen Vließe hatte es aber folgende Bewandtnis.

In der Stadt Orchomenos in Böotien herrschte einst ein König, welcher zwei Kinder hatte, einen Sohn, der Phrixos, und eine Tochter, die Helle hieß. Die Kinder bekamen aber nach dem Tode ihrer rechten Mutter eine böse Stiefmutter, die ihnen nach dem Leben trachtete. Da hatte ihre rechte Mutter im Grabe keine Ruhe, erschien den Kindern um Mitter=

nacht und gab ihnen zur Flucht einen Widder, der goldene Wolle trug und goldene Hörner, die wie die Sicheln des Mondes glänzten. Auf diesem goldwolligen Widder floh Phrixos mit seiner Schwester Helle über das Meer. Als sie an die Meerenge kamen, die Asien von Europa trennt, fiel Helle von dem Widder in das Meer, das von ihr den Namen Hellespont, d. h. Meer der Helle erhielt; den Bruder aber trug der Widder in das Land Kolchis. Hier opferte ihn Phrixos und hing das goldwollige Fell oder Vließ in dem heiligen Haine des Ares (des Kriegsgottes) auf. Damals, als Jason es holen wollte, war es im Besitz des Königs von Kolchis, des Aetes, dem geweissagt worden war, daß er so lange regieren würde, als er das goldene Vließ behielte. Deshalb bewahrte es Aetes sorgfältig auf in dem heiligen Haine, den er mit einer Mauer umgeben ließ, vor der ein feuerschnaubender Drache, dem nie der Schlaf in die Augen kam, Wache hielt.

Die berühmtesten Helden Griechenlands, unter ihnen Herakles, Theseus, Kastor und Pollux, Peleus, Telamon, Orpheus u. a. versammelten sich in Jolkos, um an dem Zuge nach Kolchis teil zu nehmen. Ein Schiff wurde gezimmert, das von seinem Erbauer Argos den Namen Argo erhielt. Auf demselben war eine Buche aus dem heiligen Walde bei Dodona angebracht, welche reden konnte, wie ein Mensch. Unter Jasons Anführung segelten nun die Helden aus dem Meerbusen Pagasä nach Kolchis ab. Beim Eingang in das schwarze Meer trafen sie auf die Symplegaden. Das waren zwei Felsen, die beständig zusammenschlugen, so daß jedes Schiff, welches hindurchfuhr, von ihnen zerschmettert wurde. Die Argonauten (so hießen die Helden auf dem Schiffe Argo) erhielten von dem Wahrsager Phineus den Rat, eine Taube abzuschicken; wenn diese glücklich hindurchflöge, so möchten sie getrost vorwärts segeln, wenn diese aber umkomme, sollten sie die Durchfahrt nicht versuchen. Sie ließen eine Taube vom Schiffe aus fliegen, der von den zusammenschlagenden Felsen die äußersten Federn ausgerissen wurden, übrigens kam sie mit dem Leben davon. Nun fuhren die Argonauten hindurch, und nur der hintere Theil des Schiffes wurde verletzt. Von dieser Zeit an standen die Symplegaden fest auf dem Grunde des Meeres: denn es war ihnen eine Weissagung zu teil geworben, daß sie fest stehen würden, wenn zuerst ein Schiff die Durchfahrt glücklich versucht haben würde. Nach manchen andern Abenteuern gelangten die Helden endlich an den Fluß Phasis in Kolchis, wo sie landeten. Jason ging zum Könige Aetes und richtete seinen Auftrag aus, indem er ihn bat, ihm das goldene Vließ zu geben. Der König versprach ihm Gewährung seiner Bitte, wenn er zuvor zwei wilde Stiere mit ehernen Hufen, welche Feuer aus dem Rachen spieen, allein an einen Pflug spannen, vier Hufen Land damit um=ackern und Drachenzähne säen würde. Dann sollte er auch noch eine Schar Riesen erlegen, und was das wunderbarste war, die Riesen waren noch gar nicht vorhanden. Da geriet nun Jason in große Verlegenheit, wie er wohl die Stiere bändigen könnte, aber Medea, die Tochter des Königs, die eine Zauberin war und beim ersten Anblick den heldenmütigen Jason liebgewonnen hatte, versprach ihm ihren Beistand, wenn er ihr schwören wollte, sie zu heiraten und mit in seine Hei=mat zu nehmen. Jason schwor es, und nun gab Medea ihm eine Salbe, mit der Jason seinen Schild, seine Lanze und seinen Körper bestrich. Die Salbe aber hatte die Kraft, daß er weder durch den Feueratem noch durch die ehernen Hufe der Stiere verletzt werden konnte. Auch sagte ihm Medea, daß aus den gesäeten Drachenzähnen gewappnete Riesen her=vorgehen würden.

Dies alles merkte sich Jason wohl, salbte sich und seine Waffen und fand in dem Haine des Tempels die Stiere. Er spannte sie an den Pflug, ohne von ihrem Glutatem versengt zu werden und säete die Drachenzähne. Bald sah er Riesen mit Helm und Schild gerüstet allmählich aus der Erde emporwachsen. Um sie zu erlegen, warf Jason aus einem Verstecke einen Stein unter sie. Der getroffene Riese meinte, sein Nachbar habe ihn geworfen und fing mit diesem Streit an. Der Kampf wurde bald so allgemein, daß sich die Riesen unter einander töteten.

Obschon nun Jason die Aufgaben glücklich gelöst hatte, weigerte sich dennoch Aetes, ihm das goldene Vließ zu ge=ben, ja er wollte sogar die Argo in Brand stecken und die Helden ermorden. Aber Medea führte Jason des Nachts in den Hain, wo das Vließ hing, schläferte durch Zauberkunst den Drachen, der die Wache hielt, ein und gab ihm das

Vließ. Nun bestieg Jason mit der Medea und seinen Ge=
fährten das Schiff und fuhr bei Nacht weg. Medea hatte
auch ihren Bruder Absyrtos mitgenommen.

Bald aber erfuhr König Aetes ihre Abreise und setzte
ihnen zu Schiffe nach. Als Medea an den Segeln das Schiff
ihres Vaters erkannte, wollte sie ihn von der weiteren Ver=
folgung abhalten. Sie schlachtete daher ihren kleinen Bruder,
streute die Glieder ins Meer und steckte Kopf und Hände
auf einen hohen Felsen an der Meeresküste aus. Aetes er=
kannte bald den Kopf seines Sohnes und sammelte voll Be=
trübnis seine Glieder, um sie zu beerdigen. Inzwischen segelten
die Argonauten weiter und entkamen glücklich der Verfolgung.

Bei seiner Ankunft in Jolkos übergab Jason dem Pe=
lias das goldene Vließ und besuchte darauf seinen Vater
Äson. Dieser war indessen alt geworden und konnte kaum
noch gehen. Mit Kummer sah Jason seinen Vater von Tag
zu Tag schwächer werden, ohne ihm helfen zu können. Aber
Medea beschloß, durch ihre Zauberkünste den alten Äson zu
verjüngen. Sie schlachtete einen jungen Bock und mischte
unter sein Blut den Saft von vielen kräftigen, verjüngenden
Zauberkräutern. Hierauf öffnete sie dem Äson die Adern,
ließ das alte krankhafte Blut ausfließen und goß das Blut
des Bockes mit den Zauberkräutern hinein. Kaum begann
das Blut in den Adern des Äson seinen Kreislauf, als sich
neues, jugendliches Leben in ihm regte. Er sprang auf mit
frischer Kraft und hüpfte wie ein Knabe.

Von diesem Wunder erzählte Medea den Töchtern des
Pelias, deren Vater auch schon alt war, und diese baten sie,
ihnen den Vater auch wieder zu verjüngen. Medea versprach
es und trat mit ihnen in das Schlafgemach des alten Pelias,
wo sie dessen Töchter aufforderte, ihren Vater zu töten, um
ihm das kranke Blut abzuzapfen. Die Töchter befolgten den
treulosen Rat, aber Medea ließ bei dem Einfüllen des Bocks=
blutes die Zauberkräuter weg, und Pelias war tot und blieb
tot. Um der Rache der Töchter des Pelias zu entgehen,
erhob sie sich auf geflügelten Schlangen durch die Lüfte und
kam nach Athen, wo damals König Ägeus herrschte. Jason
aber bestieg den Thron von Jolkos nicht, sondern überließ
die Herrschaft dem Sohne des Pelias.

III.

Theseus.

Ägeus, König von Athen, hatte keine Kinder. Einst befragte er das Orakel zu Delphi über seine Kinderlosigkeit und erhielt einen sehr dunklen Spruch zur Antwort. Um ihn sich deuten zu lassen, kehrte er auf der Rückreise bei seinem Gastfreunde Pittheus, König von Trözen ein, der wegen seiner Weisheit berühmt war. In Trözen sah er Äthra, die Tochter des Pittheus, und heiratete sie. Vor seiner Abreise verbarg er sein Schwert und seine Sandalen unter einem schweren Steine und befahl der Äthra, wenn sie einen Sohn gebären würde und dieser stark genug sei, den Stein abzuwälzen, ihn mit den verborgenen Gegenständen nach Athen zu schicken, daran wolle er seinen Sohn erkennen. Die Herkunft des Knaben solle aber Äthra vor allen geheim halten. Ägeus kehrte nach Athen zurück, und Äthra gebar nach seiner Abreise einen Sohn, der den Namen Theseus erhielt. Seine wahre Abstammung blieb allen ein Geheimnis, und es verbreitete sich das Gerücht, der Knabe sei ein Sohn des Poseidon.

Als Theseus zum Jüngling herangewachsen war und mit bedeutender Körperkraft Verstand und Klugheit verband, führte ihn seine Mutter zu dem Steine, unter dem seines Vaters Schwert und Sandalen lagen. Hier offenbarte ihm Äthra das Geheimnis seiner Abkunft, befahl ihm, den Stein abzuheben und mit den Zeichen, an denen ihn sein Vater erkennen wollte, nach Athen zu segeln. Theseus hob den schweren Stein mit Leichtigkeit weg und nahm die verborgenen Gegenstände; zu Schiffe aber wollte er die Reise nach Athen durchaus nicht machen, ungeachtet sein Großvater und seine Mutter mit Bitten in ihn drangen und ihm von der Reise zu Lande abrieten, denn den Weg über die Landenge von Korinth machten Räuber und Unholde gefahrvoll und unsicher. Damals brachte die Erde Menschen hervor, die durch riesenhafte Größe und gewaltige Stärke des Leibes das Maß gewöhnlicher Menschen weit überragten. Ohne Gefühl für Recht und Billigkeit mißbrauchten sie ihre Kräfte zu übermütigem Frevel und übten an den Vorübergehenden

rohe Gewaltthätigkeit aus. Schon Herakles, des Zeus be=
rühmter Sohn, hatte viele dieser Ungeheuer erlegt und die
Erde von ihnen gereinigt, jetzt wollte Theseus jenem Götter=
sohne an Ruhm nicht nachstehen und hielt den Weg über das
Meer für eine schimpfliche Flucht vor ihnen. In dieser
Meinung trat er die Reise zu Lande an.

Auf seinem Zuge traf er zuerst den Riesen Periphetes,
der eine eiserne Keule als Waffe trug, wovon er den Bei=
namen der Keulenträger führte. Er war lahm, und wie
hülflos ächzend lag er an der Straße und flehte, so oft ein
Wanderer vorüberzog, daß er sich sein erbarmen und ihm
aufhelfen möge. Wer dann mitleidig nahte, den schlug er
mit seiner Keule tot, und dann lachte er über die Einfalt
der Menschenkinder. Dem Theseus machte er's ebenso; doch
kampfgeübt fing dieser den Schlag mit beiden Händen auf,
erlegte den Unhold und nahm die Keule als Siegeszeichen
mit sich.

Auf der Landenge, welche den Peloponnes mit dem
übrigen Griechenland verbindet, saß der Fichtenbeuger Sinnis.
Er bog zwei junge Fichten mit ihren Wipfeln zusammen und
band die vorübergehenden Wanderer mit jedem Fuß an eine
Fichte. Dann schnitt er die Schnur, welche die Bäume zu=
sammenhielt, durch, so daß die Menschen von den zurück=
schnellenden Bäumen in Stücke zerrissen wurden. Theseus
betäubte ihn mit einem Keulenschlage, und ließ ihn selbst
das grausenvolle Spiel versuchen.

Weiterhin saß auf einem Felsen am Meere Skiron,
der die Vorübergehenden zwang, ihm die Füße zu waschen.
Während sie ihm aber diesen Dienst erwiesen, stieß er sie
mit den Füßen ins Meer. Auch Theseus that, was er ver=
langte; sobald er aber seinen Fuß gefaßt hatte, riß er ihn
mit seiner ganzen Kraft hinab, wo ihn die Ungeheuer des
Meeres verzehrten.

In der Landschaft Eleusis trieb damals der Riese Pro=
krustes sein Wesen. Er legte die kleinen Menschen in ein
großes Bett und renkte ihnen die Glieder nach der Länge
des Bettes aus, bis sie unter den Folterqualen den Geist
aufgaben. Große Menschen legte er in ein kleines Bett und
hieb ihnen die hervorragenden Beine ab, daß sie an der
Verblutung starben. Dem Theseus wies er das kleine Bett

2*

an, aber dieser ergriff ihn plötzlich, legte ihn selbst auf die Folterbank und hieb ihm die Beine mit dem Beile ab. So räumte Theseus alle diese Ungeheuer aus dem Wege und ließ sie dieselbe Todesart sterben, die sie den armen Wanderern bereitet hatten.

Nachdem er diese Abenteuer glücklich bestanden hatte, gelangte er nach Athen, wo sich damals die Zauberin Medea am Hofe des Ägeus aufhielt, der mit seinem Volke ganz zerfallen war. Bei der Kunde von der Ankunft des Fremdlings befürchtete Ägeus, der an seinen Sohn durchaus nicht dachte, eine Empörung des Volkes und den Verlust seines Thrones durch den heldenmütigen Jüngling. Er ließ sich daher von Medea überreden, den Fremdling zwar gastlich aufzunehmen, aber durch Gift aus dem Wege zu räumen. Schon wollte Ägeus bei Tafel den verhängnisvollen Becher seinem Gaste darreichen, als dieser, der es verschmähte, sich zu erkennen zu geben, das Schwert zog, um das vorliegende Fleisch zu zerlegen. Da aber erkannte Ägeus am Schwerte seinen Sohn, ließ zitternd den Giftbecher fallen und schloß ihn in seine Arme. Darauf versammelte er die Athener und stellte ihnen den Theseus als seinen Sohn vor, der wegen seiner Tapferkeit mit Freude von ihnen aufgenommen wurde.

Bald fand Theseus Gelegenheit, den bereits errungenen Ruhm durch neue Thaten zu erhöhen. Das mächtige Geschlecht der Pallantiden, das nach dem Tode des kinderlosen Ägeus in Athen zur Herrschaft zu gelangen gehofft hatte, sah sich durch die Ankunft des Theseus in dieser Erwartung getäuscht, und beschloß Krieg gegen Athen. Die Pallantiden teilten sich in zwei Heeresscharen, die eine Abteilung zog offen auf Athen los, die andere legte sich in einen Hinterhalt. So sollte die Stadt von zwei Seiten angegriffen werden. Doch Theseus erhielt Kunde von ihrem Anschlage, überfiel sie im Hinterhalte und tötete sie sämtlich, worauf auch die andere Schar der Pallantiden wieder in die Heimat zog.

In der Umgegend von Athen hausete ein wilder Stier, der die Felder und Saaten der Einwohner verheerte. Theseus, der die Gunst des Volkes zu gewinnen suchte, zog aus, ihn zu erlegen. Es gelang ihm, den Stier lebendig zu fangen; er trieb ihn durch die Stadt und opferte ihn dann dem Apollo. Doch Theseus größtes Verdienst war, daß er die Athener von

dem grausamen Menschenopfer, daß sie damals im Begriff
waren, zum dritten Male nach der Insel Kreta zu schicken,
befreite.

Über Kreta herrschte König Minos, der sich durch seine
Seemacht auf dem ganzen ägäischen Meere furchtbar gemacht
hatte. Sein Sohn Androgeos hatte einst in Athen alle
Bürger in den Wettkämpfen besiegt und war deshalb von
ihnen aus Haß meuchlings getötet worden. Um den Tod
seines Sohnes zu rächen, unternahm Minos einen Zug gegen
Athen und belagerte die Stadt, die er aufs äußerste bedrängte. Dazu lastete der Zorn der Götter wegen der be-
gangenen Frevelthat auf den Bürgern. Die Felder gaben
keinen Ertrag, Seuchen wüteten in der Stadt, die Flüsse
versiegten. Die Not erreichte den höchsten Grad. Da gebot
das Orakel den Athenern, sich mit Minos auszusöhnen, dann
würden ihre Leiden ein Ende nehmen. Doch der Sieger legte
den Athenern eine harte Bedingung auf. Sie mußten neun
Jahre lang jährlich sieben Jünglinge und sieben Jungfrauen nach Kreta schicken. Auf dieser Insel hatte aber Minos
das Labyrinth, ein ungeheures Gebäude, errichten lassen,
aus dessen mannigfach verschlungenen Irrgängen niemand
den Ausgang finden konnte. In diesem Labyrinthe trieb der
Minotaurus sein Wesen, ein Ungeheuer, halb Mann, halb
Stier, das eine gewaltige Keule schwang. Wenn nun die
zum Tode bestimmten Jünglinge und Jungfrauen in Kreta
ankamen, wurden sie nach einander unbewaffnet in das Labyrinth geführt, und da sie den Rückweg nicht auffinden konnten, fielen sie als ein Opfer des Minotaurus.

Als Theseus in Athen angelangt war, sollte gerade dieses
Opfer zum dritten Male nach Kreta abgehen, doch Theseus
beschloß, seine Vaterstadt von diesem schmählichen Tribut zu
befreien. Ohne durch das Los gewählt zu sein, gesellte er
sich zu der Zahl der Jünglinge, die dem Opfertode geweiht
waren. Seinen Vater Ägeus, der nur ungern in die Abreise des Theseus, der ja erst eben sein Sohn geworden war,
willigte, tröstete und beruhigte er durch die Hoffnung, daß er
den Minotaurus besiegen werde, und versprach ihm, im günstigen Falle bei der Rückkehr statt der gewöhnlichen schwarzen
Segel weiße aufzuziehen.

Als bei der Ankunft in Kreta die Opfer dem König

Minos vorgestellt wurden, gewann Ariadne, des Königs Tochter, den heldenmütigen Theseus lieb. Sie gab ihm heimlich ein Knäuel Garn und zeigte ihm, wie er sich mit Hülfe des Garnes, das er am Eingange des Labyrinthes befestigen und beim Weitergehen abwickeln sollte, aus den Windungen des Gebäudes wieder herausfinden könnte. Theseus erlegte den Stier, und Minos erließ den Athenern den jährlichen Tribut. Der Sieger segelte von Kreta nach der Heimat und nahm des Königs Tochter Ariadne als Gemahlin mit, die er jedoch bald auf der Insel Naxos wieder verlor.

Als sich das Schiff der attischen Küste nahte, vergaßen sowohl Theseus als der Steuermann das weiße Segel aufzuziehen, das dem Ägeus die Rettung des Sohnes anzeigen sollte. Der Vater saß indessen auf einem Vorgebirge am Gestade des Meeres und erwartete mit Sehnsucht die Rückkehr des Schiffes. Es kam, aber statt des gehofften weißen Segels erblickte der unglückliche Vater das schwarze, das ihm den Tod des Sohnes zu verkünden schien. Voll Verzweiflung stürzte er sich in das Meer, das von ihm den Namen des ägäischen erhielt.

Bei der Ankunft in der Stadt fand Theseus die Bürger teils in Trauer versunken über den Tod des Königs, teils in freudiger Aufregung wegen der Rettung ihrer Söhne und Töchter. Er bestattete die Reste seines Vaters und ward vom Volk als König anerkannt. Zum Andenken seines Sieges über den Minotaurus stiftete er einen Tanz der Jünglinge und Jungfrauen, in welchem die Windungen des Labyrinths nachgeahmt wurden.

Damals lebten die Bürger der Landschaft Attika in zwölf von einander getrennten Ortschaften, von denen jede ihre eigene Verwaltung und Gerichtsbarkeit hatte. Es bestand unter ihnen keine Eintracht und oft bekriegten sie sich gegenseitig. Theseus machte den Bewohnern der Landschaft den Vorschlag zu einer Vereinigung und wußte durch Überredung die Reichen und Armen für seinen Plan zu gewinnen, indem er den Vornehmen und Mächtigen viele von seinen königlichen Rechten abtrat und sich nur die Anführung im Kriege und die Obhut der Gesetze vorbehielt. So kam die Vereinigung aller Bewohner zu einem Volke in einer Stadt zustande, und an die Stelle der verschiedenen Verwaltungen

und Gerichte in den einzelnen Ortschaften trat jetzt das Ge=
richt und die Regierung zu Athen. Diese Vereinigung der
getrennten Ortschaften, die den Grund zu der spätern Macht
Athens legte, wurde durch ein jährliches Fest (die Metökien,
d. h. Zusammenwohnung) gefeiert.

Obschon Theseus das Volk mit großer Milde regierte,
so maßten sich die Mächtigen gerade deshalb, weil der König
sich viele von seinen Rechten vergeben hatte, immer mehr an
und trugen seine Herrschaft mit Unwillen. Einst kehrte The=
seus von einem Kriegszuge heim und fand die Gesinnung des
Volkes so verändert und die Unzufriedenheit mit seiner Re=
gierung so gestiegen, daß er einen Fluch über die undankbare
Stadt aussprach und in die Verbannung nach der Insel
Skyros ging, wo er von seinem Vater Güter besaß und bei
dem König Lykomedes, der sein Gastfreund war, Aufnahme
zu finden hoffte. Dieser führte ihn einst auf einen Felsen
am Meere, unter dem Vorwande, ihm seine Ländereien zu
zeigen. Als aber Theseus auf dem Felsen stand, stürzte ihn
der König ins Meer.

Die Athener bereuten bald ihre Undankbarkeit, bauten
dem Theseus Tempel und Altäre und holten später seine
Gebeine von der Insel Skyros nach Athen, wo sie feierlichst
bestattet wurden. In der Schlacht bei Marathon glaubten
sie seinen Geist zu sehen, wie er an der Spitze der Athener
tapfer auf die Perser einbrang.

IV.
Kadmos. — Ödipus und seine Söhne.

In Phönizien herrschte ein König namens Agenor. Seine
Tochter Europa erging sich einst am Gestade des Meeres,
als ein wunderschöner weißer Stier ihre Aufmerksamkeit auf
sich zog. Er benahm sich so sanft und fromm, daß die
Jungfrau dreist wurde und sich auf seinen Rücken schwang.
Plötzlich setzte sich der Stier in Bewegung, stürzte sich mit
seiner schönen Bürde ins Meer und trug sie der Insel Kreta
zu. Hier nahm er seine eigentliche Gestalt an: Zeus selbst
war es, der die Jungfrau entführt hatte.

Der alte König Agenor war untröstlich über den Ver=
luft seiner Tochter und erteilte seinem Sohne Kadmos den
Auftrag, sie in der ganzen Welt aufzusuchen, ja er ging so
weit, ihm selbst die Rückkehr in die Heimat zu verbieten,
wenn er die Schwester nicht gefunden hätte. Kadmos machte
sich auf die Wanderung, aber alle seine Bemühungen, die
verlorene Europa zu finden, waren vergeblich. Da ihm nun
des Vaters harter Spruch die Heimkehr unmöglich machte, so
fragte er das Orakel um Rat, wo er sich eine neue Hei=
mat suchen sollte. Der Gott befahl ihm, an dem Orte eine
Stadt zu gründen, zu welchem ihm eine Kuh den Weg zeigen
würde. Kadmos machte sich auf, fand die verheißene Kuh und
folgte ihr nach. Sie leitete ihn nach Böotien und da, wo sie
sich niederließ, legte er den Grund zur Stadt Theben. Nun
wollte Kadmos die Kuh der Athene opfern und sandte seine
Gefährten zu einer Quelle, um Wasser zu holen. Die Quelle
war von einem Drachen bewacht, der die meisten seiner Ge=
fährten tötete. Kadmos erlegte ihn und säete dann auf
Athenes Rat die Drachenzähne. Daraus wuchsen gewapp=
nete Männer empor, die bald mit einander in Streit gerieten
und sich bis auf fünf gegenseitig töteten. Die Überlebenden
halfen ihm die neue Stadt bauen. Von Kadmos heißt es,
er habe phönizischen Gottesdienst und die Buchstabenschrift in
Griechenland eingeführt. In der Folge wanderte er freiwillig
aus Theben, und zog nach Jllyrien, wo er und seine Ge=
mahlin in Schlangen verwandelt wurden.

Unter den Königen, die aus seinem Geschlechte in The=
ben regierten, ist besonders Laïos durch sein furchtbares Ge=
schick berühmt geworden. Ein Orakel hatte ihm verkündet, der
Sohn seiner Gemahlin Jokaste werde ihm das Leben rauben.
Laïos zitterte vor dem Sohne, der ihm bald darauf geboren
ward, und übergab ihn einem Diener, um ihn auszusetzen,
nachdem er ihm die Knöchel mit Nadeln durchbohrt hatte.
Der Diener setzte ihn auf dem Berge Kithäron aus. Da
fanden die Hirten des korinthischen Königs Polybos den schrei=
enden Knaben und brachten ihn ihrer Königin Periböa, die
keine Kinder hatte. Das königliche Paar nahm den Findling
auf und erzog ihn an Sohnes statt. Da seine Füße in den
erften Tagen noch geschwollen waren, nannte man ihn Ödi=

pus oder Schwellfuß. In Korinth wuchs er fröhlich auf und
glaubte im Hause seiner Eltern zu sein, bis ihm einer seiner
Altersgenossen einst im Zanke vorwarf, daß er ja nur ein
angenommenes Kind sei. Diese Mitteilung traf ihn hart;
er wollte Gewißheit haben und fragte das Orakel zu Delphi
über seine Herkunft. Dies gab ihm die Weisung, die Hei=
mat zu meiden, sonst werde er seinen Vater töten und seine
Mutter zur Frau erhalten. Da Ödipus gewöhnt war, Ko=
rinth als seine Heimat anzusehen, so kehrte er nicht wieder
dahin zurück, und wanderte von Delphi aus nach Theben zu.
Unterwegs kam er durch einen Hohlweg und begegnete hier
einem Wagen, in dem ein Herr mit seinem Herold fuhr. Da
er nicht ausweichen konnte, tötete der Herold eins von seinen
Pferden; Ödipus griff zur Wehr und erschlug den Herrn
samt dem Diener. Er setzte darauf seinen Weg fort und
gelangte nach Theben, wo sich die Nachricht, daß der König
Laïos von Räuberhand gefallen sei, schon verbreitet hatte.
So war denn Ödipus, ohne es zu ahnen, der Mörder seines
Vaters geworden.

Damals ward Theben von einem schrecklichen Ungeheuer
heimgesucht; es war die Sphinx, die oben wie eine schöne
Jungfrau, unten wie eine Löwin anzusehen war und an den
Schultern Flügel hatte. Dies Ungetüm durchzog das Land
und gab den Leuten ein Rätsel auf, das hieß also: „Was
ist das für ein Geschöpf, das eine Stimme hat, am Morgen
auf vier Füßen, mittags auf zweien und abends auf drei
Füßen einhergeht?" Das Orakel hatte aber geweissagt, daß
Theben erst dann von dieser Geißel befreit werden würde,
wenn jemand das Rätsel gelöst hätte. Schon viele hatten
ihr Leben gewagt und noch immer hatte sich der rechte Mann
nicht gefunden. Da erklärte die Königin Jokaste, sie wolle
Hand und Krone dem geben, der das Rätsel lösen würde.

Auch Ödipus hatte von der Not des Landes gehört.
Mutig begab er sich an den Berg, wo sich die Sphinx gerade
aufhielt, hörte das Rätsel und sein Scharfsinn fand sogleich
die Lösung. „Das Rätsel", sagte er, „ist der Mensch; am
Morgen des Lebens kriecht er auf vier Füßen, mittags steht
er auf zweien und am Abend nimmt er als dritten Fuß den
Stab zu Hülfe." Da stürzte sich die Sphinx überwunden in
den Abgrund und lag zerschmettert am Boden.

Der Sieger zog in Theben ein und empfing Jokastes
Hand und den Königsthron. Das Orakel war nun vollstän=
dig erfüllt, ohne daß Ödipus eine Ahnung davon hatte.
Zwanzig Jahre führte er über Theben eine milde Herrschaft,
als eine furchtbare Pest ausbrach und viele Tausende hin=
raffte. Da kein Mittel helfen wollte, fragte man das Ora=
kel um Rat und erhielt den Spruch, die Pest sei eine Strafe
der Götter, weil des Laïos Tod unbestraft geblieben sei, und
werde nicht eher aufhören, bis der Mörder aufgefunden und
bestraft sei. Ödipus stellte nun Nachforschungen an, und
diese führten allmählich zur Entdeckung des ganzen Geheim=
nisses: er erfuhr seine Herkunft, seine Aussetzung, und die
ganze unheilvolle Verkettung der Umstände lag offen vor
seinem Geiste da. Jokaste erhängte sich aus Verzweiflung,
Ödipus stach sich mit eigener Hand die Augen aus.
    Er hatte zwei Söhne, Eteokles und Polynikes, und
zwei Töchter, Antigone und Ismene. Die beiden Söhne
sprachen über den unglücklichen Vater die Verbannung aus,
und so irrte der tiefgebeugte Greis, von allen verlassen, nur
geführt von der Hand seiner treuen Tochter Antigone, von
Ort zu Ort. Endlich gelangte er zu dem Flecken Kolonos bei
Athen, und ließ sich in einem Haine der Eumeniden (Furien)
nieder, den kein menschlicher Fuß betreten durfte. Der athe=
nische König Theseus gewährte ihm hier eine sichere Zufluchts=
stätte. Der vielgeprüfte Dulder war indessen durch seine
Leiden mit den Göttern ausgesöhnt, und das Orakel hatte
geweissagt, daß das Land herrlich aufblühen werde, das die
Gebeine des greisen Ödipus in seinem Schoße bergen würde.
Da schickten Ödipus Söhne und ließen den arg geschmähten
Vater zur Rückkehr nach Theben einladen; der aber sprach
den Fluch über die herzlosen Söhne aus und blieb an der
Stätte, die ihn gastlich aufgenommen, und wo er bald zur
ewigen Ruhe eingehen sollte. Ein Donnerschlag erdröhnte,
die Erde öffnete sich und nahm den Lebensmüden in ihre stille
Behausung auf. Seine Ruhestätte blieb ein Geheimnis.
    An Ödipus Söhne ging des Vaters Fluch nur zu bald
in Erfüllung. Sie hatten einen Vertrag geschlossen, wonach
sie ein Jahr ums andere abwechselnd die Herrschaft führen
wollten. Der ältere, Eteokles, weigerte sich jedoch nach Ab=
lauf des ersten Jahres den Thron abzutreten und vertrieb den

jüngeren, Polynikes, aus dem Lande. Er ging nach Argos, wo König Adrastos herrschte, heiratete dessen Tochter und bewog ihn zu einem Rachezug gegen seine Vaterstadt. Dies ist der berühmte Zug der Sieben gegen Theben, der so genannt wird, weil außer Adrastos und Polynikes noch fünf andere Helden daran teilnahmen. Unter diesen hebt die Sage besonders den Amphiaraos hervor. Er wünschte sich dem Zuge zu entziehen, weil ihm seine Sehergabe den unglücklichen Erfolg und seinen eigenen Untergang voraus verkündigte, aber seine Gemahlin Eriphyle ließ sich von Polynikes durch ein goldenes Halsband bestechen und verriet seinen Schlupfwinkel. Nun konnte er nicht umhin, sich dem Zuge anzuschließen, auf dem sich seine Weissagung erfüllte. Die Thebaner gerieten zwar anfangs in schwere Bedrängnis, aber der freiwillige Opfertod eines Sohnes des Kreon, des Menökeus, der sich von der Stadtmauer herabstürzte, beseelte sie mit neuem Mute, so daß sie die sieben argivischen Helden, von denen jeder eines der sieben Thore Thebens bestürmte, zurückschlugen. Alle, mit Ausnahme des Adrastos, verloren ihr Leben; den Amphiaraos verschlang samt seinem Streitwagen die Erde; Eteokles und Polynikes fielen beide im gräßlichen Brudermorde.*)

Nach diesem blutigen Ausgang übernahm Kreon, des Ödipus Schwager, die Regierung in Theben. Aber der Fluch der Götter ruhte noch nicht im thebanischen Königshause. Kreon ließ den Leichnam des Eteokles bestatten, befahl aber bei Todesstrafe, den Leichnam des Polynikes unbeerdigt liegen zu lassen, den Hunden und Vögeln zum Fraß. Nun gebot eine fromme Sitte den Griechen, keinen Toten unbestattet zu lassen, weil er sonst nach ihrer Vorstellung in der Unterwelt nicht zur Ruhe gelangen konnte. Antigone fühlte sich in ihrem Herzen verpflichtet, die Satzungen der Götter höher zu achten, als die Befehle eines irdischen Königs. Sie bestattete heimlich den Leichnam ihres Bruders, ward aber alsbald auf der That ertappt und vor den König geführt. Furchtlos bekannte sie ihre That und ihren Grundsatz. Der strenge Herr-

---

*) Zehn Jahre später belagerten die Söhne der gefallenen Helden (die Epigonen, d. h. Nachkommen), um ihre Väter zu rächen, Theben von neuem, und eroberten es für Thersander, des Polynikes Sohn.

scher verurteilte sie und ließ sie abführen, um lebendig ein=
gemauert zu werden. Da erschien der blinde Seher Tiresias
und änderte durch seine unheilvollen Prophezeiungen des Kö=
nigs harten Sinn. Kreon eilte jetzt, Antigone zu befreien.
Allein zu spät! In ihrer Verzweiflung hatte sich die Jung=
frau bereits mit Hülfe ihres Schleiers erhenkt, und ihr Bräu=
tigam Hämon, Kreons Sohn, durchbohrte sich bei dem An=
blick des herannahenden grausamen Vaters mit dem Schwerte.
Vom tiefsten Schmerze überwältigt über den herben Verlust,
den ihm sein Starrsinn bereitet, ging er nach Hause, wo
neuer Jammer seiner harrte; seine Gattin Eurydice, von
Antigones und Hämons Ende schon benachrichtigt, hatte sich
selbst den Tod gegeben und lag in ihrem Blute da. Zu spät
erkannte Kreon, daß der Starrsinn, mit dem er seinen Willen
den ewigen Satzungen der Götter entgegengestellt, den Unter=
gang seines Hauses herbeigeführt hatte. Es blieb ihm nichts
übrig, als mit Ergebung zu ertragen, was ihm das Schicksal
auferlegte.

V.

Der Trojanische Krieg.
(1194—1184 v. Chr.)

1. Die Hochzeit des Peleus und der Thetis.

Als Peleus, König von Phthia in Thessalien, seine
Vermählung mit der Meergöttin Thetis feierte, waren alle
Götter und Göttinnen zum Feste eingeladen, außer Eris,
der Göttin der Zwietracht, weil man fürchtete, sie würde nach
ihrer Gewohnheit Zank und Haber stiften und die Heiterkeit
des Festes stören. Voll Ingrimm über die Zurücksetzung sann
sie auf Rache. Während sich alle Gäste der Freude des
Festes hingaben, öffnete sie die Thür des Saales und ließ
einen goldenen Apfel mit der Aufschrift „Der Schönsten" über
den Fußboden hinrollen. Kaum aber hatten die Göttinnen den
Apfel und seine Aufschrift gesehen, als sich über den Besitz
desselben ein lebhafter Streit unter ihnen erhob, indem jede
behauptete, die Schönste zu sein und den Apfel sich anzueignen
suchte. Am meisten Ansprüche machten jedoch Hera, die
Königin des Himmels und die Gemahlin des Zeus; Athene,

die Göttin der Weisheit, und Aphrodite, die Göttin der Liebe. Da keine der anderen nachgeben wollte, befahl Zeus, um allem Streite ein Ende zu machen, dem Hermes, die streitenen Göttinnen zum Paris, dem Sohne des trojanischen Königs Priamos, zu führen, der ihren Streit schlichten würde. Der trojanische Prinz weidete gerade die Herde seines Vaters am Berge Ida (denn in jenen Zeiten schämten sich auch Königsöhne dieser Beschäftigung nicht), als die Göttinnen ihm die Ursache ihres Streites vortrugen. Eine jede suchte ihn durch Versprechungen zu gewinnen: Hera verhieß ihm, wenn er sie für die Schönste erklären würde, die Herrschaft über alle Länder der Erde; Athene versprach ihm einen glänzenden Ruhm unter den Menschen; Aphrodite aber gelobte ihm Helena, die schönste Frau der Erde, zu geben. Dies Geschenk zog Paris allen übrigen vor, erklärte Aphrodite für die Schönste und überreichte ihr den Apfel. Auf ihr Anraten reiste Paris nach Sparta zum König Menelaos, mit dem Helena vermählt war, und entführte diesem die Gemahlin mit vielen Schätzen. Hierdurch legte er den Grund zu einem zehnjährigen Kriege gegen Troja, der mit dem Untergang dieses Reiches endigte.

---

2. Die Griechen in Aulis.

Um die entrissene Gattin zurückzufordern und den erlittenen Schimpf zu rächen, rüsteten sich Menelaos und sein Bruder Agamemnon, König von Argos und Mycenä, der mächtigste der griechischen Fürsten, zum Kriege. Sie entboten zu diesem Kriege alle hellenischen Fürsten, die sich auch sämtlich mit ihren Scharen einfanden, um an dem Rachekrieg teil zu nehmen. Die Helden versammelten sich in dem Hafen Aulis in Böotien, wo eine Flotte von 1200 Schiffen, die über 100000 Krieger trugen, zusammen kam. Lange schon lagen die Schiffe zur Abfahrt gerüstet im Hafen, aber anhaltende Windstille hielt die Harrenden zurück. Da brach Unzufriedenheit im griechischen Heere aus, und um die Ursache der ungünstigen Winde zu erfahren, wurde Kalchas, der Wahrsager, aufgefordert, seine Meinung darüber zu sagen und ein Mittel anzugeben, wodurch dem Übel abgeholfen werden könnte. Der Seher verkündigte, daß Artemis, die Göttin der Jagd, erzürnt sei, weil Agamemnon die ihr heilige

Jahre, mit unsterblichem Kriegsruhm gekrönt, in der Fremde fallen. Zwischen beiden Lebenslosen hatte er die Wahl. Nun hatte Kalchas, der Wahrsager im griechischen Heere, verkündigt, daß Troja ohne Achilles nicht erobert werden könnte. Thetis aber wünschte aus mütterlicher Liebe, ihren Sohn vor dem Kriege zu bewahren, damit er, wenn auch ohne Heldenruhm, in, Ruhe und Frieden seine Tage verleben könnte, und brachte ihn daher zum König Lykomedes auf die Insel Skyros, wo er in Mädchenkleidern mit den Töchtern des Königs erzogen ward. Als der Ruf von dem Zuge der Griechen gegen Troja erscholl, und die Fürsten auch ihn zur Teilnahme auffordern wollten, blieb ihnen sein Aufenthalt lange verborgen, bis es endlich dem schlauen Odysseus gelang, ihn aufzufinden und zum Kampfe zu bestimmen. Als Kauf= mann verkleidet, kam er nach der Insel Skyros an den Hof des Lykomedes, und breitete vor den Mädchen schöne Bänder, Armspangen, Ringe und andere Putzsachen aus, darunter aber auch. Waffen. Die Töchter des Lykomedes griffen nach den Schmucksachen, Achilles nach den Waffen. Da= durch verriet er sein Geschlecht und der ruhmbegierige Jüngling folgte gern der Einladung des Odysseus zum Zuge nach Troja. Dort war sein Heldenarm den Griechen von wesentlichem Nutzen: er allein erlegte eine Menge von Fein= den und verwüstete dreiundzwanzig Städte. Leider aber brach im zehnten Jahre des Krieges zwischen ihm und dem Völker= fürsten Agamemnon, der ihm seinen Anteil an der Beute, die schöne Sklavin Briseis, entriß, ein verderblicher Zwist aus, der damit endigte, daß sich Achilles mit den Scharen seiner Myrmidonen, die er aus dem Phthierlande gegen Troja geführt hatte, von den übrigen Griechen trennte und von allen Kämpfen gänzlich fern hielt. So lag er denn thatenlos im Zelte, mit den Klängen der Cither sich die Zeit vertreibend, sah ruhig dem Kampfe zu, der schon in der Nähe des grie= chischen Lagers tobte; ihn rührte nicht die Not seiner Lands= leute, und vergebens waren die Worte des beredten Odysseus, der mit anderen Helden von Agamemnon gesandt, durch Bitten und Verheißungen den grollenden Göttersohn zu versöhnen suchte. Schon hatte er beschlossen, in weniger Tage Frist zum heimatlichen Phthierlande zurückzusegeln, als ihn der Tod des geliebten Freundes Patroklos aus seiner trägen Ruhe

riß. Patroklos war in Achilles Rüstung gegen die Troer zu
Streite gezogen, diese glaubten den Achilles selber zu schauen,
flohen nach der Stadt, und viele sanken unter den Händen
des verfolgenden Helden. Doch zu weit ließ er sich von
seiner Kampflust fortreißen: der gewaltige Hektor selbst
stellte sich ihm entgegen, und Patroklos erlag ihm im Streit.

Als Achilles die Leiche des teuren Gefährten sah, ward
es Nacht vor seinen Augen, mit beiden Händen griff er nach
dem schwarzen Staube und bestreute Haupt, Antlitz und Gewand. Dann warf er sich, so riesig er war, zu Boden und
raufte sich das Haupthaar aus, und sein Jammergeheul schallte
so fürchterlich in die Lüfte hinaus, daß seine Mutter die
Stimme des Weinenden vernahm und aus dem Meere auf-
tauchend zu ihrem Sohne eilte. Hier hörte sie sein Leid und
seinen Entschluß, den gefallenen Feind zu rächen. Da aber
seine Rüstung in Hektors Hände geraten war, begab sich die
Meergöttin selbst in die Wohnung des Hephästos, des Schmiede-
gottes, der auf ihre Bitten dem Achilles eine neue prächtige
Rüstung verfertigte. Am bewundernswürdigsten war der Schild;
auf der Wölbung desselben bildete er die Erde. das wogende
Meer, den Himmel mit Sonne, Mond und allen Gestirnen
ab; ferner zwei blühende Städte, die eine voll von Hochzeits-
festen und Gelagen, mit Volksversammlungen, Markt, hadern-
den Bürgern, Herolden und Obrigkeiten; die andere von zwei
Heeren zugleich belagert; in den Mauern Weiber, unmündige
Kinder, wankende Greise; die Männer der Stadt vor dieser
draußen in einem Hinterhalt gelagert und den Hirten in die
Herde fallend. Auf einer anderen Seite Schlachtgetümmel,
Verwundete, Kampf um Leichname und Rüstungen. Weiter
schuf er ein lockeres Brachfeld, mit Bauern und Ochsen am
Pflug; ein wallendes Ährenfeld voll Schnitter, seitwärts un-
ter einer Eiche die Mahlzeit bereit; weiter einen Rebengarten
voll schwarzer schwellender Trauben, an Pfählen von lauterem
Silber, ringsum einen Graben von blauem Stahl und ein
Gehäge von Zinn; eine einzige Furche führte durch den Wein-
garten, und eben war Lese: Jünglinge jauchzten und rosige
Jungfrauen trugen die süße Frucht in schönen Körben davon;
mitten in der Schar ging ein Leierknabe, den andere um-
tanzten. Weiter schuf er eine Rinderherde aus Gold und
Zinn, längs einem wallenden Fluß, mit vier goldenen Hirten

und neun Hunden; vorn in die Herde waren zwei Löwen
gefallen und hatten einen Farren gefaßt, die Hirten hetzten
ihre Hunde, die bellend auf Sprungweite vor den Löwen
standen. Wiederum schuf er eine anmutige Thaltrift von
silbernen Schafen durchschwärmt; mit Hirtengehägen, Hütten
und Ställen; endlich einen Reigen von blühenden Jünglingen
und Jungfrauen in glänzenden Gewanden, jede Tänzerin
schmückte ein Kranz, die Tänzer hatten goldene Dolche an
silbernen Ringen hangen; zwei Gaukler drehten sich im Kreise
zur Harfe eines Sängers; Zuschauergedränge umgab den Rei=
gen. Um den äußersten Rand des Schildes schlang sich der
Strom des Oceans wie eine Schlange.

Als Hephästos den Schild vollendet hatte, schmiedete er
noch einen Harnisch, dann einen Helm und zuletzt die Bein=
schienen, und alle diese Geschenke brachte die Göttin ihrem
noch immer klagenden Sohne.

In der Volksversammlung versöhnte sich Achilles mit
Agamemnon, und nun zog das Heer in die Schlacht, an der
nicht nur Menschen, sondern diesmal die Götter des Olymps
selbst teilnahmen, je nachdem sie den Troern oder Griechen
hold waren. Ares brüllte wie ein Sturm, Eris tobte durch
die Scharen, dazu donnerte Zeus vom Olymp, und Poseidon,
der Beherrscher des Meeres, erschütterte die Erde, daß Pluto
selbst in seinem unterirdischen Reich erschrak. Während die=
ses Götterkampfes suchte Achilles den Hektor, den jedoch Apollo
in einen Nebel hüllte und dem anstürmenden Göttersohne ent=
zog. Dagegen wütete er unter den anderen Feinden, seine
Rosse trabten stampfend über Schilde und Leichname dahin,
die Achse seiner Wagenräder troff von Blut, und bis zu den
Rädern des Sitzes spritzten die Tropfen empor. So drängte
er die Fliehenden in den Strom Skamander und stürzte sich
mit dem Schwerte ihnen nach. Bald rötete sich das Wasser
von Blut, seine Hände wurden starr vom Morden, und der
Stromgott Skamander selbst ergrimmte ob des entsetzlichen
Würgers. Der Strom fing an zu schwellen, regte seine trü=
ben Fluten auf, warf die Getöteten mit Gebrüll ans Ge=
stade, und seine Brandung schlug schmetternd an den Schild
des Achilles. Nur mit Mühe, über die Äste einer losgerisse=
nen Ulme klimmend, erreichte er das Ufer, aber der Flußgott
rauschte ihm nach, die Wogen bespülten seine Schultern und

raubten ihm den Boden unter den Füßen. Da flehte er Zeus um Erbarmen an gegen den Strom, und Athene (Minerva) verlieh ihm die Kraft, daß er das Gefilde wiedergewann. Aber der zornige Stromgott rief den benachbarten Strom Simois zur Hülfe, und erst als Hephästos mit seinem Feuer die Bäume am Gestade anzündete, die Fische vor der Glut angstvoll nach frischem Wasser schnappten, und der Strom endlich selbst in lichten Flammen wogte, flehte er die Göttermutter um Mitleid an. Da löschte Hephästos die Glut, und Skamander rollte in seine Ufer zurück.

Achilles aber ruhte nicht eher vom Kampfe, bis er den Hektor erlegt und seinem hingeschiedenen Freunde ein Totenopfer gebracht hatte. Hierauf wurde der Leichnam des Patroklos verbrannt und ihm zu Ehren glänzende Leichenspiele veranstaltet. Nur Hektors Leichnam lag wie ein Aas auf dem Felde: am frühen Morgen spannte Achilles seine Rosse ins Joch, befestigte den Leichnam am Wagen und schleifte ihn dreimal um das Denkmal des Patroklos. Doch Apollo schützte den Leichnam vor Verwesung und auch die anderen Götter erbarmten sich über den Toten.

Inzwischen herrschte Trauer im Hause des Königs Priamos, und Geheul und Wehklagen erschollen durch den Palast. Da kam eine Botin der Götter und mahnte den greisen Vater, in das Lager des Achilles zu fahren, um den Sohn auszulösen. Den Worten der Götterbotin vertrauend, ließ Priamos den Wagen anschirren und von Hermes (Mercurius) beschirmt, gelangte er mit seinem Begleiter des Nachts sicher durch das griechische Lager in das Zelt des Achilles. Der Held ruhte eben von der Mahlzeit, Priamos umschlang seine Kniee und küßte die Hände, die ihm schon so viele Söhne erschlagen hatten. „Göttergleicher Achilles," sagte er, „gedenke deines Vaters, der alt ist, wie ich, vielleicht auch bedrängt von feindlichen Nachbarn, in Angst und ohne Hülfe, wie ich. Doch bleibt ihm die Hoffnung, seinen geliebten Sohn von Troja heimkehren zu sehen, ich aber, der ich fünfzig Söhne hatte und davon neunzehn von einer Gattin, bin der meisten in diesem Kriege beraubt worden, und zuletzt durch dich des einzigen, der die Stadt und uns alle zu beschirmen vermochte. Darum komme ich nun zu den Schiffen, ihn, meinen Hektor, von dir zu erkaufen, und bringe uner-

3*

meßliches Lösegeld. Scheue die Götter, Pelide, erbarme dich mein, gedenke deines eigenen Vaters! Ich bin des Mitleids noch werter. Dulde ich doch, was noch kein Sterblicher geduldet hat, und drücke die Hand an die Lippe, die meine Kinder mir getötet." So sprach er und erweckte dem Helden sehnsüchtigen Gram um seinen Vater, daß er den alten sanft bei der Hand anfaßte und zurückdrängte. Da gedachte der Greis seines Sohnes Hektor, wand sich zu den Füßen des Peliden und fing an laut zu weinen; Achilles aber weinte bald über seinen Vater, bald über seinen Freund, und das ganze Zelt erscholl von Jammertönen. Endlich sprang der edle Held vom Sessel empor, hob den Greis, voll Mitleid mit seinem grauen Haupt und Bart, an der Hand auf, tröstete ihn mit sanften Worten und bat ihn, von dem Jammer, den nun einmal die Götter über ihn verhängt hätten, abzulassen. Achilles sprang aus dem Zelte, seine Genossen spannten die Tiere aus dem Joch und hoben die Lösegeschenke vom Wagen. Dann ließ Achilles fern und ungesehen vom Vater, den Leichnam waschen, salben und bekleiden. Er selbst legte ihn auf ein unterbreitetes Lager, rief, während die Freunde den Toten auf den mit Maultieren bespannten Wagen hoben, den Namen seines Freundes an und sprach: „Zürne und eifere mir nicht, Patroklos, wenn du etwa in der Nacht der Unterwelt vernimmst, daß ich Hektors Leiche seinem Vater zurückgebe! Er hat kein unwürdiges Lösegeld gebracht, und auch dir soll dein Anteil werden."

Nun kehrte er zurück ins Zelt, setzte sich dem König wieder gegenüber und sprach: „Siehe, dein Sohn ist jetzt gelöst, o Greis, wie du es gewünscht; er liegt in ehrbare Gewänder eingehüllt. Sobald der Morgen sich rötet, magst du ihn schauen und davon führen. Jetzt aber laß uns der Nachtkost gedenken, du hast noch Zeit genug, deinen lieben Sohn zu beweinen, wenn du ihn zur Stadt gebracht hast, denn wohl verdient er viele Thränen." Darauf ließ Achilles ein Mahl bereiten, und bewirtete seinen Gast. Während des Mahles erstaunte Priamos über Wuchs und Gestalt des Helden, und dieser bewunderte seinerseits das würdevolle Antlitz und die weise Rede des Greises. Darauf ward ihm ein Lager in der Halle bereitet, und nachdem ihm Achilles eine Waffenruhe von elf Tagen zur Bestattung des edlen

Hektor verheißen hatte, legten sich beide schlafen. Vor An=
bruch des Tages aber weckte Hermes den Greis und mahnte
ihn zur Rückfahrt nach Troja, die er unter dem Schutze des
Gottes glücklich vollendete und darauf die nötigen Anstalten
zur Bestattung seines Sohnes traf.

Bald entbrannte der Kampf von neuem; Achilles er=
schlug viele Feinde und verfolgte die Trojaner bis vor die
Stadt. Hier schickte er sich an, die Thorflügel aus den An=
geln zu heben, als Apollo, den Troern günstig gesinnt, vom
Olymp herabstieg und dem Helden zurief, vom Kampfe ab=
zulassen. Doch Achilles verachtete die Warnung des Gottes;
da verhüllte sich der zürnende Apollo in ein schwarzes Ge=
wölk, legte einen Pfeil auf seinen Bogen und schoß aus
dem Nebel dem Peliden in die verwundbare Ferse, daß er
wie ein Turm zu Boden stürzte. Er zog den Pfeil aus der
Wunde, das schwarze Blut quoll heraus; dennoch erhob er
sich mit einem Sprunge vom Boden und stürzte unter die
Feinde. Noch mehrere Trojaner durchbohrte sein Speer, bald
aber erstarrten ihm die Glieder und todeswund sank er unter
die anderen Toten, daß die Erde von seinem Falle und von
der Waffenrüstung erdröhnte.

Der Leichnam ward nach den Schiffen getragen, alle
Griechen brachen in laute bittere Klagen aus, am meisten
Ajax und der greise Phönix, der dem Helden nach Troja
gefolgt war. Dann wuschen sie den Toten und hüllten ihn
in schöne Gewänder; Athene aber träufelte ihm vom Olymp
einige Tropfen Ambrosia auf das Haupt, die ihn vor Ver=
wesung bewahrten. So lag sein Leichnam, frisch und wie
der Körper eines Lebenden, auf seinem Antlitz lag der Aus=
druck des Zornes über den Tod des Patroklos. Auch Thetis,
seine Mutter, entstieg den Tiefen des Meeres mit ihren
Schwestern, küßte den Mund des teuren Sohnes und weinte,
daß der Boden von ihren Thränen benetzt wurde. Die
Griechen aber bauten aus vielen Bäumen einen Scheiter=
haufen, schlachteten Opfertiere und spendeten Trankopfer und
bald verzehrten die Flammen den Leichnam. Seine Asche
wurde neben die des Patroklos versenkt und Leichenspiele
beschlossen die feierliche Handlung. Als Troja erobert war,
erschien sein Geist seinem Sohne im Traume und verlangte
das edelste und beste von der Beute. Als das edelste aber

wurde Polyxena, die Tochter des Priamos, betrachtet, die zu Achilles Lebzeiten von geheimer Liebe zum Helden glühte. Sie fiel vor dem Altare als Opfer.

Nächst Achilles war der tapferste und riesigste Held unter den Griechen der große Ajax, Sohn des Telamon. Er machte einen Zug nach der thrakischen Halbinsel, wo die Königsburg Polymnestors prangte. Diesem hatte der König Priamos von Troja seinen jüngsten Sohn Polyboros zur Pflege übersandt und dadurch, weil er sein Liebling war, dem Waffendienst entzogen, auch dem thrakischen Könige zur Beköstigung des Kindes Gold und Kostbarkeiten genug übergeben. Als Ajax Polymnestors Land überfiel und seine Burg belagerte, erkaufte der treulose Barbar mit den Schätzen den Frieden, verleugnete seine Freundschaft mit dem Könige Priamos und überlieferte die anvertrauten Kostbarkeiten und den Polyboros selbst an Ajax. Auf einem anderen Kriegszuge erbeutete sich Ajax die durch Schönheit und Edelsinn bekannte Tekmessa, die er wie eine Gemahlin schätzte. In den Feldschlachten gegen die Troer bewies er stets eine unwiderstehliche Tapferkeit und stand mit seinem aus sieben über einander geschichteten Stierhäuten verfertigten Schilde wie ein Turm im Kampfe, weshalb er auch der „Hort der Achäer" genannt wird. So hielt er einst und mit ihm ein anderer Held, auch Ajax genannt, der Sohn des Oileus, den Andrang des wütenden Hektor und der Troer ab, als diese schon bis zu dem Schiffslager gedrungen waren. Beide Ajax nahmen kein glückliches Ende. Der Sohn des Oileus hatte bei der Eroberung von Troja die Kassandra, die weissagende Tochter des Priamos, am Altare der Athene (Minerva) nicht verschont, daher sandte ihm die beleidigte Göttin auf der Rückfahrt einen Sturm, der sein Schiff und ihn selbst zerschmetterte. — Der Telamonier Ajax fand seinen Untergang durch eigene Hand im grimmigen Hasse gegen Odysseus.

Odysseus, König der Inseln Ithaka und Dulichion im jonischen Meere, zeichnete sich nicht sowohl durch Tapferkeit als durch Beredsamkeit, Schlauheit und Erfindungsgabe aus. Er war anfänglich nicht geneigt nach Troja zu ziehen, denn es war ihm geweissagt, daß er erst nach zwanzig Jahren

sein Vaterland wiedersehen sollte. Daher stellte er sich wahn=
sinnig und pflügte in verstelltem Wahnsinn einen kahlen
Felsen. Aber Palamedes, der auch sonst dem Agamem=
non viele Fürsten für seinen Zug nach Troja gewann, merkte
die List und legte ihm seinen kleinen Sohn Telemachos vor
den Pflug, worauf der Vater, um den Sohn nicht zu ver=
letzen, vorsichtig umlenkte und sich dadurch verriet. Nun half
kein weiterer Vorwand, und er zog mit seinen Schiffen nach
Troja. Einst ging er mit seinem Freunde Diomedes im
Dunkel der Nacht auf Kundschaft aus nach dem Lager der
Troer. Auf dem Wege begegnete ihnen Dolon, ein Späher
der Feinde. Diesen forschte Odysseus aus und erfuhr von
ihm, daß eben Rhesos, ein thrakischer Fürst, mit herr=
lichen Rossen im Lager der Troer angelangt sei. Nachdem
sie den Späher getötet hatten, zogen sie weiter und fanden
die schlafenden Scharen der Thrakier mit den Rossen. Hier
richteten sie ein gräßliches Gemetzel unter den Schlafenden
an und führten alsdann die Rosse glücklich ins griechische
Lager. Als alle Tapferkeit Troja einzunehmen nicht ver=
mochte, war es Odysseus, der den Rat gab, das hölzerne
Pferd zu bauen. Durch diese List gelang die Eroberung
der Stadt. Nach dem Tode des Achilles erhob sich zwischen
Odysseus und dem Telamonier Ajax Streit um die herrliche
Rüstung des Göttersohnes, und als die Schiedsrichter sie dem
Odysseus zusprachen, entbrannte Ajax von Rache gegen den
Widersacher. Doch Athene schlug ihn mit Wahnsinn, und
statt unter die Griechen fiel der Verblendete unter eine Herde
Schafe, die er niedermachte. Bald aber nahm die Göttin
den Wahn von ihm, und nun sah der Held seine Schmach,
daß er statt seiner Feinde harmlose Tiere zerfleischt hatte.
Vor Verzweiflung stürzte er sich in sein eigenes Schwert.
Den Odysseus aber hielten zehnjährige Irrfahrten von der
Heimat entfernt.

———

Als Muster der Weisheit und Klugheit steht im griechi=
schen Heere der alte, ehrwürdige Nestor da, König von
Pylos in Messenien. Er war der älteste der griechischen
Fürsten und lebte schon im dritten Menschenalter. Fehlte
ihm auch die jugendliche Kraft, das Schwert und den Speer

zu schwingen, so war er doch hochgeehrt im Heere wegen
seines klugen Rates und seiner Erfahrungen, wodurch er alle
jüngeren Helden übertraf. Seinen Rat wußte er mit solcher
Beredsamkeit zu empfehlen, daß man sagte, ihm fließe süßer
als Honig vom Munde die Rede. Er allein kam von allen
Griechen ohne Unfall in der Heimat an und erreichte ein
Alter von neunzig Jahren.

Auch Diomedes, der Held des Tydeus, gehörte zu
den tapfersten Helden und erfreute sich im Kampfe des be-
sondern Schutzes der Göttin Athene, so daß er einst in der
Schlacht sogar den Aneas, den Sohn des Anchises und
der Göttin Venus, einen tapferen Trojaner, in die Flucht
trieb. Ja, als Venus ihren Sohn dem Angriff des Diomedes entziehen und der Schlacht entrücken wollte, ward die
Göttin selbst von dem Helden an der Hand verwundet. In
derselben Schlacht brachte Diomedes dem Kriegsgotte selbst
eine Wunde bei.

An diese Helden schlossen sich Idomeneus von Kreta
mit seinem Waffengefährten Meriones, und Philoktetes
an. Letzterer war ein Freund des Herakles gewesen und
der Erbe seiner unüberwindlichen Pfeile, ohne die Troja
nicht erobert werden konnte. Einst ward er an einem alten
Altare der Athene von einer giftigen Natter in den Fuß
gebissen, und da die Griechen den üblen Geruch seiner Wunde
und sein Jammergeheul, wodurch er jede heilige Handlung
störte, nicht ertragen konnten, wurde er von Odysseus auf
der Insel Lemnos ausgesetzt. Hier bewohnte der Arme eine
Höhle, nährte sich mit den Vögeln, die seine Pfeile erlegten,
und litt unsägliche Qualen. Doch nach neun Jahren sehnten
sich die Griechen nach dem Besitze der unbesiegbaren Pfeile.
Odysseus holte den Philoktetes aus seiner Verbannung, der
bald geheilt ward und bei der Eroberung Trojas mitwirkte.
Auch den Paris tötete er durch einen Pfeilschuß.

Neben diesen herrlichen Helden erscheint ein gemeiner
Grieche, Thersites, als das Bild der Häßlichkeit an Körper

und Seele. Schon seine Gestalt verkündigte die Gemeinheit seiner Seele, denn

„Der häßlichste Mann vor Ilios war er gekommen:
Schielend war er und lahm am andern Fuß, und die Schultern
Höckerig, gegen die Brust ihm geengt, und oben erhob sich
Spitz sein Haupt, auf dem Scheitel mit dünnlicher Wolle besäet,
Widerlich war er vor allen des Peleus Sohn und Odysseus,
Denn die lästert' er stets —"

Diesem abschreckenden Äußeren entsprach sein Inneres, denn er war neidisch und unverschämt und voll dummer Einfälle. Einst wagte er sogar den König Agamemnon zu schmähen, doch Odysseus tadelte den Lästerer und schlug ihn mit seinem Scepter, daß sich blutige Schwielen auf dem getroffenen Rücken erhoben, zum großen Gelächter der übrigen Griechen, die seine schmerzhafte Miene sahen. Als einst Thersites sich erdreistete, sogar den göttlichen Achilles zu lästern, ward er von diesem getötet.

5. Paris Kampf mit Menelaos.

Das Heer, auf Nestors Rat nach Volksstämmen geordnet, stand in Schlachtordnung, als man endlich den Staub der aus ihren Mauern heranziehenden Trojaner gewahr wurde. Nun setzten sich auch die Griechen in Bewegung. Als beide Heere einander nahe genug waren, daß der Kampf beginnen konnte, schritt aus der Reihe der Trojaner der Königssohn Paris vor, in ein buntes Pantherfell gekleidet, den Bogen um die Schulter gehängt, sein Schwert an der Seite, und zwei spitze Lanzen schwenkend, forderte er den tapfersten aller Griechen heraus, mit ihm den Zweikampf zu wagen. Als diesen Menelaos aus den sich herauswagenden Scharen hervorspringen sah, freute er sich wie ein junger Löwe, dem eine ansehnliche Beute, ein Gemsbock oder ein Hirsch in den Weg kommt, und schnell sprang er in voller Rüstung von seinem Wagen zur Erde herab, den frevelhaften Dieb seines Hauses zu bestrafen. Dem Paris graute beim Anblick eines solchen Gegners, und er entzog sich dem Kampfe erblassend und in das Gedränge seiner Landsleute zurückfahrend, als hätte er eine Natter gesehen. Als ihn Hektor so in die Menge der Trojaner zurücktauchen sah, rief er ihm voll Unmut zu: „Bruder, du bist doch nur von Gestalt ein Held, in Wahrheit aber nichts als ein weibischer,

schlauer Verführer. Wäreſt du lieber geſtorben, ehe du um
Helena gebuhlt! Siehſt du nicht, wie die Griechen ein Ge=
lächter erheben, daß du es nicht wageſt, dem Manne ſtand
zu halten, dem du die Gattin geſtohlen haſt? Du wäreſt
wert, zu erfahren, an welchem Manne du dich verſündigt,
und ich würde dich nicht bemitleiden, wenn du dich verwun=
det auf dem Boden wälzteſt und der Staub dein zierliches
Lockenhaar beſudelte." Paris aber antwortete ihm: „Hektor,
dein Herz iſt hart und dein Mund unwiderſtehlich, wie eine
Axt aus Erz, mit der der Schiffszimmermann Balken behaut,
und du tadelſt mich nicht mit Unrecht; aber ſchilt mir nicht
meine Schönheit, denn ſie iſt auch eine Gabe der Unſterb=
lichen. Wenn du mich aber jetzt kämpfen ſehen willſt, ſo
heiß' Trojaner und Griechen ruhn; dann will ich um Helena
und alle ihre Schätze mit dem Helden Menelaos vor allem
Volke den Zweikampf wagen. Wer von uns beiden ſiegt,
mag ſie heimführen; ein Bund ſoll es bekräftigen, ihr baut
alsbann das trojaniſche Land in Frieden, und jene ſchiffen
heim nach Argos."

Eine freudige Überraſchung hatte ſich Hektors bei dieſen
Worten ſeines Bruders bemächtigt; er trat vor die Schlacht=
ordnung heraus in die Mitte und hemmte, den Speer vor=
haltend, den Anlauf der trojaniſchen Haufen. Als die
Griechen ſeiner anſichtig wurden, zielten ſie um die Wette
mit Wurfſpießen, Pfeilen und Steinen nach ihm. Agamemnon
aber rief laut nach den griechiſchen Reihen zurück: „Haltet
ein, Argiver, werfet nicht, der helmumflatterte Hektor begehrt
zu reden." Die Griechen ließen ihre Hände ſinken und ver=
harrten im Schweigen ringsumher; und nun verkündigte Hektor
mit lauter Stimme den Völkern den Entſchluß ſeines Bruders
Paris. Seine Rede beantwortete ein tiefes Stillſchweigen.
Endlich nahm Menelaos vor den Heeren das Wort: „Höret
mich an," rief er, „mich, auf deſſen Seele der allgemeine
Kummer am ſchwerſten laſtet! Endlich hoffe ich, werdet ihr,
Argiver und Trojaner, nachdem ihr um des Streites willen,
den Paris angefacht, ſo viel ſchlimmes erbuldet habt, ver=
ſöhnt von einander ſcheiden! Einer von uns Zweien, welchen
auch das Schickſal auserkoren hat, ſoll ſterben; ihr andern
aber ſollt in Frieden ſcheiden. Laßt uns opfern und ſchwören;
alsbann mag der Zweikampf beginnen."

Beide Heere wurden froh über diese Worte, denn sie
sehnten sich nach einem Ende des unseligen Krieges. Auf
beiden Seiten zogen die Wagenlenker den Rossen die Zügel
an, die Helden sprangen von den Streitwagen, zogen die
Rüstung aus und legten sich, Feinde ganz nahe an Feinden,
auf die Erde nieder. Hektor sandte eilig zwei Herolde nach
Troja, die Opferlämmer zu bringen und den König Priamos
herbeizurufen; auch der König Agamemnon schickte den Herold
Talthybios zu den Schiffen, ein Lamm zu holen.

Eben saß Helena, durch die Götterbotin Iris von dem
bevorstehenden Zweikampfe benachrichtigt, auf den Zinnen der
Burg neben Priamos, als die Herolde die Bundesopfer aus
der Stadt trugen, welche aus zwei Lämmern und aus ein-
heimischem Weine zum Trankopfer, der in einen bocksledernen
Schlauch gefüllt war, bestanden. Der Herold Idäos folgte
mit einem blinkenden Kruge und goldenen Becher. Als sie
durchs Skäische Thor kamen, nahte dieser dem Könige Priamos und sprach zu ihm: „Mach dich auf, König, beide, die
Fürsten der Trojaner und der Griechen, rufen dich hinab
ins Gefilde, damit du dort einen heiligen Vertrag beschwörst.
Dein Sohn Paris und Menelaos werden allein um das
Weib mit dem Speere kämpfen; wer im Kampfe siegt, dem
folgt sie mit samt den Schätzen. Alsdann schiffen die Danaer nach Griechenland zurück." Der König stutzte, doch befahl er seinen Gefährten, die Rosse anzuschirren, und mit
ihm bestieg Antenor den Wagensitz. Priamos ergriff die
Zügel und bald flogen die Rosse durchs Skäische Thor hinaus
aufs Blachfeld. Zwischen den beiden Völkern angekommen,
verließ der König mit seinen Begleitern den Wagen und stellte
sich in die Mitte. Aus dem griechischen Heere eilten jetzt
Agamemnon und Odysseus herbei. Die Herolde führten die
Bundesopfer heran, mischten den Wein im Kruge und be-
sprengten die beiden Könige mit dem Weihwasser. Dann
zog der Atride das Opfermesser, das ihm immer neben der
großen Scheibe des Schwertes herabhing, schnitt den Lämmern, wie bei den Opfern gebräuchlich, das Stirnhaar ab,
und rief den Göttervater zum Zeugen des Bündnisses. Dann
durchschnitt er den Lämmern die Kehlen und legte die Geopferten in den Staub nieder, die Herolde gossen unter Gebet den Wein aus goldenen Bechern, und alles Volk von

Griechenland und Troja flehte dazu laut: „Zeus und ihr
unsterblichen Götter alle! welche von uns zuerst den Eid=
schwur brechen, deren Gehirn fließe auf den Boden, wie
dieser Wein, ihres und ihrer Kinder!"

Priamos aber sprach: „Jetzt, ihr Trojaner und Griechen,
laßt mich wieder zu Ilions hoher Burg zurückkehren, denn
ich kann es unmöglich mit eigenen Augen ansehen, wie mein
Sohn hier auf Leben und Tod mit dem Fürsten Menelaos
kämpft; weiß doch Zeus allein, welchem von beiden der Unter=
gang verhängt ist!" So sprach der Greis, ließ die Opfer=
lämmer in den Wagen legen, bestieg mit seinem Begleiter
den Sitz und lenkte die Rosse wieder der Stadt Troja zu.

Hierauf maßen Hektor und Odysseus den Raum des
Kampfplatzes ab und schüttelten in einem ehernen Helm zwei
Lose, zu entscheiden, wer zuerst die Lanze auf den Gegner
werfen dürfe. Hektor, rückwärts gewandt, schwenkte den
Helm, da sprang das Los des Paris heraus. Nun waff=
neten sich beide Helden und wanderten in Panzer und Helm,
die mächtigen Lanzen in der Hand, mit drohendem Blicke in
der Mitte der Trojaner und Griechen einher, von beiden
Völkern angestaunt. Endlich traten sie einander in dem ab=
gemessenen Kampfraume gegenüber und schwangen zornig
ihre Speere. Durch das Los berechtigt, entsandte zuerst
Paris den seinigen: der traf dem Menelaos den Schild,
aber die Lanzenspitze bog sich am Erze und sank zurück.
Dann erhob auch Menelaos seinen Speer und betete dazu
mit lauter Stimme: „Herr, laß mich den strafen, der mich
zuerst beleidigt hat, daß man noch unter späten Enkeln sich
scheue dem Gastfreunde Böses zu thun!" Der entsandte
Speer zerschmetterte dem Paris den Schild, durchdrang den
Harnisch und durchschnitt ihm den Leibrock an der Weiche;
nun riß der Atride (Menelaos) sein Schwert aus der Scheide
und führte einen Streich auf den Helm des Gegners, aber
die Klinge zersprang ihm knitternd. „Grausamer Zeus, was
mißgönnst du mir den Sieg?" rief Menelaos, stürmte auf
den Feind ein, ergriff ihn am Helm und zog ihn umgewen=
det der griechischen Schlachtordnung zu, ja er hätte ihn ge=
schleift und der beengende Kehlriemen ihn erwürgt, wenn
nicht die Göttin Aphrodite (Venus) die Not gesehen und
den Riemen gesprengt hätte. So blieb dem Menelaos der

leere Helm in der Hand; diesen schleuderte der Held den Griechen zu und wollte von neuem auf seinen Gegner ein- bringen. Den aber hatte Venus in einen schirmenden Nebel gehüllt und plötzlich nach Troja geführt, wo sie ihn im süß duftenden Gemache niedersetzte, und seine Gemahlin Helena zu ihm berief.

Auf dem Kampfplatze durchstürmte Menelaos noch immer wie ein Raubtier das Heer, den verschwundenen Paris aus- spähend: aber weder ein Trojaner noch ein Grieche konnte ihm den Fürsten zeigen, und doch hätten sie ihn gewiß nicht verhehlt, denn er war beiden zuwider wie der Tod. End- lich erhob Agamemnon seine Stimme und sprach: „Höret mein Wort, ihr Dardaner und Griechen! Menelaos ist der offenbare Sieger. So gebet uns denn jetzt Helena samt den Schätzen zurück und bezahlet uns für alle Folgezeit einen Tribut!" Die Argiver nahmen diesen Vorschlag mit Jubel auf, die Trojaner schwiegen. Bald entbrannte, da sich die Trojaner zum Bruche des Bündnisses verleiten ließen, der Kampf von neuem.

---

6. Hektor und Ajax im Zweikampfe.

Als einst die Göttin Athene vom Olymp herab die beiden Brüder Hektor und Paris zum Kampfe hineilen sah, flog sie stürmisch hinunter zur Stadt Troja. An des Zeus Buche begegnete ihr Apollo, der von der Zinne der Burg, von wo er die Schlacht der Trojaner lenkte, daher kam, und seine Schwester anredete: „Welch ein heftiger Eifer treibt dich vom Olymp herunter, Pallas? Bist du noch immer auf den Fall der Trojaner bedacht, Erbarmungslose? Wolltest du mir doch gehorchen und für heute den Entscheidungskampf ruhen lassen. Ein andermal mögen sie die Feldschlacht erneuern, weil ihr, du und Hera, doch nicht ruhet, bis ihr die hohe Stadt Troja verwüstet habt!" Ihm antwortete Athene: „Fernhintreffer, es sei, wie du sagst; in derselben Absicht bin ich auch vom Olymp herabgekommen. Aber sage mir, wie gedenkst du den Männerkampf zu stillen?" — „Wir wollen," sprach Apollo, „dem gewaltigen Hektor seinen Mut noch steigern, daß er einen der Danaer zum entscheidenden Zweikampf herausfordert, laß uns dann sehen, was diese thun." Athene war damit zufrieden.

Das Gespräch der Unsterblichen hatte der Seher Helenos in seiner Seele vernommen; eilig trat er zu Hektor und sprach: „Weiser Sohn des Priamos, wolltest du diesmal meinem Rate gehorchen, der ich dein liebender Bruder bin? Heiß die andern alle, Trojaner und Griechen, vom Streite ruhen; du selbst aber fordere den Tapfersten aller Argiver zur Entscheidung heraus. Du kannst es ohne Gefahr; denn glaube meinem Seherworte, der Tod ist noch nicht über dich verhängt."

Hektor freute sich dieses Wortes. Er hemmte die trojanischen Heerhaufen und trat, den Speer in der Mitte haltend, zwischen die kämpfenden Heere, und auf dieses Zeichen ruhte alsbald der Streit auf beiden Seiten, denn auch Agamemnon ließ seine Griechen sich lagern. Athene und Apollo aber setzten sich beide in Gestalt zweier Geier auf Zeus Buche und freuten sich des Männergewühls, bis beide Ordnungen, von Schilden, Helmen und hervorragenden Lanzen dicht umstarrt, gedrängt dasaßen, nur soviel sich regend, als das Meer, wenn das Gekräusel des Westens darüber hinschauert. In der Mitte beider Völker begann jetzt Hektor: „Trojaner und ihr Griechen, höret, was mir mein Herz gebietet! Den Bundesvertrag, den wir jüngst geschlossen, hat Zeus nicht genehmigt, vielmehr beiden Völkern böse Entschlüsse eingegeben, bis entweder ihr selbst Troja erobert, oder vor uns erlieget bei euren Schiffen. Nun sind die tapfersten Helden Griechenlands in eurem Heere. Welchem von solchen sein Herz gebeut, mit mir, dem göttlichen Hektor, den Vorkampf zu wagen, der trete heraus! Die Bedingung, die ich stelle, ist diese, und Zeus ist mein Zeuge: wenn mein Gegner mich mit dem Speere erlegt, mag er meinen Waffenraub zu den Schiffen hinabtragen, doch meinen Leib nach Troja senden, daß er der Ehre des Scheiterhaufens in der Heimat teilhaftig werde; wenn aber mir Apollo Ruhm gewährt, und ich meinen Gegner erlege, so hänge ich seine Rüstung im Tempel des Phöbus zu Troja auf, und den Erschlagenen möget ihr bei euren Schiffen mit Pracht bestatten, und ihm am Hellespont ein Mal auftürmen, von dem einst in spätern Zeiten der Schiffer noch sage: „Sehet, hier ragt der Grabhügel des längst verstorbenen Mannes, der einst im Streite mit dem göttergleichen Hektor erlag!"

Also sprach jener, die Danaer aber schwiegen, denn es
war schimpflich, den Kampf zu verweigern und gefahrvoll,
ihn anzunehmen. Endlich stand Menelaos auf und strafte
seine Landsleute mit den Worten: „Wehe mir, ihr Prahler,
Griechinnen und nicht Griechen! Wäre es doch eine unver-
tilgbare Schande, wenn kein Danaer dem Hektor zu begegnen wagte! Möchtet ihr euch alle in Kot und Wasser verwandeln, wie ihr mit einander dasitzet, jeder ohne Herz und
ohne Ruhm! So will ich denn mich selber zum Kampfe
gürten und den Göttern den Ausgang anempfehlen!“ So
sprach er und warf sich in die Rüstung; und sein Tod wäre
beschlossen gewesen, wenn nicht die Fürsten der Griechen auf-
gefahren wären und ihn zurückgehalten hätten. Ja selbst
Agamemnon ergriff seine Rechte und sprach: „Bruder, be-
denke dich, was fällt dir ein, den stärkeren Mann bekämpfen
zu wollen, vor dem selbst anderen, als du bist, graut, mit
dem Achilles selbst in der Feldschlacht sich zu messen gestutzt
hat! Wir bitten dich alle, tritt zurück und setze dich nieder!“
So wandte Agamemnon seinem Bruder das Herz. Und nun
hielt Nestor eine strafende Rede an das Volk und erzählte
seinen eigenen Zweikampf mit Ereuthalion, dem Arkadier:
„Wäre ich noch so jugendlich,“ endete er, „noch so unge-
schwächter Kraft wie damals, so sollte Hektor seinen Kämpfer
bald gefunden haben.“ Auf seine Strafrede erhoben sich
neun Fürsten in dem Heere: vor allen Agamemnon, ihm zu-
nächst Diomedes, darauf die beiden Ajax zugleich, dann
Idomeneus, sein Genosse Meriones, Eurypylos, Thoas und
Odysseus. Sie alle erboten sich zu dem gefürchteten Kampf.
„Das Los soll entscheiden,“ begann von neuem Nestor; „wen
es auch trifft, freuen werden sich die Griechen, und der Er-
korene mit, wenn er aus dem erbitterten Streit als Sieger
hervorgeht.“ Nun bezeichnete sich jeder selbst sein Los; alle
zusammen wurden in den Helm Agamemnons geworfen; das
Volk betete; Nestor schüttelte den Helm, und heraus sprang
das Los des Telamoniers Ajax. Ein Herold zeigte dasselbe
herumwandelnd den acht Helden vor Ajax, aber keiner erkannte es, bis die Reihe an den kam, der es sich selbst
bezeichnet hatte. Freudig warf Ajax das Los vor die
Füße und rief: „Freunde, wahrlich, es ist meines, und
mein Herz ist froh, denn ich hoffe über Hektor zu siegen.

Ihr alle betet in der Stille oder laut, während ich mich rüste."

Das Volk gehorchte ihm und bald stürmte Ajax, den riesigen Leib in blinkende Erzwaffen gehüllt, zum Kampfe vor, dem ungeheuren Kriegsgotte selber ähnlich. Ein Lächeln flog über sein finsteres ernstes Antlitz, wie er mächtigen Schrittes die gewaltige Lanze schwingend, einherwandelte. Alle Danaer freuten sich ringsum seines Anblicks, und Schrecken durchschauerte die Schlachtreihen der Trojaner. Ja dem gewaltigen Hektor selbst fing sein Herz im Busen an zu schlagen, aber er konnte nicht mehr ins Gewühl seiner Scharen zurückfliehen, hatte er doch selbst den Zweikampf gefordert.

Ajax näherte sich ihm, den ehernen, siebenhäutigen Schild vortragend, den der berühmte Künstler Tychios ihm einst gefertigt. Als er ganz nahe vor Hektor stand, sprach er drohend: „Hektor, nun erkennst du, daß es im Danaervolk auch außer dem löwenherzigen Peliden noch Helden giebt, und zwar ihrer genug. Wohlan denn, beginne den blutigen Kampf!" Ihm antwortete Hektor: „Göttergleicher Sohn des Telamon, versuche mich nicht wie ein schwaches Kind oder ein unkriegerisches Weib. Sind mir doch die Männerschlachten wohl bekannt, ich weiß den Stierschild rechts und links hinzuwenden, weiß den Tanz des schrecklichen Kriegsgottes zu Fuße zu tanzen und die Rosse im Gewühl zu lenken! Wohlan, nicht mit heimlicher List sende ich den Speer nach dir, tapferer Held, nein öffentlich, laß sehen, ob ich dich treffe!". Mit diesen Worten entsandte er in hohem Schwung die Lanze, und sie fuhr dem Ajax in den Schild, durchdrang sechs Schichten und ermattete erst in der siebenten Haut. Jetzt flog die Lanze des Telamoniers durch die Luft: diese durchschmetterte dem Hektor den ganzen Schild, durchschnitt seinen Leibrock und würde ihm in die Weiche gedrungen sein, wenn nicht Hektor ihrem Fluge ausgebogen wäre. Beide zogen die Speere aus den Waffen und rannten wie unverwüstliche Waldeber aufs neue gegen einander an. Hektor zielte mit dem Speere stoßend, dem Ajax auf die Mitte des Schildes, aber seine Lanzenspitze bog sich und durchbrach das Erz nicht; Ajax hingegen durchbohrte mit dem Speere den Schild seines Gegners und streifte ihm selbst den Hals, daß ihm schwarzes Blut entspritzte. Nun wich zwar

Hektor ein wenig rückwärts, seine nervige Rechte ergriff je=
doch einen Feldstein und traf damit den Schildbuckel des
Feindes, daß das Erz erdröhnte. Ajax aber hob einen noch
viel größeren Stein vom Boden auf und sandte ihn mit
solchem Schwunge dem Hektor zu, daß er den Schild ein=
wärts brach und den Gegner ins Knie verletzte, so daß der=
selbe rückwärts hinsank; doch verlor er den Schild nicht aus
den Händen und Apollo, der ihm unsichtbar zur Seite stand,
richtete ihn schnell vom Boden wieder auf. Beide wären
jetzt mit dem Schwerte auf einander losgegangen, um den
Streit endlich zu entscheiden; da eilten die Herolde der bei=
den Völker, Idäos, der Troer, Talthybios, der Grieche, her=
bei und streckten die Stäbe zwischen die beiden Kämpfenden.
„Nicht weiter gekämpft, ihr Kinder!“ rief Idäos. „Ihr seid
ja beide tapfer, beide von Zeus geliebt: wir alle haben das
gesehen! Jetzt aber kommt die Nacht herbei, gehorchet der
Nacht.“ „Ermahne du deinen eigenen Volksgenossen,“ ent=
gegnete dem Herold Ajax, „er ist es ja, der den Tapfersten
der Griechen zum Kampfe hervorgerufen hat! Will er es
so, so mag er dir gehorchen!“ Und nun sprach Hektor selbst
zu seinem Gegner: „Ajax, ein Gott hat dir den gewaltigen
Leib, die Kraft und die Speerkunde verliehen, darum laß
uns heute vom Entscheidungskampfe ausruhen; ein andermal
wollen wir ihn erneuern und so lange fechten, bis ein Gott
einem von beiden Völkern Sieg und Kriegsruhm verleiht!
Nun laß uns aber auch einander noch rühmliche Gaben
schenken, damit es einst bei Trojanern und Griechen heiße:
Sehet, sie kämpften mit einander den Kampf der Zwietracht,
aber in Freundschaft sind sie von einander geschieden!“ So
sprach Hektor und reichte dem Gegner sein Schwert mit sil=
bernem Griff samt Scheide und zierlichem Wehrgehenk. Ajax
aber löste seinen purpurnen Gurt vom Leibe und bot ihn
dem Hektor dar. Dann schieden beide von einander. Ajax
zog sich in die Schar der Griechen zurück, Hektor ins Ge=
wühl der Trojaner. Diese waren froh, ihren Helden unver=
letzt aus den Händen des furchtbaren Ajax zurück zu erhalten.

---

7. Hektors Tod.

In jener furchtbaren Schlacht, wo Achilles die Trojaner
in den Strom Skamander, dann nach der Stadt hin ver=

folgte, flohen alle, die sein Schwert verschonte, durch die offenen Thore hinter die schützenden Mauern, nur Hektor blieb außerhalb der Thore vor den Mauern stehen. Immer näher kam Achilles geschritten, dem Kriegsgott an furchtbarer Herrlichkeit gleich, auf der rechten Schulter bebte ihm entsetzlich seine Lanze aus Pelions Eschenholz, seine Erzwaffen schimmerten um ihn wie eine Feuersbrunst, oder wie die aufgehende Sonne. Als Hektor ihn sah, mußte er unwillkürlich zittern; er vermochte nicht mehr stille zu stehen; er wandte sich um, dem Thore zu, und hinter ihm her flog der Pelide, wie ein Falk der Taube nachstürzt, die oft seitwärts schlüpft, während der Raubvogel gerade anbringt in seinem Fluge. So flüchtete Hektor längs der Mauer von Troja über den Fahrweg hinüber an den beiden sprudelnden Quellen des Skamander vorbei, der warmen und der kalten, immer weiter um die Mauer: ein Starker floh, aber ein Stärkerer folgte. Also kreisten sie dreimal um die Stadt des Priamos, und vom Olymp sahen alle ewigen Götter dem Schauspiele mit gespannter Aufmerksamkeit zu: „Erwägt es wohl, ihr Götter," sprach Zeus, „die Stunde der Entscheidung ist gekommen; jetzt fragt es sich: soll Hektor dem Tode noch einmal entfliehen, oder soll er, wie tapfer er auch sein mag, fallen?" Da nahm Pallas Athene das Wort und sprach: „Vater, wo denkst du hin: Einen Sterblichen, der längst dem Verhängnis anheimgefallen ist, willst du vom Tode erlösen? Thue, was dir gut dünkt, aber hoffe nicht, daß die Götter deinen Rat billigen werden!" Zeus nickte seiner Tochter Gewährung zu, und sie schwang sich wie ein Vogel von den Felsenhöhen des Olymp aufs Schlachtfeld hinab.

Hier floh Hektor noch immer vor seinem Verfolger, der ihn, wie ein Jagdhund den aus dem Lager aufgejagten Hirsch, bedrängte, und ihm, wie dieser seinem Wild, keinen Schlupfwinkel und keine Rast gönnte. Auch winkte Achilles seinem Volke zu, daß keiner sein Geschoß auf Hektor werfen und ihm den Ruhm rauben sollte, der erste und einzige gewesen zu sein, der den furchtbarsten Feind der Griechen erlegte.

Als sie nun zum vierten Male auf ihrer Runde um die Mauer an die Quellen des Skamander gelangt waren, da erhob sich Zeus auf dem Olymp, streckte die goldene Wage vor und legte zwei Todeslose hinein, das eine für den Pe-

liben, das andere für Hektor. Dann faßte er die Wage in
der Mitte und wog: da sank Hektors Wagschale tief nach
dem Hades zu, und augenblicklich verließ Phöbus Apollo
seine Seite. Zu Achilles aber trat Athene, die Göttin, und
flüsterte ihm ins Ohr: „Steh' und erhole dich, während ich
jenem zurede, dich kühn zu bekämpfen." Achilles lehnte sich,
der Göttin gehorchend, auf seinen eschenen Speer, sie aber,
in der Gestalt des Deiphobus, trat ganz nahe zu Hektor
und sprach zu ihm: „Ach, mein älterer Bruder, wie bedrängt
dich der Pelide! Wohlan, laß uns Stand halten und ihn
abwehren." Freudig aufblickend erwiderte Hektor: „Du
warst immer mein trautester Bruder, Deiphobus, jetzt aber
muß dich mein Innerstes nur um so mehr hochachten, daß du
dich, sobald mich dein Auge wahrnahm, aus der Stadt gewagt hast, während die anderen alle hinter der Mauer sitzen!"
Athene winkte dem Helden zu und schritt ihm, die Lanze ge-
hoben, voran, dem ausruhenden Achilles entgegen. Diesem
rief Hektor zuerst zu: „Nicht länger entfliehe ich dir, Pelide,
mein Herz treibt mich, dir fest entgegen zu stehen, daß ich
dich töte oder falle! Laß uns aber die Götter zum Zeugen
eines Eidschwures nehmen: wenn mir Zeus den Sieg verleiht, werde ich dich nimmermehr mißhandeln, sondern, nachdem ich dir deine Rüstung abgezogen, die Leiche deinen Volksgenossen geben. Ein gleiches sollst du mir thun!"

„Nicht von Verträgen geplaudert!" erwiderte finster
Achilles, „so wenig ein Bund zwischen Löwen und Menschen
Freundschaft stiftet, so wenig zwischen Wölfen und Lämmern
Eintracht besteht, so wenig wirst du mich mit dir befreunden.
Einer von uns muß blutig zu Boden stürzen. Nimm deine
Kunst zusammen, du mußt Lanzenschwinger und Fechter zugleich sein. Doch du wirst mir nicht entrinnen, all das Leid,
das du den Meinigen mit der Lanze angethan hast, das
büßest du mir jetzt auf einmal!" So schalt Achilles und
schleuderte die Lanze: doch Hektor sank ins Knie und das
Geschoß flog über ihn weg zur Erde; hier faßte es Athene
und gab es dem Peliden, unbemerkt von Hektor, sogleich zurück. Mit zornigem Schwunge sandte nun Hektor auch
seinen Speer, und dieser fehlte nicht, er traf mitten auf den
Schild des Achilles, aber prallte auch davon ab; bestürzt
sah sich Hektor nach seinem Bruder Deiphobus um, denn er

4*

hatte keine zweite Lanze zu versenden. Doch dieser war
verschwunden. Da wurde Hektor inne, daß es Athene war,
die ihn getäuscht hatte. Wohl sah er ein, daß das Schicksal
ihn jetzt fassen würde, er dachte daher nur darauf, wie er
nicht ruhmlos in den Staub sinken wolle, zog sein gewalti=
ges Schwert von der Hüfte und stürmte, das geschwungene
in der Rechten, wie ein Adler einher, der auf einen geduckten
Hasen oder ein Lämmlein aus der Luft herabschießt. Der
Pelide wartete den Streich nicht ab, auch er drang unter
dem Schilde vor; sein Helm nickte, die Mähne flatterte, und
sternhell strahlte sein Speer, den er grimmig in seiner Rech=
ten schwenkte. Sein Auge durchspähte den Leib Hektors, for=
schend, wo etwa eine Wunde haften könnte. Da fand er
alles blank von der geraubten Rüstung umhüllt; nur wo
Achsel und Hals das Schlüsselbein verbindet, erschien die
Kehle, die gefährlichste Stelle des Lebens am Leib, ein
wenig entblößt. Dorthin lenkte Achilles schnell besonnen
seinen Stoß und durchstach ihm den Hals so mächtig, daß
die Lanzenspitze zum Genicke herausbrang. Doch durchschnitt
ihm der Speer die Gurgel nicht so, daß der Verwundete
nicht noch reden konnte, obgleich er in den Staub sank, wäh=
rend Achilles laut frohlockte und den Leichnam Hunden und
Vögeln preiszugeben drohte. Da begann der liegende Hektor
schon schwächer atmend, zu flehen: „Ich beschwöre dich bei
deinem Leben, Achilles, bei deinen Knieen, bei deinen Eltern,
laß mich bei den Schiffen der Danaer nicht die Hunde zer=
reißen. Nimm Erz und Gold, so viel du willst zum Ge=
schenk, und entsende dafür meinen Leib nach Troja, daß
Männer und Frauen ihm die Ehre des Scheiterhaufens
zu teil werden lassen!"

Aber Achilles schüttelte sein fürchterliches Haupt und
sprach: „Beschwöre mich nicht bei meinen Knieen und meinen
Eltern, du Mörder meines Freundes! Niemand sei, der dir
die Hunde verscheuche von deinem Haupt, und wenn mir
deine Landsleute zwanzigfältige Sühne darwögen und noch
mehr verhießen. Ja, wenn dich Priamos mir selbst mit
Gold aufwiegen wollte!" — „Ich kenne dich," stöhnte Hek=
tor sterbend, „ich ahnte, daß du nicht zu erweichen sein wür=
dest; dein Herz ist eisern! Aber denk an mich, wenn die
Götter mich rächen, und am hohen Skäischen Thore du vom

Geschosse Phöbus Apollos gebrochen im Staube endest, wie
jetzt ich!" Mit dieser Weissagung verließ Hektors Seele den
Leib und flog zum Hades hinunter. Achilles aber rief der
fliehenden nach: „Stirb du, mein Los empfang' ich, wann
Zeus und die Götter wollen!" So sprach er und zog den
Speer aus dem Leichnam, legte ihn bei Seite und zog die
eigene blutige Rüstung von den Schultern des Gemordeten.
Nun kamen aus dem griechischen Heere viele Streiter her-
beigelaufen und betrachteten den Wuchs und die hohe Bildung des toten Hektor bewundernd, und mancher sprach, ihn
anrührend: „Wunderbar, wie viel sanfter ist doch der Mann
nun zu betasten, als da er den Feuerbrand in unsere Schiffe
schleuderte!" Jetzt stellte sich Achilles mitten unter das Volk
und sprach: „Freunde und Helden! Nachdem die Götter
mir verliehen haben, diesen Mann hier zu bändigen, der uns
mehr böses gethan hat, als alle anderen zusammen, so laßt
uns in unserer Rüstung die Stadt ein wenig auskundschaften,
um zu erforschen, ob sie uns wohl die Burg räumen werden,
oder ob sie es wagen, uns auch ohne Hektor Widerstand zu
leisten. Aber was rede ich? Liegt nicht mein Freund Patroklos noch unbestattet bei den Schiffen? Darum stimmt
den Siegesgesang an, ihr Männer, und laßt uns vor allen
Dingen meinem Freunde das Sühnopfer bringen, das ich
ihm geschlachtet habe!"

Mit solchen Worten wandte sich der Grausame dem
Leichnam von neuem zu, durchbohrte ihm an beiden Füßen
die Sehnen zwischen Knöchel und Fersen, durchzog sie mit
Riemen von Stierhaut und band sie am Wagensitze fest, schwang
sich in den Wagen und trieb seine Rosse mit der Geißel den
Schiffen zu, den Leichnam nachschleppend. Staubgewölk um-
wallte den Geschleiften, sein jüngst noch so liebliches Haupt
zog mit zerrüttetem Haar eine breite Furche durch den Sand.
Von der Mauer herab erblickte seine Mutter Hekuba das
grauenvolle Schauspiel, warf den Schleier ihres Hauptes
weit von sich und sah jammernd ihrem Sohne nach. Auch
der König Priamos weinte und jammerte. Geheul und
Angstruf der Trojaner und der fremden Völker hallte durch
die ganze Stadt. Kaum ließ sich der alte König abhalten,
selbst in seinem zornigen Schmerze zum Skäischen Thore
hinauszustürmen und dem Mörder seines Sohnes nachzueilen.

Er warf sich zu Boden und rief: „Hektor! Hektor! Alle
andern Söhne, die mir mein Feind erschlug, vergesse ich über
dir; o wärest du doch nur in meinen Armen gestorben!"

Andromache, Hektors Gemahlin, hatte von dem ganzen
Jammer noch nichts vernommen, ja ihr war nicht einmal
ein Bote gekommen, der gemeldet hätte, daß ihr Gatte sich
noch draußen vor den Thoren befinde. Ruhig saß sie in
einem der Gemächer des Palastes und durchwirkte ein schö=
nes Purpurgewand mit bunter Stickerei. Und eben rief sie
einer der Dienerinnen, einen großen Dreifuß ans Feuer zu
stellen, und ihrem Gemahl ein wärmendes Bad vorzubereiten,
wenn er aus der Feldschlacht käme. Da vernahm sie vom
Turme her Geheul und Jammergeschrei. Finstre Ahnung
im Herzen rief sie: „Weh' mir, ihr Mägde, ich fürchte,
Achilles habe meinen mutigen Gatten allein von der Stadt
abgeschnitten und bedrohe seine Kühnheit, die ihn niemals im
Haufen weilen läßt! Folget eurer zwei mir, daß wir
schauen, was es giebt!" Mit pochendem Herzen durchstürmte
sie den Palast, eilte auf den Turm und sah hinab über die
Mauer, wie die Rosse des Peliden den Leichnam ihres Gat=
ten, erbarmungslos an den Wagen des Siegers gebunden,
durchs Gefilde schleppten. Andromache sank rückwärts in die
Arme ihrer Schwäger und Schwägerinnen in tiefe Ohnmacht,
und der köstliche Haarschmuck, das Band, die Haube, die
schöne Binde, das Hochzeitsgeschenk Aphrodites, flogen weit
weg von ihrem Haupte. Als sie endlich wieder aufzuatmen
anfing, begann sie mit gebrochener Klage schluchzend vor
Trojas Frauen: „Hektor! wehe mir Armen! Du elend wie
ich, zum Elende geboren wie ich! In Schmerz und Jammer
verlassen, sitze ich nun im Hause, eine Witwe mit unserm
unmündigen Kinde, das, des Vaters beraubt, die Augen ge=
senkt, mit immer bethränten Wimpern aufwächst! Betteln
wird es müssen bei den Freunden des Vaters, und bald den
am Rock, bald den am Aermel zupfend, daß er ihm das
Schälchen reiche und zu nippen gebe! Manchmal auch wird
ein Kind blühender Eltern es vom Schmause verstoßen und
sagen: Trolle dich, dein Vater ist ja nicht beim Gastmahl!
Dann flüchtet es sich weinend zu der Mutter, die keinen
Gatten mehr hat. Der aber wird die Hunde sättigen und
die Würmer werden den Ueberrest verzehren! Was helfen

mir nun die schmucken zierlichen Gewande in den Kästen?
Der Flamme will ich sie alle übergeben: was frommen sie
mir? Hektor wird nicht mehr auf ihnen ruhen, nicht mehr
in ihnen prangen!" So sprach sie weinend und wehklagend,
und ringsumher seufzten die Trojanerinnen.

8. Die Eroberung von Troja.

Nachdem die Griechen zehn Jahre lang erfolglos vor
Troja gekämpft hatten, nahmen sie endlich ihre Zuflucht zur
List. Auf den Rat des Odysseus fällten sie auf dem wald-
reichen Idagebirge hochstämmige Tannen, und nun zimmerte
der kunstreiche Held Epeos ein mächtiges Roß, zuerst die
Füße des Pferdes, dann den Bauch, über dieses fügte er
den gewölbten Rücken, hinten die Weichen, vorn den Hals;
über ihm formte er zierlich die Mähne, die sich flatternd zu
bewegen schien; Kopf und Schweif wurden reichlich mit Haaren
versehen, aufgerichtete Ohren an den Pferdekopf gesetzt und
gläserne leuchtende Augen unter der Stirn angebracht; kurz
es fehlte nichts, was an einem lebendigen Pferde sich regt
und bewegt. So vollendete er mit Athenes Hülfe das Werk
in drei Tagen, zur Verwunderung des ganzen Heeres.

Nun stiegen die tapfersten Helden, Neoptolemos, der
Sohn des Achilles, Menelaos, Diomedes, Odysseus, Philoktetes, Ajax und andere, zuletzt Epeos, der das Roß verfertigt,
in den geräumigen Bauch des hölzernen Pferdes; die übrigen Griechen aber steckten Zelte und Lagergerät in Brand
und segelten dann nach der nahe gelegenen Insel Tenedos,
wo sie ans Land stiegen.

Als die Trojaner den Rauch des Lagers in die Luft
steigen sahen, und auch die Schiffe verschwunden waren, stürm-
ten sie voll Freuden aus der Stadt nach dem griechischen
Lager zu und erblickten hier das gewaltige hölzerne Roß.
Während sie unter einander stritten, ob man das Wunder-
ding in die Stadt schaffen, oder den Flammen übergeben
sollte, trat Laokoon, ein Priester des Apollo in ihre Mitte
und rief: „Unselige Mitbürger, welcher Wahnsinn treibt euch?
Meint ihr, die Griechen seien wirklich davongeschifft, oder
eine Gabe der Danaer verberge keinen Betrug? Kennt ihr
den Odysseus so? Entweder ist eine Gefahr in dem Rosse
verborgen, oder es ist eine Kriegsmaschine, die von in der

Nähe lauernden Feinden gegen unsere Stadt angetrieben werden wird! Was es aber auch sein mag, traut dem Tiere nicht!" Mit diesen Worten stieß er eine mächtige eiserne Lanze, die er einem neben ihm stehenden Krieger entriß, in den Bauch des Pferdes. Der Speer zitterte im Holz, und aus der Tiefe tönte ein Wiederhall, wie aus einer Kellerhöhle. Aber der Geist der Trojaner blieb verblendet.

Inzwischen zogen einige Hirten unter dem Bauche des Rosses einen Griechen hervor, der auf den Rat des schlauen Odysseus zurückgeblieben war, um durch eine ersonnene Erzählung die Trojaner über die Bestimmung des Pferdes zu beruhigen und um so sicherer ihrem Verderben entgegen zu führen. Vor den König Priamos gebracht, streckte Sinon, so hieß der Grieche, flehend die Hände gen Himmel und rief unter Schluchzen: „Wehe mir, welchem Lande, welchem Meere soll ich mich anvertrauen, mich, den die Griechen ausgestoßen haben, und die Trojaner niedermetzeln werden!" Diese Seufzer rührten die Jünglinge selbst, die ihn anfangs als Feinde gepackt und roh behandelt hatten. Alle Krieger traten teilnehmend herzu und hießen ihn sagen, wer und woher er sei, auch guten Mutes sein, wenn er nichts Feindliches im Sinne führe. Jener ließ die erheuchelte Furcht endlich fahren und sprach: „Ich bin ein Argiver, das will ich ja nicht leugnen: wenn Sinon auch unglücklich ist, so soll er doch nicht zum Lügner werden. Vielleicht habt ihr etwas von dem Fürsten Palamedes gehört, der von den Griechen auf Odysseus Anstiften abscheulicher Weise gesteinigt wurde, weil er den Feldzug gegen eure Stadt mißriet: als sein Verwandter zog ich in diesen Krieg, arm und nach seinem Tode ohne Stütze, und weil ich es wagte, mit Rache für die Ermordung meines Vetters zu drohen, zog ich den Haß des falschen Odysseus auf mich und wurde diesen ganzen Krieg über von ihm geplagt. Auch ruhte er nicht, bis er mit dem lügnerischen Seher Kalchas meinen Untergang verabredet hatte. Als endlich meine Landsleute die oft beschlossene und wieder aufgehobene Flucht ins Werk setzten, und dieses hölzerne Pferd hier schon aufgezimmert stand, schickten sie einen Boten zu einem Orakel des Apollo, weil sie am Himmel bedenkliche Wunderzeichen beobachtet hatten. Dieser brachte aus dem Heiligtum des Gottes den traurigen

Spruch mit: „„Ihr habt bei eurem Auszuge die empörten Winde mit dem Blute einer Jungfrau versöhnt, mit Blut müßt ihr auch den Rückweg erkaufen und eine Griechenseele opfern."" Dem Kriegsvolk lief ein kalter Schauer durch die Gebeine, als es dies hörte. Da zog Odysseus den Propheten Kalchas mit großem Lärm in die Volksversammlung und bat ihn, den Willen der Götter zu offenbaren. Fünf Tage lang schwieg der Betrüger und weigerte sich heuchlerisch, einen Griechen für den Tod zu bezeichnen. Endlich, wie gezwungen durch das Geschrei des Odysseus, nennt er meinen Namen. Alle stimmten bei, denn jeder war froh, das Verderben von seinem eigenen Haupte abgewendet zu sehen. Und schon war der Schreckenstag erschienen, ich wurde zum Opfer ausgeschmückt, mein Haupt mit heiligen Binden umwunden, der Altar und das geschrotene Korn in Bereitschaft gehalten. Da zerriß ich meine Bande, entfloh und versteckte mich, bis sie abgesegelt waren, im Schilfrohr eines nahen Sumpfes. Dann kroch ich hervor und suchte ein Obdach unter dem Bauche ihres heiligen Rosses. In mein Vaterland und zu meinen Landsleuten kann ich nicht zurückkehren. Ich bin in eurer Hand, und von euch hängt es ab, ob ihr mir großmütig das Leben schenken, oder mir den Tod geben wollt, der mich von der Hand meiner eigenen Volksgenossen bedroht hat."

Die Trojaner waren gerührt, Priamos sprach gütige Worte zu dem Heuchler und versprach ihm eine Zufluchtsstätte in seiner Stadt, wenn er ihnen nur offenbaren wollte, was für eine Bewandtnis es mit dem hölzernen Rosse habe, dem er soeben den Beinamen eines heiligen gegeben. Mit verstellter Arglist fuhr der Betrüger fort zu erzählen, daß die Griechen, um den Zorn der Athene, ihrer Schutzgöttin, zu versöhnen, die gewaltige Maschine ausgeführt hätten als Weihgeschenk der Göttin, und zwar von so unermeßlicher Höhe, damit die Trojaner das Geschenk nicht durch ihre Thore in die Stadt bringen könnten, weil alsdann der Schutz der Göttin den Trojanern zu teil werden würde; wenn sich dagegen die Trojaner an dem hölzernen Pferde vergriffen, so würde diese That ihrer Stadt Verderben bringen.

Priamos und die Trojaner schenkten dem Betrüger Glauben und wurden noch mehr von der Wahrheit seiner

Erzählung überzeugt, als sich zu derselben Zeit ein Vorfall
ereignete, in dem sie eine Bestrafung des Priesters Laokoon
wegen seines frevelhaften Zweifels an der heiligen Bestim=
mung des Rosses sahen. Von der Insel Tenedos her kamen
zwei ungeheure Schlangen mit blutroten Mähnen nach dem
Meere zu, und ihre Leiber bewegten sich in großen Ringen
unter dem Meere fort. Laokoon stand gerade mit seinen
beiden Knaben am Meere und brachte ein Opfer. Da
schossen die Ungetüme auf die Knaben zu und ringelten sich
um ihre Körper, indem sie mit giftigen Zähnen das zarte
Fleisch verwundeten; als Laokoon den Knaben mit dem
Schwerte zu Hülfe eilte, schlugen die Schlangen ihre unge=
heuren Windungen auch um seinen Leib, vergebens suchte er
sich loszumachen, er erlag mit seinen Kindern den giftigen
Bissen. Die Schlangen aber schlüpften schnell in den Tem=
pel der Athene und verbargen sich unter der Bildsäule der
Göttin.

Nun zweifelten die Trojaner nicht mehr an dem heili=
gen Roß; sie rissen einen Teil ihrer Mauern ein und zogen
das verhängnisvolle Geschenk jubelnd in die Stadt. Die
Stimme der weissagenden Kassandra, die allein von allen
das drohende Verderben ahnte, wurde überhört oder ver=
achtet. Alle überließen sich der Freude bei Schmaus und
Gelag; Musik und Gesang schallten durch die Räume der
Stadt, und von Wonne und Wein berauscht, sanken die Tro=
janer in tiefen Schlaf. Da lief Sinon an den Strand des
Meeres und gab durch eine brennende Fackel den Griechen
auf Tenedos das verabredete Zeichen. Hierauf öffnete er
die Thüre am Bauche des Rosses, und heraus stiegen die ge=
waffneten Griechen. Sie verbreiteten sich durch die Straßen
und Häuser der Stadt und richteten ein entsetzliches Blutbad
an. Feuerbrände wurden in die Wohnungen geschleudert, und
bald loderten die Dächer in hellen Flammen. Jetzt waren
auch von Tenedos die Griechen angelangt und stürzten durch
die offene Mauer in die Stadt, die sich jetzt mit Verwunde=
ten, Toten und Sterbenden füllte. Die Verwirrung erreichte
den höchsten Grad, auch viele der Griechen sanken tot nieder,
von Feuerbränden und Steinen getroffen. Weder Geschlecht,
Alter noch Stand wurden geschont: Neoptolemos tötete
den greisen Priamos am heiligen Altar des Zeus, Hektors

kleiner Sohn Astyanax ward aus den Armen der Mutter
gerissen und vom Turme herabgeschleudert. Nur die Woh=
nung des Trojaners Antenor ward verschont, weil er einst
dem Odysseus und Menelaos in Troja das Leben gerettet
hatte. Äneas, ein tapferer Trojaner, nahm seinen alten
Vater Anchises auf den Rücken, seinen Sohn Askanios an
die Hand und eilte durch die brennende Stadt über Leichen
nach dem Meere. Es gelang ihm, nach langen Irrfahrten
ein neues Vaterland zu gründen. — Menelaos stürmte in
den Palast seiner Gattin Helena und hätte sie in der ersten
Wut vielleicht durchbohrt, wäre nicht sein Bruder Agamemnon
dazwischen getreten. Lange noch brannten die Trümmer der
eroberten Stadt, deren noch am Leben gebliebene Bewohner
von den Griechen zu Sklaven gemacht wurden.

VI.
Die Rückfahrten von Troja.

1. Agamemnons Ankunft und Tod.

Während der langen Dauer des trojanischen Krieges
hatte sich im Hause Agamemnons zu Argos manches ge=
ändert. Seine Gemahlin Klytämnestra, an die Rückkehr
ihres Gatten nicht mehr glaubend, trug seit der Opferung
der Iphigenia einen tiefen Groll in ihrem Herzen gegen den
König, den sie für den Urheber des Todes ihrer unschuldi=
gen Tochter hielt, und hatte sich mit einem lasterhaften
Manne, mit dem Ägisthos, vermählt.

Schon nahte sich nach einer glücklichen Fahrt der sieg=
reiche Herrscher seiner Heimat, und die Feuerzeichen leuchteten
aus der Ferne, den Untergang der verhaßten Stadt und die
Rückkehr des Gemahls der Klytämnestra zu verkünden. Jetzt
war für diese der Augenblick der Rache erschienen, und dem
königlichen Gatten wurde eben, wo er im Kreise der Seinen
von den Mühseligkeiten des Krieges auszuruhen hoffte, ein
schmählicher Tod bereitet. Mit heuchlerischer Freude empfing
Klytämnestra den heimkehrenden Agamemnon und führte ihn
in das für ihn bereitete Bad, wie es nach der Sitte der
Zeit bei den Griechen jeder von der Reise Ankommende in
seinem Hause zu nehmen pflegte. Nach dem Bade aber

warf die tückische Frau dem Könige ein Gewand über das Haupt, aus dessen faltenreichen Windungen er sich nicht sogleich herausfand. Während er sich noch bemühte, das Gewand anzulegen, nahet Ägisthos und schlägt dem wehrlosen König das Beil auf das Haupt, daß er tot zurücksinkt. Auch dem Orestes, der damals noch ein Knabe war, hatte die ruchlose Klytämnestra, die von dem Sohne einst die Strafe ihrer Frevelthat befürchtete, ein gleiches Schicksal zugedacht, doch ihn rettete seine älteste Schwester Elektra zu einem Gastfreunde seines Vaters in das Land der Phoker.

Von nun an brachte Elektra in steter Trauer und in Thränen um den gemordeten Vater ihr Leben hin, von der Mutter, der sie ungescheut ihre Schandthat vorwarf, gelästert und gehaßt. Ihr einziger Trost war der in weiter Ferne aufwachsende Orestes, von dem sie einst die Vollbringung der Rache für den erschlagenen Vater und Erlösung aus ihrem elenden Zustande hoffte. Da erscheint einst aus dem Phokerlande kommend ein Fremdling und bringt die Kunde von dem Tode des Orestes, der in einem Wettrennen aus dem Wagen gefallen, unter den Rädern und Hufen der Rosse geendet habe. Während sich Klytämnestra bei dieser Botschaft der lautesten Freude hingiebt, da sie sich nun von aller Furcht vor dem Rächer befreit sieht, versinkt Elektra, deren lang genährte Hoffnung dahin ist, in den tiefsten Schmerz, und damit kein Zweifel an der Wahrheit der Todesnachricht übrig bleibe, erscheint bald ein Bote mit der Urne, in der sich des Orestes Asche befindet. Doch indem Elektra noch die Urne klagend in ihren Händen hält, giebt sich ihr der Bote zu erkennen: es war Orestes selbst, der als Rächer seines Vaters nahete und diese List ersonnen hatte, um die der Rache Bestimmten in sorglose Sicherheit einzuwiegen. Bruder und Schwester verabredeten jetzt den Plan zur Ausführung dieser Rache, und bald erliegt die Mutter den Streichen des eigenen Sohnes. Auch der vom Lande heimkehrende und nichts Arges ahnende Ägisthos empfängt von Orestes Hand den Lohn seiner Missethat.

Kaum aber war die That vollbracht, so fühlte Orestes schon die Strafe des Muttermordes. Die Furien, höllische Rachegeister, verfolgten ihn, und wohin er floh, eilten sie ihm nach auf ehernen Füßen, das Haar von zischenden

Schlangen durchflochten. Nirgends Ruhe und Rast findend, ging er zum Orakel zu Delphi, wo ihm der Gott Erlösung von seiner Qual verhieß, wenn er seine Schwester aus Tauris, dem Barbarenlande, in die Heimat führe.

Orestes machte sich mit seinem vielgeliebten Freunde Pylades auf, das Gebot des Gottes zu erfüllen und die Bildsäule der Artemis, der Schwester des Apollo, die in Tauris hochverehrt ward, zu entführen. Aber im Begriff, die That zu vollbringen, wurden sie gefangen und sollten dem grausamen Gebrauche des Landes gemäß, wie jeder Fremdling, am Altare der Artemis als Opfer fallen.

Schon standen sie vor der Opferstätte, und die Priesterin schickte sich an, dem Orestes die langen Haarlocken abzuschneiden, als dieser, der frühe verlorenen Schwester gedenkend, ausrief: „So starb meine Schwester Iphigenia in Aulis!" Jetzt drang Iphigenia, denn sie war die von Artemis in einer Wolke nach Tauris gerettete Priesterin, mit weiteren Fragen in den Fremdling, in dem sie ihren Bruder Orestes fand und von ihm die im Hause Agamemnons verübten Greuel erfuhr. Allen ward nun der Spruch des Gottes klar: nicht seine eigene Schwester Artemis hatte der Gott bezeichnet, sondern Orestes Schwester Iphigenia.

Thoas, der König von Tauris, gestattete Iphigenias Heimkehr, und Orestes und Pylades segelten mit ihr nach dem geliebten Vaterlande. Orestes, von der Begleitung der furchtbaren Rachegeister befreit, beherrschte das väterliche Reich, und in Agamemnons Haus kehrte die langersehnte Ruhe ein. — Nach einer anderen Sage gebot Apollo dem Orestes, sich nach Athen zu begeben. Hier ward er von dem Areopag gerichtet, und da die Stimmen für seine Verurteilung und Lossprechung gleich waren, legte Athene einen Stein in die sogenannte Urne des Erbarmens hinzu, wodurch er freigesprochen und von den Furien erlöst ward.

---

2. Die Irrfahrten des Odysseus.

Als Odysseus nach Trojas Zerstörung mit seinen zwölf Schiffen der Heimat zusegelte, verschlug ihn ein Sturm zuerst nach Ismaros, der Stadt der Kikonen, die er zerstörte, und die reiche Beute mit seinen Gefährten teilte. Jetzt überließen

sich die Griechen beim Weine den Freuden des Mahles, als
die Kikonen mit anderen benachbarten Kikonen zurückkamen,
über die sorglosen herfielen und sechs von jedem Schiffe
töteten. Die Übrigen, welche dem Tode entkommen waren,
segelten weiter, aber von einem Sturme umhergepeitscht,
landeten sie am zehnten Tage am Gestade der Lotophagen,
die sich von der Lotospflanze nährten. Odysseus schickte einige
seiner Freunde ab, um Erkundigungen über das Land und
seine Bewohner einzuziehen. Die Lotophagen waren ein gutes
harmloses Volk und gaben den Fremdlingen des Lotos honig=
süße Frucht zu kosten, die sie so bezauberte, daß sie, der Hei=
mat vergessend, nicht wieder zu den Schiffen zurückkehrten.
Nur mit Mühe zog sie Odysseus, der ihnen nachgegangen
war, zu den Schiffen und band sie an den Ruderbänken fest;
die andern aber hielt er fern, damit nicht auch sie, durch
die süße Frucht bethört, die Heimat vergäßen.

Von da fuhren sie mit schwerem Herzen weiter und ge=
langten an das Land der Kyklopen, der ungesetzlichen Frevler,
die weder pflanzten noch säeten, denn ohne Arbeit erwuchs
ihnen Weizen und Gerste und die edele Rebe, nur von Zeus
Regen befruchtet. Sie kannten weder Gesetze noch Versamm=
lungen des Volkes zu gemeinsamer Beratung, sondern bewohn=
ten in gewölbten Grotten die Felsenhöhen des Gebirges:
jeglicher richtet nach Willkür über Weiber und Kinder, und
keiner bekümmert sich um den andern. Vor dem Lande der
Kyklopen lag eine kleine Insel voll Wälder, in denen zahl=
lose Herden wilder Ziegen umherstreiften. Dahin kamen
die Schiffe des Odysseus in dunkler mondloser Nacht; mit
Anbruch des Morgens machten sich die Griechen auf und
durchwanderten das Eiland, mit den Pfeilen wilde Ziegen
zu ihrer Nahrung erlegend. Auch fehlte es ihnen nicht an
lieblichem Weine, den sie aus dem Lande der Kikonen in
Henkelkrügen mitgebracht hatten, und so verbrachten sie bei
dem fröhlichen Mahle den Tag.

Jetzt erkannten sie auch am aufsteigenden Rauch und
an den Stimmen des Volkes das nahe gelegene Land der
Kyklopen, und den folgenden Morgen machte sich Odysseus
mit einem Teil seiner Genossen auf, nach dem Lande hinzu=
segeln, um zu erforschen, was für Menschen es bewohnte.
Als sie am Gestade landeten, sahen sie eine von Lorbeer=

büschen umschattete Felsenhöhle, um die sich langstämmige
Fichten und hochgewipfelte Eichen erhoben. In der Höhle
hausete ein Mann von Riesengestalt, der, einsam seine Herde
weidend, niemals mit andern umging, sondern für sich allein
auf frevelhafte Thaten sann. Das Scheusal glich keinem gewöhnlichen Mann, sondern ragte in die Höhe, wie ein einzelner waldreicher Gipfel eines Gebirges.

Odysseus erwählte zwölf seiner Gefährten und gebot
den andern, bei dem Schiffe am Meere zu bleiben. Nun
wanderte er mit seinen Freunden weiter, die Wein in einem
Schlauche und Reisekost trugen. An der Höhle angelangt,
fanden sie den Riesen nicht daheim, denn schon hatte er seine
Herde auf die Weide getrieben. In seiner Abwesenheit besahen die Griechen mit Bewunderung die Höhle: darin standen ringsum Körbe mit Käse; Lämmer und Zicklein waren
in den Ställen, auch fehlte es nicht an Geschirren, Butten
und Kübeln zur Aufbewahrung der reichlich vorhandenen
Milch. Die Griechen zündeten Feuer an und aßen von den
Käsen, die Ankunft des Riesen erwartend. Bald erschien
er mit einer Ladung trocknen Holzes, das er mit lautem
Gekrach auf die Erde warf, daß die Griechen vor Schrecken
in die Winkel der Höhle flohen. Jetzt trieb er die Schafe
und Ziegen, die er melken wollte, in die Felsenkluft, während
er die Widder und Böcke draußen ließ; dann setzte er einen
gewaltigen Felsen vor den Eingang der Höhle, den kaum
zweiundzwanzig starke vierrädrige Wagen hätten wegschaffen
können. Als der Riese die Herde gemelkt und an der Milch
sich gelabt, auch die übrig gebliebene in Geschirren aufbewahrt hatte, zündete er ein Feuer an, bemerkte die Fremdlinge und redete sie also an: „Wer seid ihr, Fremdlinge,
woher kommend durchschifft ihr die Wogen des Meeres?
Treibt euch ein Geschäft auf dem Meer umher, oder schweift
ihr wie Raubgeschwader herum, um fremde Völker anzu-
feinden?"

Bei dem rauhen Gebrülle seiner Rede und bei dem
Anblick des Scheusals erbebten die Griechen; doch Odysseus,
sich ein Herz fassend, redete: „Wir sind Griechen vom Heer
des Agamemnon und auf der Heimfahrt von Troja, das
wir zerstörten, durch den Sturm auf unbekannte Fahrten
und Wege verschlagen; flehend nahen wir jetzt deinen Knieen,

um ein Gastgeschenk oder sonst eine Gabe dich ansprechend. Du aber scheue die Götter, denn Zeus beschützt die Fremdlinge!"

Der grausame Kyklope erwiderte: „Ein Thor bist du, o Fremdling, daß du mich die Götter scheuen heißest; uns Kyklopen gilt weder Zeus noch die andern seligen Götter, denn wir rühmen uns, vortrefflicher zu sein als sie. Aus Scheu vor den Göttern werde ich weder dich noch deiner Ge= fährten einen verschonen; doch sage mir, wohin du dein Schiff gesteuert hast, ob es nahe oder fern von hier sich be= befindet?" Hierauf erwiderte Odysseus, daß sein Schiff an Klippen gescheitert und er allein mit seinen Gefährten dem Verderben entronnen sei.

Ohne zu antworten, packte jetzt das Ungeheuer zwei seiner Gefährten und schlug sie, wie junge Hündlein, auf den Boden, daß Blut und Gehirn umherspritzte. Darauf zer= hackte er sie Glied für Glied und fraß dann drein, wie ein Löwe des Waldes, weder Fleisch noch Eingeweide noch Knochen übrig lassend. Den Griechen gerann das Blut vor Entsetzen. Als sich nun das Scheusal mit Menschenfleisch und Milch den Bauch gefüllt hatte, streckte es sich, so lang es war, in die Höhle und sank in tiefen Schlaf. Jetzt hätte ihm Odysseus das Schwert in die Brust gestoßen, wenn nicht der Gedanke, daß doch alle Griechen zusammen nicht im= stande sein würden, den gewaltigen Stein vom Eingang zu heben, ihn abgehalten hätte, da sie ja dennoch in der Höhle eingeschlossen eines schmählichen Todes hätten sterben müssen.

Den andern Morgen packte der Kyklope wieder zwei Griechen und verzehrte sie zum Frühstück, dann hob er ohne Mühe den Felsblock weg und setzte ihn ebenso wieder davor, wie wenn jemand den Deckel auf einen Köcher setzt, und trieb seine Herde auf die Trift. Jetzt dachte Odysseus auf Rache, ihm seine Frevelthaten zu vergelten. In der Höhle lag, lang und dick, wie der Mast eines zwanzigrudrigen Schiffes, die Keule des Kyklopen, vom Stamme des Ölbau= mes. Diese befahl Odysseus seinen Gefährten zu glätten, er selbst schärfte sie oben spitz zu, brannte die Spitze an und verbarg die Keule sorgfältig unter dem Mist. Dann wählte er durch das Los vier Gefährten, um mit ihnen dem schlummernden Kyklopen die Keule ins Auge zu drehen. Am Abende kam dieser, verrichtete wie sonst seine Geschäfte und packte zwei Griechen, die er zur Nachtkost verzehrte. Jetzt nahte ihm Odysseus und reichte ihm eine Kanne voll Wein. Mit Entzücken leerte sie der Kyklope, ließ sie sich dreimal füllen und leerte sie dreimal, ohne etwas Arges zu vermuten. Auch den Namen des Odysseus verlangte er zu wissen, um ihm wieder ein Gastgeschenk geben zu können.

„Meinen Namen verlangst du zu wissen," antwortete Odysseus, „du sollst ihn wissen, doch gewähre mir dann auch das Gastgeschenk, das du mir versprochen hast. Niemand heiße ich und Niemand nennen mich Vater, Mutter und alle Genossen."

Darauf erwiderte der tückische Riese: „Nun denn, so will ich Niemand zuletzt verzehren, deine Genossen alle vorher: das soll dein Gastgeschenk sein." Mit diesen Worten sank der Kyklope zurück und fiel in tiefen Schlaf, indem er Stücke von Menschenfleisch und Wein wieder von sich gab.

Nun brannte Odysseus den Ölstamm im Feuer an, daß er glühte, redete seinen Gefährten zu, und diese bohrten ihn dem Kyklopen in das eine Auge, während Odysseus, sich in die Höhe schwingend, von oben Nachdruck gab. Der brennende Pfahl versengte dem Kyklopen Wimpern und Augenbrauen, siedheiß quoll das Blut auf, das Auge zischte, wie wenn ein glühendes Eisen in Wasser getaucht wird. Der Kyklope erhob ein grauenvolles Geheul, daß ringsum die Höhlen wiederhallten, und die Griechen flüchteten vor Angst. Tobend und unsinnig vor Schmerz rief jetzt der Geblendete brüllend die anderen Kyklopen herbei, die, vor die Höhle tretend, ihn fragten: „Was geschah dir zu Leide, Polyphemos, daß du durch die Nacht hinbrüllst und uns vom Schlafe aufweckst? Hat dir jemand die Herden geraubt, oder tötet dich jemand mit Arglist oder mit Gewalt?" Der Kyklope aber rief: „Niemand tötet mich mit Arglist, ihr Freunde, Niemand."

Die übrigen Kyklopen, die diese Antwort nicht verstanden, glaubten, er sei mit Wahnsinn geschlagen, und entfernten sich; Odysseus aber freute sich seiner List und lachte im Herzen. Mit den Händen tappend nahm Polyphemos den Felsblock vom Eingang, setzte sich in die Pforte und betastete die Schafe, damit ihm kein Grieche darunter entwische. Odysseus aber band je drei dichtwollige Widder mit trockenem Reisig zusammen, und unter dem mittleren verbarg er

jebesmal einen Griechen, für sich aber wählte er den statt=
lichsten Bock der Herde und hing sich ihm unter den Leib,
mit den Händen sich in der buschigen Wolle des Rückens
festhaltend. So trabten am andern Morgen die Widder mit
den Griechen hinaus, ohne daß Polyphemos, der jedes Widders
Rücken betastete, die List gewahrte. Zuletzt kam sein Lieblings=
bock, der den Odysseus trug, und zu ihm sagte er: „Böck=
chen, was trabst du so hinter der Herde, du warst ja sonst
der erste beim Ausgang auf die Weide und bei der Heim=
kehr. Gewiß betrübt dich das Auge deines Herrn, das mir
der tückische Mann geblendet hat! Könntest du mir nur
sagen, wo er sich versteckt hat, dann sollte bald sein Gehirn
den Boden bespritzen.“ So ließ er ihn hinausgehen.

Die Griechen aber band Odysseus, als sie eine Strecke
von der Höhle entfernt waren, los, und nun eilten sie rasch
an das Ufer, wo die Genossen sie freudig empfingen und
die Widder auf das Schiff brachten. Nun fuhren sie ab,
und in einiger Entfernung von der Insel rief Odysseus dem
Kyklopen die höhnenden Worte zu: „Ha, Kyklope, du fraßest
keines verächtlichen Mannes Genossen, jetzt hat dich die
Strafe des Zeus für deine Frevelthaten getroffen!“ Da
schleuderte Polyphemos ergrimmend einen ungeheuren Felsen
in das Meer, daß die von dem Falle brausende Woge das
Schiff wieder rückwärts an das Kyklopenland trieb, und nur
durch eifriges Rudern kamen die Griechen wieder fern von
dem Ufer in Sicherheit. Jetzt von neuem rief ihm Odysseus
zu: „Wenn dich jemand um deines Auges Blendung fragt,
so sag' ihm, der Städteverwüster Odysseus hat mich geblen=
det, Laertes Sohn, in Ithaka wohnhaft.“ Da erinnerte sich
Polyphemos einer alten Wahrsagung und sagte: „Wehe
mir, jetzt geht eine alte Weissagung in Erfüllung! Hier war
einst ein Seher bei den Kyklopen, dieser sprach, daß ich einst
durch des Odysseus Hände des Gesichts beraubt werden
würde. Doch glaubte ich stets, ein großer gewaltiger Mann
voll Kraft und Stärke werde daher kommen, und nun hat
so ein Ding, so ein elender Wicht und Weichling mir mein
Auge geblendet, nachdem er mich durch Wein berauscht hat!
Komm doch herein, Odysseus, daß ich dich bewirte und dir
von meinem Vater Poseidon ein Geleit auswirke.“ Odysseus
aber hütete sich, wieder zu ihm zu kommen, und Polyphemos

flehte jetzt zu seinem Vater Poseidon, dem mächtigen Be=
herrscher des Meeres, daß er den Odysseus entweder nie
oder doch nach langen Irrfahrten unglücklich, aller Genossen
beraubt, auf fremdem Schiff in die Heimat möge gelangen
lassen. Und wiederum schleuderte er einen Felsen in das
Meer, daß das Wasser aufbrausete, doch diesmal trieb der
Strudel das Schiff an das Ufer der Insel, wo die übrigen
Genossen und Schiffe sich befanden. Hier angekommen, teil=
ten sie die Widder unter sich, und Odysseus opferte den
Lieblingsbock des Kyklopen dem Zeus; dann freueten sich alle
des Mahls und fuhren am andern Morgen, die getöteten
Freunde betrauernd, von dannen.

Sie gelangten zur Äolischen Insel, wo Äolos, der
Gott der Winde wohnt, der nach Gefallen die Winde er=
regt und besänftigt. Er nahm den Odysseus freundlich auf
und gab ihm zum Geschenk einen Schlauch, in dem alle
Winde eingeschlossen waren; ihn selbst aber geleitete er mit
einem günstigen West. Auf dem Meere entschlummerte
Odysseus auf seinem Schiffe, indes seine Gefährten, von
heilloser Neugier getrieben, den festgebundenen Schlauch öff=
neten; da fuhren im Sturm alle Winde heraus und ver=
schlugen die Schiffe zur Äolischen Insel zurück. Doch zum
zweiten Male war Äolos den Fremden nicht gnädig, son=
dern wies sie als Menschen, die der Zorn des Himmels ver=
folge, mit rauhen Worten ab.

Sechs Tage trieben sie auf dem Meere umher; am
siebenten kamen sie zu den riesigen Lästrygonen, die dem
Odysseus elf Schiffe zerstörten, und viele Gefährten erschlugen.
Nun hatte der Held nur noch ein Schiff; in diesem entfloh
er mit den noch übrigen Gefährten der drohenden Todesge=
fahr und gelangte zu der Insel Ääa, wo die Zauberin
Kirke wohnte. Odysseus erstieg eine Berghöhe und sah von
da Rauch aus dem Palaste der Kirke aufsteigen; doch wan=
derte er nicht gleich nach dem Palast, sondern kehrte erst zu
seinen am Ufer harrenden Genossen zurück, denen er einen
im Walde erlegten Hirsch zur Mahlzeit mitbrachte. Alsbann
ordnete er zweiundzwanzig Genossen ab, denen er den Eury=
lochos zum Anführer gab, um nähere Kundschaft einzuziehen.

Auf dem Wege nach dem herrlichen Palaste der Kirke fanden sie Wölfe und Löwen, die sich aber nicht auf die Fremden losstürzten, sondern schmeichelnd und aufrechtstehend sie anwedelten, wie Hunde ihren Herrn, denn es waren Menschen, die Kirke durch Zauberkräfte in die gräßlichsten Ungeheuer verwandelt hatte. Bald naheten die Griechen dem Palaste und hörten den melodischen Gesang der Göttin, die gerade an einem wundervollen Gewande webte. Die Wanderer riefen ihr mit lauter Stimme, die nun die Pforte öffnend, heraustrat und die Fremden nötigte, einzutreten. Arglos folgten sie der Einladung und tranken von dem Wein, in den Kirke schädliche Zauberkräuter gemischt hatte. Jetzt berührte sie die Göttin mit ihrem Stabe, und sofort waren sie in Schweine verwandelt mit Borsten und grunzender Stimme, nur ihr Geist war unzerrüttet geblieben. Kirke trieb die Weinenden in die Kofen und schüttete ihnen Schweinefutter auf. Aber Eurylochos entfloh und brachte dem Odysseus die traurige Kunde.

Sogleich machte sich dieser auf und trat, da sich Eurylochos aus Furcht vor der Kirke weigerte, ihn zu begleiten, allein den Weg nach der Wohnung der Zaubergöttin an. Da begegnete ihm in Gestalt eines blühenden Jünglings, dem eben erst der Bart keimt, Hermes und gab ihm das Kraut Moly, um ihn gegen den Zauber der Kirke zu stählen. Zugleich erteilte er ihm noch den Rat, in dem Augenblicke, wo sie ihn mit dem Stabe berühren würde, mit gezogenem Schwerte auf sie einzudringen, gleich als wollte er sie ermorden. Darauf entschwand der Gott zu den Höhen des Olympos.

An der Pforte des Palastes angelangt, rief Odysseus die Göttin, die ihn wie seine Gefährten einlud, einzutreten, und dem Gaste einen Becher Wein vorsetzte, der gleichfalls mit schädlichen Zauberkräutern gemischt war; doch Odysseus trank, ohne daß ihn, der von dem Kraute geschützt war, der Trank einnahm. Jetzt schlug sie ihn auch mit dem Stabe, um ihn in ein Schwein zu verwandeln und zu seinen Gefährten in den Kofen zu sperren. Da aber rannte Odysseus mit gezücktem Schwerte auf sie los, und laut schreiend sank Kirke zu seinen Füßen, und die Knie ihm umfassend sagte sie: „Wer bist du, daß du dem Zaubertranke widerstehest, den noch nie ein Mann erdulbete? Stecke bein Schwert in die Scheide und laß uns beide auf dem Lager Platz nehmen."

Doch Odysseus traute der Arglistigen nicht eher, bis sie ihm durch einen Eidschwur versichert hatte, nicht auf ferneren Schaden zu denken. Jetzt deckte eine Dienerin für Odysseus einen schönen Sessel mit purpurrotem Polster, davor stellte eine andere einen silbernen mit goldenen Körben besetzten Tisch; eine dritte mischte Wein, und die vierte wärmte in einem ehernen Kessel Wasser zum Bade für Odysseus. Nach dem Bade hüllte sich der Held in den prächtigen Mantel und Leibrock, den ihm Kirke reichte, und ließ sich auf den Sessel nieder. Doch auch jetzt noch trug er Bedenken, von den Speisen des reich besetzten Tisches zu kosten, bis ihm Kirke seine Genossen, die sie in Gestalt neunjähriger Eber herein-führte, durch ihre Zauberkräfte aus der borstigen Umhüllung in die vorige Gestalt verwandelte. Nun standen sie wieder als Männer da und zwar jünger und von schönerer Bildung als vormals. Gleich erkannten sie Odysseus, drückten ihm die Hände, und der ausgestandenen Leiden gedenkend, erhoben alle, selbst die Göttin, laute Klagen. Auf Kirkes Geheiß holte jetzt Odysseus seine am Ufer zurückgebliebenen Gefährten, die ihm nicht ohne Besorgnis nachfolgten.

In dem Palaste der Göttin trafen sich alle Genossen und lebten nun, aller Mühen vergessend, ein ganzes Jahr in ihrer Wohnung. Erst nach Verlauf des Jahres dachten sie an die Fortsetzung ihrer Fahrt. Vor der Abreise offen-barte Kirke dem Odysseus, daß er, bevor er in die Heimat gelange, noch in die Behausung des Hades, in die finstere Unterwelt hinabsteigen und den Seher Tiresias um seine Fahrt befragen müsse. Zugleich gab sie ihm den einzuschla-genden Weg an und belehrte ihn über die Opfergebräuche, durch welche er die Schatten der Toten herbeilocken konnte.

Vor der Abfahrt von Ääa verlor Odysseus noch einen seiner Genossen, den Elpenor, der von Wein berauscht auf das Dach des Palastes gegangen und schlaftrunken herabge-stürzt war.

Die Fahrt ging über den Strom des Okeanos, an dessen Ende, in dichte Finsternis gehüllt, der Ort lag, den Kirke als den Eingang zur Unterwelt bezeichnet hatte. Hier

grub Odysseus eine Grube, eine Elle ins Gevierte, und goß
darüber einen Weiheguß von Honig, Milch, Wein und Wasser,
den er mit weißem Mehle bestreuete. Den Schatten der
Toten gelobte er, nach seiner Heimkehr ein Rind und dem
Tiresias insbesondere den schönsten Widder der Herde zu
opfern. Darauf zerschnitt er den mitgebrachten Schafen die
Gurgel und ließ das Blut in die Grube laufen. Jetzt na=
heten die Seelen der abgeschiedenen Toten: Bräute und Jüng=
linge, Greise, die viele Leiden erduldet, Mädchen, in der
Blüte der Jahre vom Grame hinweggerafft, auch viele, die
im Kriege von ehernen Lanzen durchbohrt worden waren; alle
wandelten scharenweis mit Grausen erregendem Geschrei um
die Gruft. Die Gefährten des Odysseus verbrannten die
geopferten Schafe und flehten zu den Göttern der Unter=
welt. Odysseus, das Schwert in der Hand, setzte sich neben
die Grube und wehrte den Toten, dem Blute zu nahen, be=
vor er den Tiresias befragt hatte. Nur der jüngstverstorbene
Elpenor, dessen Seele, weil er auf der Oberwelt noch nicht
bestattet war, noch fern vom Ruheort der Toten weilte, trat
auf Odysseus zu und bat ihn mit Thränen in den Augen
um seine Bestattung, die ihm Odysseus nach seiner Rückkehr
aus dem Reiche der Schatten versprach.

Auch die Seele von Odysseus hingeschiedener Mutter
nahete jetzt, doch ungeachtet seiner Sehnsucht wehrte ihr der
Sohn, und ließ zuerst den Tiresias von dem Blute trinken.
Als er getrunken hatte, weissagte er dem Odysseus sein Schick=
sal: „Du wünschest fröhliche Heimkehr, ruhmvoller Odysseus",
sagte er, „doch wird einer der ewigen Götter sie dir erschweren,
denn der Erderschütterer Poseidon trägt tiefen Groll gegen
dich im Herzen, weil du ihm seinen Sohn Polyphemos geblendet
hast. Doch auch so werdet ihr, obschon nach manchem Unheil,
endlich zur Heimat gelangen, wenn du, auf der Insel Thrina=
kia landend, dein und deiner Genossen Herz bezähmest und
die Rinder des Helios, des Erdenbeleuchters, die dort weiden,
unverletzt lässest. Wenn du sie aber verletzest, dann weis=
sage ich dir und den deinen Verderben, und erst spät und
nach vielen Drangsalen, aller deiner Genossen beraubt, wirst
du auf fremdem Schiffe zur Heimat gelangen. Auch in
deinem eigenen Hause wirst du Elend finden, denn Männer
voll frevelhaften Übermutes freien mit Brautgeschenken um

beine Gattin und verpraſſen beine Habe. Sobald du aber
die Freier durch Liſt und Gewalt getötet haſt, dann verſöhne
durch Gaben den Beherrſcher des Meeres und bringe auch
den Göttern des Himmels der Reihe nach Opfer dar. Zuletzt wird im hohen Alter ein ſanfter Tod dich ereilen, der
dich in Frieden hinwegnimmt, während deine Völker ringsum
in Glück und Segen dir gedeihen.“

Nun wünſchte Odyſſeus auch den Schatten ſeiner geliebten Mutter zu ſprechen, die am Blut ſaß, ohne ihren Sohn
zu erkennen, und fragte den Seher, was er zu thun habe,
damit ihn jene erkenne. „Wem von den abgeſchiedenen
Toten“, antwortete Tireſias, „du vergönneſt ſich dem Blute
zu nahen, der wird dir Wahrheit verkündigen; wem du es
aber verſageſt, der wird ſchweigend zurückgehen.“

Odyſſeus ließ hierauf ſeine Mutter vom Blute trinken,
und plötzlich erkannte ſie ihren Sohn und ſprach jammernd
die Worte: „Wie kamſt du denn, noch lebend in das nächt-
liche Dunkel herab, das den Lebenden zu ſchauen ſo ſchwer
iſt? Wie biſt du über den Okeanos und die furchtbaren
Ströme des Unterreichs gelangt? Kamſt du von Troja um-
herirrend hierher, und haſt du noch nicht Ithaka erreicht, noch
nicht deine Gemahlin im Palaſte wiedergeſehen?“

„Die Not,“ antwortete Odyſſeus, „führte mich in die
Wohnung des Unterreichs hinab, um die Seele des the-
baniſchen Greiſes Tireſias zu fragen. Noch nie habe ich ſeit
meiner Abfahrt von Troja das Land der Griechen erreicht, noch
nie betrat ich meine Heimat, ſondern irrte von einem Elend
zum andern. Doch ſage mir, was für ein Geſchick hat dich
hinweggerafft, auszehrende Seuche, oder ein ſanfter plötzlicher
Tod? Erzähle mir auch von Vater und Sohn, führen ſie
noch mein Herrſcheramt, oder hat es ſchon ein anderer Mann
empfangen, da man an meine Rückkehr nicht mehr glaubte?
Sage mir auch von der Gattin, ob ſie bei dem Sohne geblieben iſt, den Wohlſtand des Hauſes erhaltend, oder ob
ſie ſich ſchon einem Edelen der Griechen vermählt hat?“

„Noch weilt deine Gattin Penelope,“ antwortete die
Mutter, „in deinem Palaſte; voll Jammer trauert ſie um
dich, Tag und Nacht Thränen vergießend; noch übt Telemachos das Herrſcheramt; der Vater wohnt auf dem Lande
und kommt nicht mehr zur Stadt, nicht ſchläft er mehr in

Betten, sondern im Winter bei den Knechten im Zimmer neben dem Feuer, wo er, in schlechte Gewänder gehüllt, sich in den Staub legt; aber sobald der Sommer erscheint, bereitet er sich auf dem Felde aus Sprossen ein Lager, und dein Geschick beklagend, verbringt er gramvoll die Tage. Ich aber starb weder an zehrender Seuche noch plötzlichen Todes, nur das Verlangen und die Angst um dich hat mir das Leben geraubt!"

Von Sehnsucht durchdrungen, wollte jetzt Odysseus seine Mutter umarmen, dreimal streckte er die Arme nach ihr aus, und dreimal schwand der Schatten ihm aus den Händen. Voll Wehmut rief er: „Mutter, warum bleibst du nicht, da ich mich sehne, dich zu umfangen, damit wir einander das Herz von Gram erleichtern?" Doch die Mutter antwortete: „Wenn einmal die Sterblichen verblüht, wenn Fleisch und Gebein von der Flamme des Feuers verzehrt sind, dann schwindet die Seele dahin, wie ein luftiges Traumbild. Du aber gehe wieder an das Licht und verkünde alles deiner Gemahlin!"

Als der Mutter Schatten verschwunden war in die Reiche der Nacht, naheten viele Seelen früherer Heldenfrauen, dann auch die Schatten von Odysseus Gefährten im Trojanischen Kriege. Zuerst erzählte ihm Agamemnon seinen schmachvollen Tod von der Hand des schändlichen Weibes; dann kam Achilles, bitter klagend über den Aufenthalt unter den Toten, da er lieber eines armen Mannes Tagelöhner auf der Oberwelt sein wollte, als über sämtliche Tote herrschen. Auch die Seele des Ajax sah Odysseus, doch fern stand er, dem Odysseus schweigend grollend wegen der Rüstung des Achilles, die dieser davon getragen hatte; dann den Minos, den furchtbaren Richter der Unterwelt und den gewaltigen Jäger Orion. Zuletzt erblickte Odysseus die wegen ihrer Frevelthaten zur Verdammnis Bestimmten und ihre ewige Qual. Hier hackten zwei Geier dem Tityos die Leber aus, dort schmachtete Tantalos, bis an das Kinn in einem Teiche stehend, vergebens nach einem Trunk. So oft er sich nach dem Wasser bückte, schwand die Welle zurück. Über ihm breitete sich ein Baum aus mit saftiger Frucht, so oft er aber darnach haschte, wich die Frucht tückisch zurück. Auch Sisyphos litt hier seine Qualen: einen schweren Marmor-

block wälzte er mit Anstrengung aller Kräfte einen Berg hin=
auf, doch jedesmal auf dem Gipfel rollte der Stein zurück,
und von neuem beginnt Sisyphos die qualvolle ewige Arbeit.

Genug des Schrecklichen hatte jetzt Odysseus gesehen;
er eilte zu seinem Schiffe und kehrte bei günstigem Winde
über den Strom Okeanos nach Äaa zurück.

———

Bald erfuhr Kirke seine Ankunft; sie kam an das Ufer
der Insel, wo die Griechen gelandet waren, und Dienerinnen
mit Speise und Trank folgten ihr. Als sie sich an Fleisch
und Wein gelabt hatten, erzählte ihr Odysseus, entfernt von
seinen Gefährten, seine Abenteuer und erfuhr dann von ihr
die Schicksale seiner ferneren Fahrt. „Du wirst,“ sagte Kirke
„zu den Sirenen gelangen, Jungfrauen, welche durch den
Zauber ihrer melodischen Stimme die Annahenden bethören.
Wer sich aber ihnen naht, der wird niemals die Heimat und
die Seinen wiedersehen; denn um die Sirenen, die am grü=
nen Gestade sitzen. liegen Haufen modernder Männer und
verdorrte Haut. Du, Odysseus, lenke vorbei und verklebe
deinen Gefährten die Ohren mit Wachs; wenn du sie aber
zu hören begehrst, so lasse dich an Händen und Füßen fesseln
und um den Mastbaum schlingen, damit du aus der Ferne
die Stimmen der beiden Sirenen vernehmest; wenn du jedoch
deine Freunde bittest, dir die Bande zu lösen, dann sollen sie
dich schnell in noch festere Bande fesseln. Weiter auf deiner
Fahrt erheben sich aus dem Meere zackige Klippen, Irrfelsen
genannt, zwischen denen weder Vögel hindurchzufliegen, noch
Schiffe durchzufahren vermögen, ohne von den Felsen zer=
schmettert zu werden; auf der andern Seite ragt ein kahler
nackter Fels zum Himmel empor, den nie ein Sterblicher zu
besteigen imstande ist, und wenn er auch zwanzig Hände
und zwanzig Füße bewegte. In dem Felsen befindet sich eine
dunkle Höhle, bei der du dein Schiff vorbei lenken wirst.
Hier hauset Skylla, ein fürchterliches Scheusal mit bellender
Stimme, wie die eines jungen Hundes; das Ungeheuer hat
zwölf unförmliche Füße. und auf den sechs langgeschlängelten
Hälsen erheben sich eben so viele gräßliche Häupter mit drei
Reihen grimmiger Zähne. Die untere Hälfte des Körpers
ist in die Felsenkluft gesenkt, während die Häupter, aus der
Höhle hervorgestreckt, nach Meerhunden und Delphinen umher=

schnappen. Niemals ist ein Schiff ohne Verderben vorbei=
gefahren; mit jedem Rachen reißt das Ungeheuer einen Mann
aus dem Schiff. Der Skylla gegenüber siehst du einen an=
dern niedrigen Felsen, unter dem die Charybbis ihr Wesen
treibt, die dreimal täglich das dunkle Meerwasser einschlürft
und dreimal wieder hervorsprudelt. Mögest du nicht ankommen,
wenn sie das Wasser einschlürft, denn Poseiden selbst würde
dich nicht vom Untergange retten. Rudere du dein Schiff
nahe an den Klippen der Skylla vorbei, denn besser ist es,
sechs Genossen, als alle zugleich zu verlieren.

Von da gelangst du zur Insel Thrinakia, wo die zahl=
reichen Herden des Helios, Hornvieh und wollige Schafe,
weiden, deren Zahl nie abnimmt. Wenn du diese Herden
unverletzt erhältst, dann mögt ihr, obschon unglücklich, nach
Ithaka kommen; wenn du sie aber verletzest, dann weissage
ich dir Verderben samt deinen Freunden, und wiewohl du
auch selbst entrinnst, wirst du doch spät, unglücklich, und von
allen Genossen entblößt, heimkehren."

Unter dieser Erzählung erschien die Morgenröte. Kirke
ging nach ihrem Palaste zurück, und Odysseus eilte zu seinen
Gefährten. Bald saßen sie auf den Ruderbänken, und von
Kirke mit günstigem Fahrwinde geleitet, glitt das Schiff auf
dem Meere dahin. Odysseus teilte seinen Freunden mit,
was ihm Kirke von den Sirenen erzählt hatte, und als das
Schiff sich ihnen näherte, verklebte er seinen Gefährten die
Ohren, sich selbst aber ließ er an Händen und Füßen fest=
binden und um den Mast schlingen. Schon hörte er den
Gesang der Sirenen, die dem Odysseus zuriefen: „Komm,
preiswürdiger Odysseus, lenke das Schiff dem Lande zu, um
unsere Stimme zu vernehmen. Keiner fuhr noch vorüber,
ohne unsern süßen Gesang gehört zu haben, und dann kehrt
er fröhlich und mit höherem Wissen begabt zurück. Denn
wir wissen, was die Griechen und Troer in den Ebenen
Trojas geduldet haben, wir wissen alles, was auf der nah=
rungssprossenden Erde geschieht."

Jetzt erwachte in Odysseus die Begierde, die Stimme
der Sirenen in der Nähe zu hören, und er gebot den Freun=
den, ihn zu lösen, doch diese legten ihn schnell in noch festere
Bande. So segelte das Schiff glücklich vorbei, und Odysseus
nahm den Freunden das Wachs aus den Ohren.

Bald hörten sie, weiter fahrend das dumpfe Getöse des brausenden Strudels der Charybdis, und vor Schrecken entfielen die Ruder den Händen der Griechen. Odysseus ermutigte sie und befahl dem Steuermann, fern von dem Strudel nahe dem Felsen das Schiff vorbeizulenken; von der Skylla aber sagte er ihnen nichts. Jetzt standen sie in der Enge des Meeres; hier drohte Skylla, dort die grausige Charybdis, und während die Blicke der Griechen auf letztere gerichtet waren, hatte Skylla schon sechs der tapfersten Gefährten aus dem Schiffe geraubt. In den Lüften schwebend, mit Händen und Füßen zappelnd, riefen die Armen den Odysseus vergebens um Hülfe an, er mußte zusehen, wie das Ungetüm seine Gefährten verschlang.

Der Skylla und Charybdis entflohen, gelangte Odysseus mit seinen noch übrigen Gefährten zu dem gesegneten Eiland Thrinakia, wo die Herden des Gottes, der die Erde beleuchtet, weiden. Jetzt gedachte Odysseus der furchtbaren Warnung des Tiresias und der Kirke, und um die Gefahr zu vermeiden, befahl er den Gefährten, an der Insel vorbeizusteuern, aber diese, von Anstrengung und Schrecken entkräftet, sehnten sich nach Erquickung und Schlummer, und ohne auf des Helden Mahnung zu achten, bestanden sie darauf, an der Insel zu landen. Jetzt ahnte Odysseus schon die Erfüllung der schrecklichen Weissagung, doch ließ er wenigstens die Genossen schwören, keins von den Rindern und Schafen des Helios zu schlachten, sondern nur die Speisen zu genießen, die ihnen Kirke mitgegeben hatte. Alle schwuren den Eid. Aber den ganzen Monat hindurch brauseten ungünstige Winde; so lange der Vorrat im Schiffe ausreichte, schonten die Griechen der Rinder, dann, als alle Nahrung verzehrt war, fingen sie Vögel und Fische zur Speise. Einst jedoch, als Odysseus in tiefen Schlaf versenkt lag, siegte der Rat des Eurylochos bei seinen Freunden, und bei seinem Erwachen drang dem Odysseus schon der Duft von dem Opfer der geschlachteten Rinder entgegen. Umsonst waren jetzt alle Vorwürfe, die er seinen Gefährten machte. Das Unheil war geschehen, und schon gewahrten diese selbst die grausigen Zeichen der Strafe der Götter; sie sahen wie die Häute der geschlachteten Rinder dahin krochen, und das Fleisch an den Spießen brüllte wie Stiergebrüll. Nun schmausten die Griechen sechs Tage lang von den Rindern und setzten am siebenten die Fahrt fort.

Bald hüllte sich der ganze Himmel in düsteres Gewölk; das Meer wurde dunkel, ein gewaltiger Orkan erhob sich, die Winde zerrissen die Taue des Mastes, und mit lautem Gekrach stürzte dieser in das Schiff und zerschmetterte dem Steuermann das Haupt, daß er von dem Verdecke in das Meer hinabschoß. Der Donner brüllte, und ein Blitz schlug in das Schiff; die Gefährten sprangen heraus und fanden, wie Krähen auf dem Meere schwimmend, ihren Untergang. Odysseus stand allein auf dem Schiffe; da löste sich auch dieses aus den Fugen, und den Mast mit dem Kiel durch ein Seil zusammenbindend, setzte sich der Unglückliche darauf und trieb auf dem Meere umher, der Wut des Sturmes überlassen. Jetzt wechselte der Wind, der Süd erhob sich und schlug den Schiffbrüchigen zur grausigen Charybdis zurück, als sie gerade das Wasser einschlürfte. Behende schwang sich Odysseus auf einen Feigenbaum, der sich auf dem Felsen erhob, und wartete, bis sie Mast und Kiel, die sie eingeschluckt, wieder hervorstrubelte. Schnell sprang er auf die Balken, und von Skylla ungefährdet, trieb er weiter auf den Wogen umher neun Tage lang. Am zehnten landete er auf der Insel Ogygia, wo die schöngelockte Göttin Kalypso wohnte.

Während Odysseus durch den Zorn des Poseidon auf dem Meere umher geschleudert ward und unsägliche Drangsale erduldete, blieben in seiner Heimat Ithaka auch seine treue und kluge Gemahlin Penelope und sein Sohn Telemachos, den er als Knäblein zurückgelassen hatte, nicht verschont von zahllosen Leiden, die ihnen übermütige Jünglinge in ihrem eigenen Palaste bereiteten. Alle Helden Griechenlands waren von Troja heimgekehrt, nur Odysseus nicht; man hielt ihn für tot und gab die Hoffnung auf seine Rückkehr auf. Nur Penelope hoffte noch, dem Manne ihrer Jugend die Treue bewahrend, und wies alle Anträge, sich wieder zu vermählen, ab. Täglich wurde sie von einem Schwarm unverschämter Freier heimgesucht, welche verlangten, daß sie einem von ihnen die Hand reichen sollte, und diese Männer, mehr als hundert, hauseten in dem Palaste des

Odysseus auf die frechste Weise. Sie schlachteten seine Rinder, Ziegen und Schweine zum Mahle, tranken seinen Wein und zwangen seine Diener und Dienerinnen ihnen aufzuwarten. So ging es Tag für Tag, vom Morgen bis zum Abend, drei Jahre lang. Telemachos war noch ein schwacher Jüngling und nicht imstande, dem Unfuge zu steuern. Odysseus Mutter war vor Gram gestorben, Laertes, von Alter gebrochen, war auf das Land gezogen, und Penelope weinte Tag und Nacht um den fernen Gatten. Um sich vor den übermütigen Freiern eine Zeit lang Ruhe zu schaffen, ersann sie eine List. Sie wollte, sagte sie, für den alten Laertes ein Leichentuch weben, und wenn dieses vollendet sei, dann wollte sie einem der Freier ihre Hand reichen. Aber nachts trennte sie beim Scheine der Fackeln das Gewebe wieder auf, und so wurde es nie fertig. Eine Dienerin verriet jedoch den Freiern diese List, die nun noch zudringlicher wurden und ihr zügelloses Benehmen noch steigerten. So war das zwanzigste Jahr der Abwesenheit des Odysseus gekommen, als die Götter endlich seine Heimkehr beschlossen.

Athene selbst in der Gestalt des taphischen Königs Mentes, eines alten Gastfreundes des Odysseus, entschwebte den Höhen des Olympos, eilte zur Insel Ithaka und betrat die Schwelle des Palastes, in dem sich gerade die Freier mit dem Brettspiel die Zeit vertrieben. Telemachos bemerkte den Gast und führte ihn zu einem gepolsterten Sessel. Nachdem er ihn mit Speise und Trank bewirtet hatte, fragte er nach seinem Begehren. Athene, sich für den König Mentes ausgebend, erzählte eine ersonnene Geschichte, dann lenkte sie das Gespräch auf Odysseus, erfüllte das Herz des Telemachos mit neuer Hoffnung und Zuversicht und gab ihm den Rat, selbst nach Pylos zum greisen Nestor und nach Sparta zum König Menelaos zu reisen, um Erkundigungen über seinen Vater einzuziehen. Hierauf verschwand sie, schnell wie ein Vogel, und Telemachos erkannte, daß eine Göttin ihm genahet war, und fühlte sich von neuem Mute beseelt, so daß er sofort gegen die Freier eine entschlossene Sprache annahm.

Am Abend des andern Tages bestieg er mit einigen Jünglingen ein Schiff, nachdem ihn die Schaffnerin Euryklea, der sich Telemachos anvertraut, mit Lebensmitteln versehen hatte, und segelte, ohne Wissen seiner Mutter, in Begleitung

Athenes, die Mentors Gestalt angenommen hatte, von Ithaka
ab. Als er in Pylos anlangte, brachte Nestor mit seinem
Volke dem Meergotte gerade ein reiches Opfer dar. Die
Fremden wurden gastlich empfangen und bewirtet, und nach
dem Mahle erkundigte sich Nestor nach dem Zwecke ihrer
Reise. Als er von Telemachos gehört, daß er nach Kunde
von seinem Vater umherreise, wußte er zwar viel von sich
und den andern Griechen zu erzählen, aber über Odysseus
Schicksal fehlte ihm alle Nachricht, und er konnte ihm nur
den Rat geben, zum Menelaos zu gehen, der zuletzt ange=
kommen war, um ihn um Kunde zu fragen. Zu dieser Reise
gab er ihm selbst einen Wagen mit Gespann und seinen
jüngsten Sohn Pisistratos zum Begleiter mit. Schon nahete
der Abend, und Nestor lud seine Gäste ein, die Nacht bei
ihm zuzubringen. Telemachos folgte der Einladung, Athene
aber gab vor nach den Freunden, die im Schiff geblieben
waren, sehen zu wollen, und entschwand in der Gestalt eines
Adlers. Daran erkannten alle die Göttin, und Nestor ge=
lobte ihr ein Opfer.

Als am andern Morgen das Opfer vollendet war, traten
Telemachos und Pisistratos die Reise nach Sparta an. Sie
kamen am Abend des folgenden Tages zu Menelaos, der
gerade die Doppelhochzeit seines Sohnes und seiner Tochter
feierte. Fröhlicher Tanz, Musik und Schmaus erheiterten
das Fest. Die Eintretenden wurden vom Menelaos freund=
lich bewillkommt und bewirtet, und bemerkten mit stiller Be=
wunderung den Glanz und die Pracht, die in dem Palast
herrschte. Bald las Menelaos auf dem Antlitz des Tele=
machos dessen Verwunderung; als er aber in seiner Rede
die Leiden der Griechen vor Troja und auf der Heimreise,
vor allem aber die Drangsale des Odysseus berührte, wurde
des jungen Telemachos Sehnsucht nach dem geliebten Vater
von neuem geweckt; Thränen entquollen seinen Augen, und
er barg das Antlitz in seinen Mantel. Da trat Helena in
das Gemach und erkannte sofort an der Ähnlichkeit der Ge=
sichtszüge den Sohn des Odysseus. Jetzt gab sich Tele=
machos zu erkennen und erzählte den Zweck seines Besuches
so wie das Ungemach, das er in seinem eigenen Hause er=
dulden mußte. Alle erhoben Klagen um den herrlichen
Odysseus, doch sollte Telemachos nicht ganz ohne freudige

Kunde das Haus des Menelaos verlassen. Der Held erzählte
ihm, wie er auf seiner Heimreise von Troja nach Ägypten
verschlagen sei und dort von dem wahrsagenden Proteus
Weissagungen erhalten habe. Doch schwer ward es dem Mene=
laos, den untrüglichen Meergreis Proteus zur Weissagung
zu nötigen, und ohne den Rat von dessen eigener Tochter
wäre es ihm nimmer gelungen. In Robbenfelle gehüllt, legte
sich Menelaos mit seinen Gefährten an dem Ufer des Meeres
unter die andern Robben, nur mit Mühe den unerträglichen
Geruch der Seetiere erduldend. Um Mittag stieg der Greis
aus der Flut, zählte nach seiner Gewohnheit die Herden
der Robben und legte dann sich zur Ruhe nieder. Jetzt
stürzten sich die Griechen mit lautem Geschrei auf ihn und
faßten ihn mit den Händen; doch jener nahm zu seinen
Zauberkünsten seine Zuflucht; erst ward er ein Löwe des
Gebirges, dann ein Panther, ein Drache und darauf ein
Eber, endlich floß er als Wasser dahin und sproßte als Baum
in die Lüfte. Die Griechen hielten ihn aber fest, bis der
Greis, der Verwandlungen müde, den Menelaos nach seinem
Begehren fragte. So erfuhr denn dieser sein eigenes und
anderer Helden Geschicke; von Odysseus aber erhielt er die
Kunde, daß er auf der Insel der Kalypso weile, wo ihn die
Göttin wider seinen Willen zurückhalte, da es ihm an Schiffen
und Rudergerät mangele.

Jetzt ließ sich Telemachos nicht länger halten und eilte,
von Menelaos mit gastlichen Gaben beschenkt, über Pylos
in seine Heimat zurück. Inzwischen aber hatten die Freier
beschlossen, dem heimkehrenden Telemachos Nachstellungen zu
bereiten und ihn zu ermorden; doch Athene, seine Schutz=
göttin, geleitete ihn sicher über die Fluten des Meeres, und
er kam ungefährdet in Ithaka an.

Odysseus weilte gezwungen bei der Göttin Kalypso auf
der Insel Ogygia. Gram und Kummer nagten ihm am
Herzen, und die Sehnsucht nach seiner Heimat trieb ihn täg=
lich an das Gestade des Meeres, von wo er nach der Gegend
des geliebten Vaterlandes hinschaute. Doch hatte er weder
Schiffe noch Rudergerät, die Sehnsucht seines Herzens zu
befriedigen. Endlich war im Rate der himmlischen seine
Heimkehr beschlossen, und Hermes, der Götterbote, eilte zur

Insel der Kalypso, der Göttin das Gebot zu bringen, daß
sie den sterblichen Mann nicht länger vom Vaterlande abhalten sollte. Nur ungern gehorchend, gab sie dem Odysseus
eine Axt, um sich im Walde Bäume zu fällen, und andres
Werkzeug, die Stämme zu zimmern und zu einem Floß zu
verbinden. In vier Tagen hatte er die Arbeit vollendet, und
von Kalypso mit Speise und Trank und Kleidern ausgerüstet,
fuhr er mit seinem Floß von der Insel ab, stets nach den
Gestirnen den Lauf des Fahrzeuges richtend.

Siebzehn Tage lang ging die Fahrt glücklich von
statten, und Odysseus erblickte schon aus der Ferne die
Berge der Insel Scheria, wo ihm sein nächstes Ziel gesteckt
war. Da erspähete ihn, als er auf dem Meere dahinfuhr,
Poseidon, der eben von den Äthiopen zurückkehrte, und beschloß noch zuletzt seinen Zorn an dem herrlichen Helden aus-
zulassen, und weil ihm ja doch einmal die Rückkehr beschieden war, ihm diese so viel als möglich zu erschweren. Mit
seinem mächtigen Dreizack empörte er die Fluten des Meeres, hüllte Erde und Gewässer in Dunkel und ließ alle
Winde zugleich im Sturm die Wogen aufwälzen. Angstvoll,
mit zitternden Knieen und bebendem Herzen stand Odysseus
im Schiff, diejenigen glücklich preisend, denen einst in den
Ebenen Trojas im grimmigen Kampfe der Tod zu teil ward;
da schlug brausend eine Woge über ihm zusammen und riß
im Wirbel das Schiff um. Odysseus ward weit von dem
Floß hinweggeschleudert, das schwere Gewand, das ihm Kalypso geschenkt hatte, zog ihn in die Tiefe und hielt ihn lange
unter dem Wasser, und als er endlich emportauchte, spie er
die salzige Flut des Meeres aus dem Munde, und sein
Scheitel troff vom herabfließenden Wasser. Doch erfaßte
Odysseus wieder sein Floß und setzte sich mitten hinein. So
irrte er denn, eine Beute der Winde nach allen Seiten umher, wie wenn der Nordwind dürre Disteln in wilder Flucht
durch das Feld treibt. Da reichte ihm in seiner Not Leu-
kothea, eine Meergöttin, einen Schleier und gebot ihm, sein
Gewand abzuwerfen und den Schleier unter der Brust zu
befestigen. Noch zweifelte Odysseus, ob nicht ein Trug hinter dem Geschenk verborgen sei; da schlug eine gewaltige
Woge in sein Floß und zersprengte die Balken hierhin und
dorthin, wie Spreu von dem Winde zerstreut wird. Jetzt

schwang sich Odysseus auf einen Balken, zog sein Gewand
aus, band den Schleier unter der Brust fest und sprang in
die Flut. Zwei Tage und zwei Nächte hatte der Sturm
gedauert; da legte sich am dritten Tage der Orkan, und
Odysseus, von den Wellen getrieben, trieb ruhig dem Ge=
stade von Scheria zu. Doch hier erwarteten ihn neue Ge=
fahren: das Gestade war voll Klippen und Felsenhöhen und
die Landung hier unmöglich. Die Flut trieb ihn wider die
Klippen, und seine Gebeine wären zerschellt worden, wenn
nicht Odysseus schnell die Klippe umfaßt hätte, bis die Woge
vorbei war, dann aber schleuderte ihn die vom Ufer zurück=
prallende Woge in das Meer zurück. Seine Hände waren
geschunden, sein Körper hing voll von Kieselgestein, und noch
jetzt wäre er verloren gewesen, hätte er nicht, mühsam um
die Insel schwimmend, die Mündung eines Stromes entdeckt,
wo ihm endlich die Landung gelang. Nun warf er den
Schleier der Göttin ins Meer zurück und häufte mit den
Händen in einem dichten Gebüsch ein Lager von Blättern
auf, auf dem er kraftlos und ohnmächtig von den Gefahren
und Anstrengungen in tiefen Schlaf sank.

Auf der Insel Scheria, wo Odysseus gelandet war,
herrschten zwölf Könige, unter ihnen aber waltete als Ober=
könig der Held Alkinoos. Am Morgen nach Odysseus An=
kunft fuhr des Königs Tochter Nausikaa auf einem mit
Maultieren bespannten Wagen, begleitet von ihren Gespiel=
innen, nach dem Ufer des Meeres, um die schmutzig gewor=
denen Gewänder und Leibröcke ihrer Brüder und ihre eige=
nen zu waschen. Als die Mädchen die Wäsche in Gruben
mit den Füßen gestampft und zum Trocknen auf den Sand
am Ufer ausgebreitet hatten, erfrischten sie sich durch ein
Bad und salbten sich mit glänzendem Öl. Nun verzehrten
sie die mitgenommene Kost und begannen Ball zu spielen,
und die muntere Nausikaa warf, als die Mädchen schon im
Begriff waren, nach Hause zu gehen, auf Athenes Antrieb,
den Ball nach einer der Gespielinnen. Sie verfehlte jedoch
das Mädchen, der Ball fiel plätschernd in das Wasser, und
von dem Geräusch und dem Geschrei der Mädchen erwachte
der im Gebüsche schlummernde Odysseus. Jetzt trat er nackt,
von Schlamm, Meergras und Blättern verunstaltet, hervor.

Die Mädchen flohen bei dem Anblick der fremden Gestalt entsetzt von dannen, doch der Nausikaa flößte Athene Mut in die Seele, daß sie es wagte, die flehende Anrede des Fremdlings zu hören, der in Mitleid erregenden Worten sein bejammernswertes Geschick schilderte und sie um ein Stück Zeug zur Bekleidung bat. Die gerührte Nausikaa sprach ihren Freundinnen Mut ein und ließ dem Odysseus Leibrock und Mantel nebst Salböl in goldener Flasche reichen. Odysseus stieg, während die Mädchen sich entfernten, in den Strom, sich zu baden, und gereinigt von dem Schlamme des Meeres, salbte er seinen Körper und legte die köstlichen Gewänder an. Seine Schutzgöttin Athene erhöhte die Größe und Fülle seiner Gestalt und ließ sein Haar in Locken von seinem Scheitel wallen. So stand er, eben noch der unansehnliche Fremdling, in jugendlicher Schönheit und Kraft vor den erstaunten Mädchen, deren Blick voll Verwunderung auf dem herrlichen Manne ruheten. Nachdem Odysseus sich durch Speise und Trank erquickt, folgte er den Mädchen zur Stadt; doch Nausikaa scheute sich, mit dem fremden Manne heimzukehren, und ging deshalb voraus nach der Stadt. Odysseus, dem sie den Weg beschieden hatte, kam in kurzer Zeit nach.

Athene selbst, in Gestalt eines Mädchens mit einem Wassergefäß, zeigte ihm den Weg zum königlichen Palaste, in dem alles vom Glanze des Goldes und Silbers strahlte. Odysseus nahte flehend der am Herde sitzenden Königin und bat, ihre Kniee umfassend, um gastliche Aufnahme. Dann setzte er sich, der Antwort harrend, auf den Herd, und sogleich trat König Alkinoos selbst zu ihm und führte ihn zu einem prächtigen Sessel. Odysseus genoß jetzt im Palaste des Königs alle Ehrenbezeigungen, die jene gastfreie Zeit den Fremden spendete.

Unter heiteren Spielen verbrachte er hier in Festen seine Zeit; der Sänger sang von dem Kriege gegen Troja, von dem hölzernen Roß, durch welches die Veste erobert ward, und Odysseus hörte seinen eigenen Ruhm, ohne daß jemand die Anwesenheit des Helden ahnte. Endlich ward er um seine Geschichte gefragt, und nun erzählte er den staunenden Zuhörern seine vielfachen Leiden und Gefahren, die er seit der Abfahrt von Troja erduldet hatte. Die Phäaken, über die Alkinoos herrschte, waren ein ruderliebendes und wohlwollendes Volk und hatten schon manchen von den Stürmen auf dem Meere umhergeschlagenen Fremdling auf ihren Schiffen in die ersehnte Heimat zurückgebracht; auch dem Odysseus ward die Bitte um Heimsendung gewährt, und von allen Fürsten der Phäaken reichlich mit kostbaren Gaben beschenkt, segelte er auf einem bequem ausgestatteten Schiffe von der Insel ab, nachdem er die gastfreien Fürsten mit herzlichen Segenswünschen verlassen hatte.

Bald schlief Odysseus auf dem weichen Polster im Schiffe ein, und nach einer glücklichen Fahrt setzten ihn die Phäaken schlafend an Ithakas Küste aus, indem sie seine Geschenke neben ihm niederlegten.

————

Als Odysseus erwachte, glaubte er von den Phäaken hintergangen und an ein unbekanntes Gestade ausgesetzt zu sein, denn Athene hatte die Gegend ringsum in dichten Nebel gehüllt, daß der Held seine eigene Heimat nicht erkannte. Bald aber erschien ihm die Göttin, nahm den Nebel von der Gegend, und nun erkannte er freudigen Herzens sein Heimatsland. Seine Schätze verbarg Athene in einer nahen Grotte und verabredete mit ihm die Rache an den frevelhaften Freiern, die ihm Hab und Gut verpraßten. Zuerst aber riet sie ihm, zum Eumäos zu gehen, zum göttlichen Sauhirten, der von allen seinen Dienern am treusten ihm anhing und mit unermüdlicher Sorgfalt der Pflege des ihm anvertrauten Hausviehes oblag. Damit er aber unerkannt bleibe, verwandelte ihn Athene in einen armen alten Bettler, ließ seine blühende Gestalt zusammenschrumpfen zum häßlichen Greise und blendete den Glanz seiner Augen; statt der herrlichen Gewänder hüllte sie ihn in ärmliche Lumpen und gab ihm einen Bettelsack. Jetzt verschwand die Göttin, und Odysseus gelangte bald zu Eumäos, dem treuen Sauhirten.

Dieser saß gerade und schnitt sich ein Paar Sohlen aus einer Stierhaut; beim Anblick des Fremden ließ er aber die Arbeit fahren und führte den Gast in seine Wohnung, wo er ihn mit Ferkeln bewirtete, denn die fetten Mastschweine mußte er ja für die Freier in die Stadt schicken. Die Rede kam bald auf Odysseus, und der vermeintliche

6*

Bettler beteuerte mit einem Eidschwur, daß Odysseus bald kommen und Rache an den Frevlern nehmen würde; doch Eumäos schenkte ihm keinen Glauben, sondern beharrte fest auf der Meinung, daß sein unglücklicher Herr schon längst eine Beute der Raubtiere oder Fische geworden sei. Jetzt fragte er auch den Odysseus um sein Schicksal, und nun brachte der Bettler eine erdichtete Erzählung vor, in der er nochmals versicherte, daß er auf seinen Reisen von dem herrlichen Helden gehört habe, und daß dieser bald mit unermeßlichen Schätzen nahen werde.

Am andern Tage kehrte auch Telemachos von seiner Reise zurück. Bevor er in die Stadt ging, kehrte er bei dem treuen Sauhirten ein und ward von ihm wie der Sohn von seinem Vater empfangen. Ehrerbietig stand der verkleidete Odysseus vor seinem eigenen Sohne, der den Vater nicht vermutete, auf, doch Telemachos hieß ihn freundlich sich niedersetzen, indem er sagte, er werde schon auch einen Sitz finden. Aus des Sohnes Munde erfuhr jetzt der Vater den Zustand seines Hauses. Telemachos entsandte den Eumäos in die Stadt, um der Mutter Penelope, die sich in seiner Abwesenheit um ihn geängstigt hatte, seine glückliche Ankunft anzuzeigen. Schnell enteilte der Sauhirt, und nun waren Vater und Sohn allein.

Athene nahete, nur dem Odysseus sichtbar, und riet ihm sich zu erkennen zu geben. Von Athene mit dem Stabe berührt, stand jetzt der Vater, in einen kostbaren Mantel und Leibrock gekleidet, in der Fülle seiner schönen und kräftigen Heldengestalt vor dem Sohne, der ihn staunend für einen Gott hielt. „Nein, ich bin kein Gott", erwiderte Odysseus, „ich bin dein Vater, um den du von trotzigen Männern viele Kränkungen duldest." Noch immer war Telemachos ungläubig, und erst, als ihn Odysseus beschied, daß die Verwandlung ein Werk Athenes sei, schlang er, Thränen vergießend, die Arme um den lange vermißten Vater. Dieser erzählte die Geschichte seiner Heimkehr und besprach mit Telemachos den Plan zur Rache. Als Bettler wollte Odysseus in die Stadt gehen, und alle Schmähungen und Kränkungen der Freier geduldig ertragen; auch Telemachos sollte sein Gefühl für den Vater verleugnen und ruhig zusehen, wenn er mißhandelt würde. Heimlich aber sollte er alle Waffen aus dem Saale tragen und nur für sich und Odysseus Schwerter, Speere und Schilde zurücklassen, vor allen aber das tiefste Geheimnis beobachten.

Nach dieser Verabredung kehrte Telemachos nach der Stadt in seinen Palast zurück, wo die Freier, über die Vereitelung des Mordes an dem heimkehrenden Königssohn ergrimmt, auf neue Frevelthaten sannen.

———

Am andern Morgen kehrte Odysseus, der inzwischen seine Bettlergestalt wieder angenommen hatte, mit dem Sauhirten Eumäos nach der Stadt. Unterwegs schon erfuhr der verkleidete König harte Kränkungen von einem unverschämten Ziegenhirten, dem Melantheus, der, auf Seiten der Freier stehend, diesen Ziegen zum Schmaus in die Stadt führte. Als er die beiden sah, rief er aus: „Wahrlich, das heißt recht, ein Taugenichts führt den andern! Stets gesellt ja ein Gott den Gleichen zum Gleichen! Was führst du nun, Sauhirt, diesen Fresser, diesen beschwerlichen Bettler und Tellerlecker in die Stadt, der, die Schultern an den Thürpfosten sich reibend, um Brocken bittet! wenn er zum Hüter eines Geheges, zum Ausfegen der Ställe taugte, könnte er Molken trinken und Fett auf die Lenden gewinnen; doch zur Landarbeit wird er keine Lust haben und lieber für seinen unersättlichen Bauch um Futter betteln. Im Palaste des Odysseus werden ihn die Freier mit Schemeln werfen und ihm die Rippen zerschmettern."

Diese und andere Schmähungen ertrug der Held mit ruhiger Gelassenheit; bald enteilte der Ziegenhirt Melantheus zum Palaste, und auch Eumäos und der Bettler langten nach ihm an. Vor der Wohnung auf einem Haufen Dünger lag ein alter Hund des Odysseus, der, vormals ein stattlicher Jagdhund, jetzt verachtet und von Ungeziefer verzehrt da lag. Das treue Tier erkannte sogleich den Herrn und wedelte mit dem Schwanze, doch vermochte es aus Schwäche nicht mehr zu ihm zu gehen; Odysseus unterdrückte heimlich eine Thräne, der Hund aber fiel, als er seinen Herrn im zwanzigsten Jahre heimkehren gesehen, tot nieder.

Jetzt trat Odysseus in den Saal, und als er von Telemachos Speise erhalten hatte, flehte er der Reihe nach auch

An diesem Tage veranstaltete Penelope einen Kampf und versprach dem Sieger ihre Hand zu geben. Sie stellte zwölf Beile hintereinander im Saale auf und gab den Freiern auf, einen Pfeil von dem gewaltigen Bogen des Odysseus durch die zwölf Öhre der Beile zu schießen. Die Freier nahmen den Kampf an, doch keiner vermochte den schweren Bogen zu spannen, obgleich sie ihn durch Salbe und am Feuer geschmeidig zu machen suchten. Schon wollten die ungeduldigen Freier den Kampf auf den folgenden Tag verschieben, als Odysseus sie bat, ihm den Bogen zum Versuch zu geben. Diese ergrimmten zwar über die Unverschämtheit des Bettlers, doch Telemachos ließ ihm die Waffe reichen. Jetzt betrachtete der Held kunstverständig den wohlbekannten Bogen, spannte die Sehne, — da krachte aus heiterer Luft der Donner als günstiges Zeichen für Odysseus — und der Pfeil fuhr schwirrend durch die Öhre der Beile, und verfehlte kein einziges der Löcher.

Auf einen Wink des Odysseus gürtete Telemachos sein Schwert um, und den Speer erfassend trat er zu dem Vater hin, der jetzt auf die Schwelle des Saales sprang und die Pfeile aus dem Köcher vor sich ausschüttete. Dann rief er zu den Freiern: „Dieser furchtbare Wettkampf wäre nun vollendet, jetzt wähle ich mir ein anderes Ziel, das noch kein Schütze getroffen.“ Bei diesen Worten traf sein Pfeil den Antinoos in die Gurgel, daß er den Becher aus der Hand fallen ließ und blutig zurücksinkend den Tisch mit den Speisen umstürzte. Noch glaubten die Freier, er habe ihn aus Versehen getötet, doch Odysseus rief finster um sich schauend: „Ha, ihr Hunde, ihr wähntet, ich würde nimmer zur Heimat zurückkehren, darum verzehrtet ihr mein Gut und warbet um meine Gemahlin; jetzt nahet euch euer Verderben!“

Indes hatten sich auch der treue Sauhirt und der Rinderhirt bewaffnet und kämpften gegen die Freier. Nichts half dem Eurymachos und den übrigen Freiern das Versprechen, dem Odysseus das verzehrte Gut zu ersetzen: Odysseus streckte ihn mit einem Pfeile zu Boden. So brachte jeder Pfeilschuß einem Freier den Tod, und die Leichen füllten den Boden, denn auch Telemachos und die beiden Hirten erlegten viele der Feinde. Da holte der schändliche Ziegenhirt Melantheus den Freiern Waffen, und nun schleuderten diese ihre

Lanzen auf den Odysseus, den aber seine Schutzgöttin Athene vor jedem Wurfe beschirmte. Zum zweiten Male wollte der treulose Hirte hinaufschleichen, neue Waffen zu holen; da eilten ihm der Sauhirt und der Rinderhirt nach, banden ihm Hände und Füße auf dem Rücken und zogen ihn an einer Säule bis an das Dach des Hauses in die Höhe, daß er in dieser Schwebe schreckliche Qualen erbulden mußte. Dann kehrten die Treuen in den Saal zurück, wo nun alle Freier nach einander hingestreckt wurden und mit ihren Leichen den Estrich bedeckten. Nur der Sänger und der Herold wurden verschont.

Nach dem Morde ward die Schaffnerin Euryklea in den Saal gerufen. Als sie beim Anblick der Haufen von Leichen jubelte, bezähmte Odysseus ihren Jubel mit den Worten: „Freue dich im Geiste, Mutter, und enthalte dich alles Frolockens, denn Sünde ist es, über erschlagene Menschen zu jauchzen." Nun nannte sie die treulosen Mägde, deren zwölf waren, und die zur Strafe aufgehängt wurden. Auch der Ziegenhirt Melantheus starb eines kläglichen Todes.

Odysseus und Telemachos schafften jetzt die Leichen aus dem Saale, reinigten den Boden und die Wände, und zuletzt räucherte Odysseus noch mit Schwefel.

Während des Mordes hatte Penelope geschlafen; jetzt aber ward sie von Euryklea gerufen und trat in den Saal. Lange Zeit mißtraute sie dem Gemahl, und erst als ihr dieser ein Geheimnis erzählte, das nur er und Penelope wußten, überzeugte sie sich von der Gegenwart ihres Gatten und umschlang ihn mit ihren Armen.

Am andern Tage reiste Odysseus auf das Land und gab sich dort seinem Vater Laertes zu erkennen. Inzwischen hatten sich die Angehörigen der erschlagenen Freier zu einem Kampfe gegen Odysseus, den Mörder ihrer Söhne und Brüder, gerüstet, doch Athene, in Mentors Gestalt, besänftigte sie, und der Bund zwischen König und Volk ward von neuem geschlossen.

VII.

Lykurgos.

(888 v. Chr.)

Achtzig Jahre nach dem trojanischen Kriege (1104 v. Chr.) zogen die Dorier, ein tapferes Bergvolk der kleinen Landschaft Doris, die sich für Abkömmlinge des Herakles ausgaben, bei Naupaktos über die Meerenge in den Peloponnes und nahmen diese Halbinsel, die sie als eine von ihrem Ahnherrn Herakles hinterlassene Erbschaft betrachteten, in Besitz, nachdem sie die Nachkommen der Fürsten, die wir aus dem trojanischen Kriege kennen gelernt haben, besiegt hatten. Doch wurde die Eroberung nicht auf einmal vollendet, vielmehr wehrten sich die Überreste der älteren Bevölkerung noch Jahrhunderte lang gegen die siegreichen Dorier. Diese teilten sich in das Land, und so entstanden im Peloponnes mehrere Reiche, von denen Sparta, Messenien und Argos die bedeutendsten waren. In Sparta ging der Name dieser Stadt auf die Sieger über, die sich Spartaner nannten, während die unterworfenen Einwohner Lacedämonier hießen. Diejenigen, welche lange Widerstand geleistet hatten, gerieten in Sklaverei und wurden Heloten genannt. Sie mußten den Spartanern die Felder bauen und hatten ein hartes Los.

In Sparta regierten immer zwei Könige zugleich; doch riß im Laufe der Zeit eine so große Verwirrung und Gesetzlosigkeit ein, daß einst der König Eunomos in einem Aufruhr mit einem Messer ermordet wurde. Es folgte ihm sein Sohn Polydektes, und da auch dieser bald starb, übernahm Lykurgos die Regierung. Als aber die Gemahlin des verstorbenen Königs einen Knaben gebar, trat er diesem die Regierung sogleich ab und betrachtete sich nur als Vormund des unmündigen Königs, obschon ihm die Königin den Vorschlag gemacht hatte, das Kind heimlich zu töten, wenn er sie heiraten und König bleiben wollte. Doch Lykurgos verschmähte diesen Antrag und ließ den Knaben gleich nach der Geburt durch seine Diener zu sich bringen. Er saß gerade mit angesehenen Spartanern beim Mahle, als ihm das Kind gebracht wurde. Sogleich stand er auf und zeigte den Anwesenden das Kind mit den Worten: „Spartaner, ein König ist euch geboren!" Da alle darüber erfreut waren, nannte er den Knaben Charilaos, d. h. Volksfreude. Wiewohl sich nun Lykurgos durch seine Uneigennützigkeit und Gerechtigkeitsliebe die Zuneigung und das Vertrauen der guten Bürger erworben hatte, so fehlte es doch auch nicht an solchen, die ihn anfeindeten und verleumdeten, als strebe er für sich selbst nach der Herrschaft. Dies thaten besonders die Verwandten der Königin, die sich durch die Art und Weise, wie Lykurgos ihren schändlichen Vorschlag zurückgewiesen hatte, gekränkt und zurückgesetzt fühlten. Um diesem Verdachte zu entgehen, beschloß Lykurgos sein Vaterland zu verlassen, bis der junge König werde herangewachsen sein.

Er ging nach der Insel Kreta, deren Bewohner mit den Spartanern stammverwandt waren und die alten Sitten und Einrichtungen der Dorier treuer und unverfälschter bewahrt hatten, während sie bei den Spartanern in Vergessenheit und Verfall geraten waren. Diese Gesetze und Einrichtungen lernte Lykurgos kennen, um sie nach seiner Rückkehr in Sparta einzuführen. Auch machte er hier die Bekanntschaft des Dichters Thales, den er nach Sparta schickte, um durch seine Gedichte, in denen den Bürgern Eintracht und Gehorsam gegen die Gesetze empfohlen wurde, die Spartaner für die neuen Einrichtungen vorzubereiten, die er beabsichtigte. Von Kreta reiste er nach Kleinasien, wo er die Gedichte Homers, die damals nur einzeln und zerstreut vorhanden waren, sammelte.

Die Spartaner sehnten sich inzwischen nach dem Lykurgos, da Unordnung und Zerrüttung überhand nahmen, und die Könige nicht Macht genug besaßen, um dem Übermut der schlechten Bürger zu steuern. Deshalb wünschten die Könige selbst die Rückkehr des Mannes, von dem man wußte, daß er die Fähigkeit, Menschen zu lenken und zu beherrschen, in hohem Grade besitze. Er kehrte daher zurück und dachte sofort an die Ausführung seiner lange gehegten Absicht, die Spartaner durch neue Gesetze von der Zwietracht und Zerrüttung, die im Staate herrschte, zu befreien. Da er aber wußte, in welchem Ansehen die Aussprüche des Delphischen Orakels bei seinen Mitbürgern stand, reiste er zuvor nach Delphi, um das Orakel zu befragen, ob die Gesetze, die er

den Spartanern geben wollte, dem Staate heilsam wären.
In Delphi begrüßte ihn die das Orakel erteilende Priesterin
mit dem Spruche:

Her, o Lykurgos, kommst du zu meinem gesegneten Tempel,
Du, von Zeus geliebt und von sämtlichen Himmelsbewohnern;
Soll ich als Gott dich begrüßen, so frag' ich mich, oder als Menschen?
Aber ich meine, du bist wohl eher ein Gott, o Lykurgos!

und sagte ihm, daß er den Spartanern die beste von allen
Verfassungen geben würde. Durch die Antwort ermutigt,
besprach er sich mit seinen Freunden über die neuen Gesetze,
die er geben wollte, und forderte sie zur Mitwirkung auf.
Alsdann teilte er seine Absicht mehreren angesehenen Spar=
tanern mit und zog einst mit dreißig bewaffneten Anhängern
auf den Marktplatz, um die Gegner durch Furcht im Zaum
zu halten. Anfangs entstanden Unruhen, und sogar König
Charilaos floh, in der Meinung, daß Lykurgos einen An=
schlag gegen ihn im Sinne führe; bald aber ließ er sich
durch eidliche Zusicherung, daß er nichts Übeles erleiden werde,
bereden, an den neuen Einrichtungen teil zu nehmen.

Zuerst setzte Lykurgos den Rat der Alten ein, welcher
aus achtundzwanzig Mitgliedern, die das sechzigste Jahr
zurückgelegt und ein tadelloses Leben geführt haben mußten,
und aus den beiden Königen, also aus dreißig Personen be=
stand. Merkwürdig war die Art und Weise, wie die neuen
Mitglieder dieses Rates gewählt wurden. Auserlesene Män=
ner schlossen sich in ein Haus ein, von dem aus sie alles
hören, aber nicht sehen konnten, was draußen in der Volks=
versammlung vorging. Nun schritten die Bewerber einzeln
vor der Versammlung einher, und die in dem Hause einge=
schlossenen Beamten merkten sich, wie bei den einzelnen Vor=
übergehenden das Volk stärker oder schwächer schrie, je nach=
dem ihm der Bewerber mehr oder weniger lieb war. Der=
jenige, bei welchem das Volk am lautesten geschrieen, wurde
als Mitglied in den Rat aufgenommen. Alsdann teilte
Lykurgos die Ländereien der Spartaner in 9000 gleiche
Teile, so daß auf jeden Spartaner ein Teil kam, der hin=
reichte, ihn mit seiner Familie zu ernähren. Das Land der
Lacedämonier teilte er in 30 000 kleinere Teile. Einst
ging Lykurgos zur Zeit der Ernte durch die Felder, und als
er sah, wie die Getreidehaufen in gleichen Reihen neben ein=

ander lagen, lächelte er und sagte: „Ganz Lakonien scheint vielen Brüdern zu gehören, die eben erst unter einander geteilt haben.''

Den Gebrauch der Gold= und Silbermünzen hob Lykurgos auf und führte statt derselben eisernes Geld ein. Dieses war so schwer und von solchem Umfange, daß man für etwa 225 Thaler nach unserm Gelde eine besondere Niederlage im Hause und, um es fortzuschaffen, ein Zweigespann nötig hatte. Durch diese Maßregel wurden viele Vergehungen, z. B. Diebstahl, Bestechung, Raub u. dgl. aus Sparta verbannt, aber auch Künste und Handel gänzlich gelähmt. Die Spartaner gewöhnte Lykurgos zur größten Einfachheit und gestattete ihnen nur den Gebrauch der unentbehrlichsten Gerätschaften. Beim Bau eines Hauses durfte am Dach nur die Art, zu den Thüren nur die Säge gebraucht werden.

Am meisten suchte er der Schwelgerei durch Einführung der gemeinsamen Mahle entgegen zu arbeiten, zu denen jeder Spartaner einen monatlichen Beitrag von Getreide, Feigen, Käse und Wein liefern mußte. Dabei war es streng verboten, sich zuvor zu Hause satt zu essen und dann mit gefülltem Magen beim Mahle zu erscheinen, und die übrigen Tischgenossen, deren stets fünfzehn eine Tischgesellschaft ausmachten, merkten genau auf und schalten den, welcher nicht aß und trank und die gemeinsame Kost verachtete. Nur wer von einem Opfer oder einer Jagd spät zurückkehrte, durfte zu Hause speisen. Als einst der König Agis von einem Feldzuge zurückkehrte und bei seiner Frau zu speisen wünschte, wollte er sich seine Portion holen lassen, aber die Vorsteher bei den Mahlzeiten schickten sie ihm nicht. Das Hauptgericht der Mahlzeit war die schwarze Suppe oder Blutsuppe. Um sie zu versuchen, ließ sich einst ein Pontischer König einen spartanischen Koch kommen. Als er die Suppe gekostet hatte und sie unschmackhaft fand, sagte der Koch: „Diese Suppe, o König, schmeckt nur denen, die sich vorher im Eurotas gebadet haben.''

Auch wichtige Angelegenheiten des Staates wurden hier besprochen, über die das strengste Geheimnis bewahrt werden mußte; jedem Eintretenden zeigte der Älteste die Überschrift über der Thür: „Durch diese geht kein Wort

hinaus!" Durch die Einrichtung dieser gemeinsamen Mahl=
zeiten zog sich Lykurgos den Haß der Reichen in dem Grade
zu, daß es einst zu einem Aufstande kam, und Lykurgos
vor den Steinwürfen seiner Gegner vom Markte fliehen
mußte. Aber ein Jüngling, Namens Alkander, verfolgte
ihn und schlug ihm, als er sich umwandte, mit dem Stock
ein Auge aus. Lykurgos drehte sich gelassen um und zeigte
dem Volke sein blutiges Gesicht. Da ergriff Scham und
Reue die Aufrührer, und sie lieferten den Alkander dem
Lykurgos aus. Dieser nahm ihn mit in sein Haus, und
ohne ihm ein hartes Wort zu sagen oder ein Leid zuzufügen,
befahl er ihm nur, ihn zu bedienen. In der täglichen Um=
gebung des Lykurgos hatte Alkander Gelegenheit, den edlen
und sanften Charakter desselben, seine einfache, strenge Lebens=
art und seine rastlose Thätigkeit und Ausdauer kennen zu
lernen, so daß er zu seinen Freunden sagte, Lykurgos sei
weder streng noch eigenmächtig, sondern vor allen andern
sanft und milde. So wurde Alkander aus einem erbitterten
Gegner ein Freund des Lykurgos.

Eine besondere Sorgfalt wendete Lykurgos der Erziehung
und Pflege der Kinder zu. Gleich nach der Geburt wurde
jedes Kind den Ältesten gebracht, und wenn es wohlgebil=
det und kräftig war, aufgezogen, war es aber schwach und
gebrechlich, in den Höhlen des Taygetos zum Verhungern aus=
gesetzt; denn Lykurgos betrachtete alle Kinder als Eigentum
des Staates und wollte nur kräftige Bürger erziehen. Bis
zum siebenten Jahre erhielten die Knaben die Pflege ihrer
Mütter, von da an wurden sie in die Knabenabteilungen
aufgenommen und öffentlich erzogen. Sie spielten und scherz=
ten unter der Aufsicht eines älteren Knaben, von dem sie
Anleitung und nach Befinden auch Strafe empfingen, wobei
oft ältere Leute zugegen waren. Die Erziehung bezweckte
den Gehorsam gegen die Gesetze, Ausdauer in Beschwerden
und den Sieg in der Schlacht. Die Knaben gingen meisten=
teils nackt und stets barfuß, sie schliefen auf Lagern von
Schilf, das sie selbst zusammentrugen und an den Ufern des
Eurotas mit den Händen ohne eiserne Gerätschaften abbrachen.
Nur im Winter durften sie einzelne wärmende Kräuter zu
ihrem Lager hinzufügen. Über den einzelnen Abteilungen
der Knaben und Jünglinge, die alle ihre besonderen Vor=

gesetzten hatten, stand ein angesehener Mann, der die Aufsicht über seine Untergebenen führte.

Die Mahlzeit der Knaben war sehr kärglich und kaum zur Sättigung hinreichend; dagegen war ihnen erlaubt zu stehlen, wenn sie es auf eine schlaue Weise anfingen: wurden sie aber ertappt, so bekamen sie Geißelhiebe wegen ihrer Ungeschicklichkeit. Einst hatte ein Knabe einen jungen Fuchs gestohlen und trug ihn unter seinem Mantel. Der Fuchs zerfleischte ihm aber mit seinen Krallen und Zähnen den Leib, bis der Knabe, ohne seinen Schmerz zu äußern, tot hinfiel. Überhaupt wurden die Knaben in der Ertragung des körperlichen Schmerzes geübt und zu diesem Zwecke jährlich am Altare der Göttin Artemis blutig gegeißelt, wobei sie keine Miene des Schmerzes verraten durften. Viele sollen unter den Streichen tot niedergesunken sein, ohne einen Laut von sich zu geben oder eine Miene zu verziehen.

Den Knaben und Jünglingen war Ehrfurcht vor den Greisen zur Pflicht gemacht; sie mußten vor ihnen von ihren Sitzen aufstehen und ihnen jederzeit Rede und Antwort stehen. Auch wurden sie gewöhnt, kurze, bündige, aber sinnreiche Antworten zu geben, weshalb wir noch jetzt eine Rede, die in wenigen Worten einen tiefen Sinn enthält, eine lakonische nennen. Wissenschaft und Kunst wurden in Sparta nicht gepflegt. Auf die Frage, welche Wissenschaft in Sparta am meisten betrieben werde, antwortete einst ein Spartaner: „Die Kunst zu befehlen und zu gehorchen,“ und als ein Athener meinte, die Spartaner hätten nicht viel gelernt, erwiderte ein Spartaner: „Du hast recht, wir sind die einzigen Hellenen, die nichts Schlechtes von euch gelernt haben.“

Die strenge Lebensart der Spartaner ließ im Kriege etwas nach; vor der Schlacht zogen sie purpurne Gewänder an, schmückten ihre Haare mit Kränzen und zogen unter Flötenspiel dem Feinde entgegen. Die Gefallenen wurden mit Lorbeeren bekränzt bestattet, die Feigen und Flüchtlinge traf Schimpf und Schande. Eine spartanische Mutter gab ihrem in den Krieg ziehenden Sohne den Schild mit den Worten: „Mit diesem oder auf diesem“ *). Auf die Kunde, ihr Sohn

---

*) Der rühmlich Gefallene wurde auf seinem Schilde weggetragen.

sei im Kampfe gefallen, fragte eine Spartanerin: „Hat er gesiegt?" „Ja." „Nun," fuhr sie beruhigt fort, „dazu habe ich ihn geboren, daß er für sein Vaterland zu sterben wisse." Bei solcher Tapferkeit bedurfte die Stadt keiner Mauern, denn die Tapferkeit der Bürger war ihr Schutz.

Als Lykurgos seine Gesetzgebung vollendet hatte, berief er das Volk zu einer Versammlung und teilte ihm seinen Entschluß mit, nach Delphi zu reisen und das Orakel zu befragen, ob noch etwas zur Glückseligkeit und Tugend der Bürger hinzuzufügen sei. Zuvor ließ er alle schwören, die Gesetze bis zu seiner Rückkehr zu halten. In Delphi empfing er vom Orakel die Antwort, daß seine Gesetze vortrefflich seien und Sparta, so lange es sie befolgen werde, hochbe= rühmt bleiben würde. Diese Antwort sandte Lykurgos den Spartanern schriftlich zu, denn er selbst wollte nie wieder in seine Vaterstadt zurückkehren, um nicht durch seine Rückkehr die Spartaner von ihrem Eide zu entbinden. Da er sich durch seine Gesetze einen dauernden Ruhm erworben hatte, so glaubte er zur Erlangung der Glückseligkeit lange genug gelebt zu haben, und endigte sein Leben freiwillig dadurch, daß er sich aller Nahrungsmittel enthielt. Nach einer andern Nachricht starb er in Kreta, nachdem er vorher befohlen, seine Asche in das Meer zu streuen, damit nicht etwa die Spartaner seine irdischen Überreste nach Sparta brächten und sich dadurch von der Erfüllung ihres Eides entbunden glaubten.

VIII.

Aristodemos, oder der erste Messenische Krieg.

(743—723 v. Chr.)

Westlich von Lakonien lag die fruchtbare Landschaft Messenien, nach deren Besitz die Spartaner um so mehr strebten, da ihr eigenes Land jener gesegneten Gegend an Fruchtbarkeit weit nachstand. Unter solchen Umständen konnte es an Feindseligkeiten zwischen beiden Nachbarvölkern nicht fehlen, bis endlich nach zwei blutigen Kriegen Messenien den Lacedämoniern unterworfen ward. Die Veranlassung zum Ausbruch des Krieges wird folgendermaßen erzählt:

Polychares, ein vornehmer Messenier, besaß viele Rinder,
aber nicht so viel eigenes Land, daß sein Vieh hinlängliche
Weide gehabt hätte. Er übergab es daher einem Spartaner,
Namens Euäphnos, unter der Bedingung, daß er es auf
seinen Grundstücken weiden und dafür einen Teil der Nutzung
von dem Vieh haben sollte. Dieser Euäphnos war ein
Mensch, der ungerechten Gewinn höher achtete, als Treue und
Ehrlichkeit und dabei durch seine Worte sich einzuschmeicheln
wußte. So hatte er auch jetzt die Rinder des Polychares
an Kaufleute, die in Lakonien gelandet waren, verkauft und
ging nun selbst als Bote zu Polychares. Diesem sagte er,
Seeräuber wären ans Land gestiegen, hätten Gewalt gegen
ihn gebraucht und als Beute Rinder und Hirten mit fort=
genommen. Allein während Euäphnos den Polychares zu
täuschen suchte, entlief den Kaufleuten einer von diesen Hirten, kehrte zu seinem Herrn zurück und traf hier den Euäph=
nos, den er in Gegenwart des Polychares Lügen strafte.
Überführt und nicht imstande, es abzuleugnen, bat er in=
ständig den Polychares und dessen Sohn um Verzeihung.
Dann gab er an, wie viel er für die Rinder bekommen hätte,
und bat den Sohn des Polychares, ihm zu folgen und den
Preis in Empfang zu nehmen. Auf dem Wege aber erschlug
Euäphnos den Sohn des Polychares. Als dieser die That
erfuhr, ging er oft nach Sparta zu den Königen und
Obrigkeiten, um Genugthuung zu erhalten, und als er sie
nicht erhielt, geriet er außer sich, und hingerissen vom Zorne,
ermordete er, weil er sein eigenes Leben nicht achtete, jeden
Lacedämonier, der ihm in die Hände fiel. Die Lacedämo=
nier verlangten nun die Auslieferung des Polychares, und
da sie verweigert wurde, begannen sie den Krieg.

In aller Stille begannen sie ihre Rüstungen, und ohne
Kriegserklärung brachen sie in Messenien ein, nachdem sie sich
zuvor durch einen feierlichen Eid verpflichtet hatten, nicht eher
die Waffen niederzulegen, als bis sie das messenische Land
erobert hätten. Zur Nachtzeit überfielen sie die Grenzstadt
Amphea, wo sie, da die Stadt ohne Wachen war, sogleich
eindrangen und die Bewohner teils auf ihrem nächtlichen
Lager, teils an den Altären der Götter, wohin sie ihre Zu=
flucht genommen hatten, töteten. Der König der Messenier
ermahnte jedoch in einer Volksversammlung die Bürger, sich

durch das Schicksal Ampheas nicht entmutigen zu lassen, und übte seine Scharen sorgfältig in den Waffen. Die Lace=dämonier durchstreiften nun Messenien, verwüsteten aber das Land nicht, da sie es schon als das ihrige ansahen, und fällten weder Bäume, noch rissen sie Wohnungen nieder; nur das Vieh, das ihnen in die Hände kam, trieben sie mit fort, auch Getreide und andere Früchte nahmen sie, wogegen ihre Ver=suche, die Städte des Landes zu erobern, mißlangen. Aber auch die Messenier raubten und plünderten an den Seeküsten Lakoniens und in den Feldern umher. Erst im fünften Jahre, nachdem der messenische König die Seinen zum entscheidenden Kampfe vorbereitet hatte, kam es zu einer entscheidenden Schlacht; der Verlust war auf beiden Seiten gleich groß, und beide Teile fühlten sich sehr geschwächt. Aber den Messe=niern fehlte es an Mitteln zur Fortsetzung des Krieges, dazu kamen böse Seuchen und andere Unglücksfälle, und die ver=heerenden Streifzüge der Feinde dauerten fort. Die Messe=nier vermieden daher offene Feldschlachten und zogen sich in die feste Bergstadt Ithome zurück. Von hier aus befragten sie das delphische Orakel, was zur Rettung Messeniens zu thun sei, und erhielten den Spruch:

„Aus dem Geschlechte des Äpytos fordert das Los eine Jungfrau: Gieb sie des Unterreichs Göttern, und retten magst du Ithome."

Das Los traf die Tochter des Lyciskos, aber der Seher Epebolos verbot sie zu opfern, da die Jungfrau nicht die Tochter des Lyciskos sei. Da bot Aristodemos, der auch aus dem Geschlechte der Äpytos stammte und durch Kriegsthaten ausgezeichnet war, seine Tochter freiwillig zum Opfer dar. Aber ein Messenier liebte die Tochter des Aristodemos, erhob Widerspruch gegen ihn und reizte durch seine Einwendungen den Vater so sehr, daß dieser in Wut geriet und im Zorn seine Tochter ermordete. Epebolos verlangte nun, daß ein anderer seine Tochter dazu hergebe, denn des Aristodemos Tochter helfe ihnen nichts, da sie vom Vater ermordet, nicht aber den Göttern geopfert sei. Nur mit Mühe bewirkte der König die Erklärung des Volkes, daß es keines weiteren Opfers bedürfe. Aus Furcht vor der Wirkung des Orakels wagten die Lacedämonier fünf Jahre lang keinen Angriff; erst im sechsten erschienen sie in der Ebene von Ithome, wo es zu einem Treffen kam, in dem der König der Messenier

töblich verwundet wurde, so daß er bald barauf starb. An
seiner Stelle wurde Aristobemos zum König gewählt; in den
ersten fünf Jahren seiner Regierung fielen nur kleinere Ge=
fechte vor, bis im sechsten Jahre beide Heere mit ihren Bun=
besgenossen einander ein entscheidendes Treffen lieferten, in
welchem die Lacedämonier eine schwere Niederlage erlitten.
Dennoch hatten die Messenier von ihrem Siege wenig Vorteil,
benn zweibeutige Orakelsprüche, deren Sinn man nicht erkannte,
beunruhigten und entmutigten sie. Im zwanzigsten Jahre
des Krieges befragten sie von neuem das belphische Orakel,
das ihnen folgenden Spruch erteilte:

„Wer Dreifüße zuerst an des Zeus Altar in Ithome
Stellet im Kreis umher an der Anzahl zehen mal zehen,
Dem giebt Gott mit dem Ruhme des Kriegs die messenischen Fluren.“

Diese Antwort des Orakels erfuhren die Lacedämonier;
ein gemeiner Bürger verfertigte hundert Dreifüße aus Thon=
erbe und zog als Waidmann verkleidet nach Messenien, wo
er sich unter die Landleute mischte und mit ihnen in die
Stadt Ithome ging. Hier stellte er mit Einbruch der Nacht
die Dreifüße im Tempel des Zeus auf und entkam glücklich
nach Sparta. Durch diese List gerieten die Messenier in
große Bestürzung; dazu kamen noch andere unheilbrin=
gende Vorzeichen, die den Untergang Messeniens verkündeten:
ein Seher, der von Geburt an blind gewesen war, bekam
plötzlich das Gesicht und verlor es bald nachher wieder; die
Bildsäule der Artemis ließ ihren Schild fallen; die Hunde
kamen an einem Orte zusammen und heulten die ganze Nacht;
die zum Opfer bestimmten Widder stießen die Hörner mit
solcher Gewalt in den Altar, daß sie von dem Stoße starben;
vor allem aber erschütterte den Aristobemos selbst ein Traum=
gesicht. Es träumte ihm, er wolle zu einem Treffen auszie=
hen und sei gerüstet, und die Eingeweide der Opfertiere lägen
vor ihm auf dem Tische; seine Tochter erscheine ihm in
schwarzer Kleidung und zeige ihm die aufgeschnittene Brust,
und die Erscheinung werfe das auf dem Tische liegende um,
nehme ihm die Rüstung ab, setze ihm statt ihrer einen gol=
benen Kranz auf und werfe ihm ein weißes Gewand über.
In diesem Traume sah Aristobemos die Verkündigung seines
nahen Todes, er erwog, daß er vergebens der Mörder seiner
Tochter geworben sei, und da er keine Hoffnung zur Rettung

7*

feines Vaterlandes mehr sah, tötete er sich auf ihrem Grabe.
— Im letzten Jahre des Krieges wurde Ithome belagert
und erobert, die meisten Messenier waren zu ihren Gast=
freunden in benachbarte Länder geflohen, die zurückgebliebenen
aber wurden von den Spartanern mit Härte behandelt und
mußten die Hälfte des Ertrags ihrer Felder nach Sparta
abliefern und bei den Begräbnissen der spartanischen Könige
und Obrigkeiten in Trauerkleidern erscheinen, weshalb die
Sieger in ihren Liedern von ihnen sangen:

> „Gleich wie Esel gedrückt tragen sie mächtige Last,
> Unter dem traurigen Zwang darbringend ihren Gebietern
> Alles zur Hälfte geteilt, was sie an Früchten gebaut;"

und von den Leichenbegängnissen:

> „Männer und Weiber betrauern zugleich mit Seufzen die Herren,
> Raffte des Todes Geschick einen vernichtend dahin."

IX.
Aristomenes, oder der zweite messenische Krieg.
(685—668 v. Chr.)

Die Messenier ertrugen mit Unwillen die drückende Herr=
schaft der Spartaner, am meisten das jüngere Geschlecht,
das von den Drangsalen des vorigen Krieges nichts erfahren
hatte. Daher wurde die Empörung beschlossen. Unter den
Jünglingen, die in Messenien herangewachsen waren, zeichnete
sich vor allen Aristomenes durch Mut und Tapferkeit aus.
Das erste Treffen mit den Lacedämoniern blieb unentschieden,
aber Aristomenes hatte so glänzende Thaten verrichtet, daß
ihn die Messenier zum Könige wählen wollten. Da er sich
aber diese Ehre verbat, wählten sie ihn zum unumschränkten
Anführer im Kriege. Um die Lacedämonier gleich im An=
fange des Krieges in Schrecken zu setzen, ging er bei Nacht
nach Lacedämon und stellte einen Schild an den Tempel der
Athene, auf dem geschrieben war: „Aristomenes weiht diesen
Schild der Göttin als Zeichen des Sieges über die Spar=
taner." Die Lacedämonier aber hatten einen Orakelspruch
aus Delphi, daß sie den athenischen Ratgeber holen sollten.
Sie baten also durch Gesandte die Athener um einen Mann,
der ihnen riete, was nötig wäre, und diese schickten ihnen

ben Thrtäos, einen Kinderlehrer, der am wenigsten mit
scharfem Verstande begabt zu sein schien und an dem einen
Fuße lahm war. Thrtäos wußte durch seine Kriegsgesänge
die Lacedämonier so zu begeistern, daß sie ihn als ein gött=
liches Geschenk betrachteten. Beide Teile rüsteten sich bei
dem sogenannten „Denkmal des Ebers" zur Schlacht. Ari=
stomenes war von einer Schar von achtzig auserlesenen
Messeniern umgeben, von denen jeder sich hoch geehrt fühlte,
daß er gewürdigt worden war, an der Seite des Aristomenes
zu fechten. Diese selbst und Aristomenes hatten zuerst schwere
Arbeit, da sie gegen den spartanischen König und den Kern
des lacedämonischen Heeres kämpften; aber keine Wunde
scheuend, und ihre Kampfwut bis auf den höchsten Grad
steigernd, schlugen sie durch fortgesetzten Kampf und ihre
Wagstücke die Schar des spartanischen Königs zurück. Diese
Fliehenden ließ Aristomenes durch eine andere Abteilung
der Messenier verfolgen; er selbst stürzte sich auf die, welche
den meisten Widerstand leisteten. Als er auch diese geworfen
hatte, wandte er sich wiederum gegen andere; schnell drängte
er auch diese zurück, und ungehindert warf er sich nun auf
die, welche noch standhielten, bis er die ganze Schlacht=
ordnung der Lacedämonier und ihre Bundesgenossen in völlige
Unordnung brachte. Und da sie nun ohne Scham und Scheu
flohen, und keiner mehr den andern erwarten wollte, drängte
er ihren Rücken furchtbarer, als man von einem einzigen
Manne hätte erwarten können. Bei der weiteren Verfolgung
der Feinde verlor Aristomenes seinen Schild, und dieser Um=
stand war schuld, daß sich mehrere Lacedämonier durch die
Flucht retteten, weil er, während er den Schild suchte, Zeit
verlor. Die Lacedämonier waren durch diesen Schlag sehr
entmutigt, aber dem Aristomenes warfen, als er nach Hause
zurückkehrte, die Weiber Bänder und Blumen der Jahreszeit
zu und sangen dazu die Verse:

„Spartas Scharen verfolgt Aristomenes bis in die Mitte
Von Stenykleros*) Gefild und bis zum hohen Gebirg."

Seinen Schild fand Aristomenes bald darauf wieder
und überfiel sogleich mit einer auserlesenen Schar zwei
spartanische Städte, wobei er beträchtliche Beute wegführte.

*) Stenykleros hieß der Ort, wo sich das Denkmal des Ebers befand.

Einst erfuhr er, daß zu Ägelia, einem Orte in Lakonien, wo der Demeter (Ceres) ein Heiligtum gestiftet war, die Frauen ein Fest feierten. Aristomenes brach mit seinen Gefährten auf und suchte sie zu rauben. Allein die Weiber setzten sich zur Wehr: die meisten Messenier wurden mit den Messern, womit die Frauen ihre Opfertiere schlachteten, und mit den Spießen, woran sie das Fleisch steckten, um es zu braten, verwundet: auf Aristomenes aber schlugen sie mit brennenden Fackeln und nahmen ihn lebendig gefangen. Doch Archidamia, die Priesterin, ließ ihn frei und gab vor, er habe die Stricke durchbrannt und sei entronnen. Aristomenes aber rettete sich noch in derselben Nacht nach Messenien.

Doch im dritten Jahre des Krieges erlitten die Messenier bei Megaletaphros, d. h. beim großen Graben, eine schwere Niederlage. Aristokrates, König der mit ihnen verbündeten Arkadier, war von den Lacedämoniern bestochen worden und zog sich gleich im Anfange der Schlacht mit den Seinen zurück, wodurch die Messenier so in Verwirrung gerieten, daß die Lacedämonier ohne Mühe einen leichten Sieg davontrugen und eine große Menge der Messenier erschlugen.

Nach diesem Treffen sammelte Aristomenes die Reste der Messenier und zog sich mit ihnen nach der Bergfestung Eira, die nun von den Lacedämoniern elf Jahre lang belagert wurde. Von hier aus unternahm Aristomenes Streifzüge bis in das Innere des lakonischen Landes: auf einem solchen Zuge stieß er einst auf eine starke Abteilung der Lacedämonier. Er verteidigte sich, erhielt mehrere Wunden, ein Stein traf ihn an den Kopf, es verdunkelten sich ihm die Augen, er fiel; haufenweise liefen die Lacedämonier hinzu und nahmen ihn lebendig gefangen. Es wurden aber auch fünfzig seiner Gefährten gefangen genommen; diese alle beschlossen sie in die sogenannten Käaden, eine Grube, worein man Missethäter warf, zu stürzen. Die übrigen Messenier nun, die hineinfielen, kamen sogleich um, den Aristomenes aber soll ein Adler, der unter ihm geflogen, auf seinen Flügeln gehalten und unverletzt und ohne irgend eine Wunde auf den Boden hinabgebracht haben. Als er auf den Grund des Schlundes gekommen war, legte er sich nieder, zog das Gewand über das Gesicht und erwartete den Tod, den er für unvermeidlich hielt. Am dritten Tage darauf hörte er ein Geräusch, er enthüllte sein Gesicht und erblickte einen Fuchs, der an den Leichnamen fraß. In der Voraussetzung, daß das Tier irgend woher einen Eingang habe, wartete er es ab, bis der Fuchs sich ihm näherte. Als er ihm nahe gekommen war, ergriff er ihn, mit der andern Hand aber hielt er ihm, so oft er sich gegen ihn wendete, das Gewand vor und ließ ihn hineinbeißen. Den größten Teil lief er mit dem laufenden Fuchse; an Stellen, wo schwer durchzukommen war, ließ er sich auch von ihm nachziehen. Endlich sah er ein Loch, das für den Fuchs zum Durchkriechen groß genug war, und Licht durch dasselbe. Der Fuchs eilte, als er von Aristomenes losgelassen worden war, seiner Höhle zu. Aristomenes aber machte das Loch, das zum Durchkommen für ihn zu klein war, mit den Händen weiter und entkam zu den Seinen nach Eira.

Den Lacedämoniern wurde sogleich von Überläufern gemeldet, daß Aristomenes unversehrt zurückgekommen sei. Sie hielten es aber für unglaublich, bis er eine Schar von Korinthern, die den Lacedämoniern zu Hülfe zogen, schlug und ihre Anführer tötete. Nach dieser That brachte er dem Zeus das Opfer dar, welches man Hekatomphonie nennt, und das jeder Messenier, der hundert Feinde erlegt hatte, verrichtete. Aristomenes hatte es zum ersten Male dargebracht, als er am Denkmal des Ebers gefochten hatte; auch zum dritten Male soll er es in der Folge wiederholt haben.

Die Lacedämonier schlossen einst, als sie das Fest der Hyacinthien feierten, mit den Messeniern in Eira einen Waffenstillstand auf vierzig Tage. Als nun Aristomenes, ohne etwas zu fürchten, sich eine Strecke von Eira entfernt hatte, wurde er von kretischen Bogenschützen, die in Messenien umherschwärmten, gefangen und mit den Riemen, die sie an ihren Köchern hatten, gebunden. Sie brachten ihn in einen Meierhof im messenischen Gebiete, wo eine Mutter mit ihrer Tochter wohnte; der Vater war gestorben. Dieser Jungfrau war in der vorhergehenden Nacht ein Traumgebild erschienen: Wölfe führten zu ihnen in den Meierhof einen gefesselten Löwen, der keine Klauen hatte; sie selbst löste dem Löwen die Fesseln, fand seine Klauen und gab sie ihm, so wurden im Traume die Wölfe von dem Löwen zerrissen. Jetzt nun, da die Kreter den Aristomenes hereinführten, merkte die

Jungfrau, daß das in der Nacht erschienene Traumgesicht in Erfüllung gehe, und fragte ihre Mutter, wer das wäre. Als sie seinen Namen erfuhr, faßte sie Mut das auszuführen, was ihr im Traume befohlen worden war. Sie schenkte daher den Kretern so viel Wein ein, als sie nur trinken wollten, und als sie berauscht waren, entwendete sie dem, welcher am tiefsten schlief, sein Messer und zerschnitt die Fesseln des Aristomenes; er aber ergriff das Schwert und tötete die Kreter. Die Jungfrau aber gab er, um ihr den Lohn seiner Rettung zu zahlen, seinem Sohne zur Gemahlin.

Aber im elften Jahre der Belagerung war es vom Schicksal bestimmt, daß Eira erobert und die Messenier vertrieben werden sollten. Als Aristomenes und der Wahrsager Theokles nach der Niederlage am Graben nach Delphi kamen und das Orakel wegen ihrer Rettung befragten, erhielten sie vom Gotte folgende Antwort:

„Wenn ein Tragos*) trinket der Neda sich schlängelndes Wasser,
Schütz' ich Messene nicht mehr, denn es nahet sich schon das Verderben."

Nach diesem Orakelspruche hüteten die Messenier die Böcke, daß sie nicht aus der Neda trinken möchten. Doch damals stand an diesem Flusse ein wilder Feigenbaum, der nicht gerade in die Höhe gewachsen war, sondern sich zu dem Strome der Neda hinneigte und das Wasser mit den Spitzen seiner Blätter berührte. Als dies der Seher Theokles sah, erriet er, daß in dem Orakelspruche unter dem Tragos dieser wilde Feigenbaum zu verstehen sei, und daß nun den Messeniern ihr Schicksal nahe bevorstehe. Auch dem Aristomenes teilte er seine Entdeckung mit.

Ein lacedämonischer Überläufer besuchte damals oft eine messenische Frau, die außerhalb der Festung ihre Wohnung hatte, in Abwesenheit ihres Mannes, wenn dieser auf dem Wachtposten stand. Einst war eine mondlose, stürmische Nacht, und der Regen ergoß sich in dichten Strömen vom Himmel. Da verließen die Messenier, die in dieser Nacht keinen Angriff besorgten, die Wache; Aristomenes aber lag an einer kurz vorher empfangenen Wunde darnieder und konnte nicht wie gewöhnlich die Runde bei den Nachtposten

---

*) Das Wort Tragos bedeutet einen Ziegenbock und einen wilden Feigenbaum. Die Neda ist ein Fluß, der viele Krümmungen macht.

machen. So kam denn auch jener Messenier in seine Wohnung zu seiner Frau, die, als sie die unerwartete Ankunft ihres Mannes bemerkte, den lacedämonischen Überläufer schnell versteckte. Der Messenier erzählte, daß wegen des stürmischen Wetters alle Posten unbesetzt wären. Als dies der Überläufer in seinem Verstecke hörte, schlich er sich leise davon und meldete alles dem spartanischen Feldherrn. In der Nacht erstiegen nun die Spartaner auf angelegten Leitern die Mauern von Eira, und erst das Bellen der Hunde weckte die Messenier aus ihrem Schlafe. Obschon Aristomenes und der Wahrsager wußten, daß Messeniens Untergang unvermeidlich sei, gingen sie doch zu allen Messeniern und ermahnten sie, wackere Männer zu sein, und riefen die Zurückbleibenden aus den Häusern. In der Nacht setzte die Finsternis dem weiteren Vordringen der Feinde Schranken; mit Anbruch des Tages aber erhob sich ein verzweiflungsvoller Kampf, an dem sogar die Weiber teilnahmen, indem sie Dachziegeln und was jede hatte, auf die Feinde warfen. Aber noch dichter schoß der Regen herab unter heftigem Krachen des Donners, und entgegenstrahlende Blitze blendeten die Augen der Messenier, während die Lacedämonier, da es ihnen zur rechten Hand blitzte, dies für ein günstiges Zeichen hielten und sich von größerem Mute beseelt fühlten. Schon drei Tage und Nächte hindurch dauerte der Kampf, die Messenier waren durch Schlaflosigkeit, Regen und Kälte abgemattet, dazu quälte sie Hunger und Durst. Da lief der Wahrsager Theokles gegen die Feinde und rief ihnen begeistert die Worte zu: „Wahrlich nicht in allen künftigen Zeiten werdet ihr fröhlich die Früchte der Messenier genießen!" Hierauf stürzte er sich unter die Feinde und hauchte, nachdem er seine Rache in ihrem Blute gesättigt hatte, tödlich verwundet den Geist aus. Nun rief Aristomenes die Messenier vom Kampfe zurück, nahm die Weiber und Kinder in die Mitte, und ging mit gesenktem Speere, zum Zeichen, daß er um Durchgang bitte und abzuziehen beschlossen habe, auf die Feinde zu, die ihre Reihen öffneten und sie ungestört durchziehen ließen. Sie gingen zu den Arkabiern, ihren Bundesgenossen. Aristomenes aber wählte fünfhundert der tapfersten Männer aus, mit denen er Sparta, während das lacedämonische Heer noch in Messenien stand, überfallen wollte.

Allein Aristokrates übte zum zweiten Male an den Messeniern Verrat; er zeigte den Lacedämoniern den Plan an, wodurch die Unternehmung vereitelt wurde. Dafür steinigten die Arkadier ihren König zu Tode und warfen seinen Leichnam unbegraben über die Grenze. Die meisten Messenier zogen nun nach Unteritalien, wo sie die nach ihnen benannte Stadt Messana bewohnten. Aristomenes, den sie zum Führer haben wollten, lehnte es ab, mit den Worten: er werde, so lange er lebe, gegen die Lacedämonier Krieg führen, er wisse genau, daß immer irgend ein Unheil durch ihn für Sparta entstehen werde. Später ging er nach Delphi. Als der Herrscher einer Stadt auf der Insel Rhodos, Damagetos, das Orakel befragte, wessen Tochter er zur Frau nehmen sollte, erhielt er die Antwort, die Tochter des tapfersten Mannes unter den Griechen zu heiraten. Darauf heiratete er die Tochter des Aristomenes; dieser zog nach Rhodos, wo er nach einiger Zeit an einer Krankheit starb. Die Rhodier errichteten ihm ein ausgezeichnetes Denkmal und erwiesen ihm besondere Verehrung.

X.
Kodros, der letzte König der Athener.
(1068 v. Chr.)

Wir haben oben gesehen, wie die siegreichen Dorier sich des ganzen Peloponneses bemächtigten. Sie begnügten sich aber mit dieser Eroberung nicht, sondern gingen über die Landenge, entrissen den Athenern Megaris und drangen tief in das attische Gebiet ein, das sie mit Feuer und Schwert verheerten. Damals (1068 v. Chr.) war Kodros König der Athener. Von den Feinden hart bedrängt, schickte er Gesandte nach Delphi und ließ das Orakel fragen, durch welches Mittel sein Vaterland von einem so schweren Kriege befreit werden könnte. Da soll der Gott geantwortet haben, daß das Volk, dessen König von feindlicher Hand falle, Sieger sein würde. Dieser Orakelspruch ward nicht nur im athenischen, sondern auch im dorischen Lager bekannt. Die Dorier erließen daher ein Verbot, den Kodros im Kampfe zu verletzen, und hüteten sich vor einer Schlacht. Kodros aber legte die Zeichen seiner königlichen Würde ab, verkleidete sich als Landmann und ging mit einem Bündel Holz auf dem Rücken und einer Axt in der Hand in das feindliche Lager. Hier fing er absichtlich mit einem Dorier Streit an, verwundete ihn mit seiner Axt und ward von dem Dorier, der sein Schwert zog, getötet. Bald aber erkannten die Dorier den Leichnam des Königs und zogen sich aus Scheu vor dem Orakelspruche ohne Treffen zurück. So wurde Attika durch den Tod seines edlen Königs, der sein Leben freiwillig zur Rettung seines Vaterlandes opferte, vom Kriege befreit.

Nach dem Tode des heldenmütigen Kodros hielten die Athener niemand für würdig, sein Nachfolger in der Herrschaft zu werden, und beschlossen daher, die königliche Würde nicht wieder herzustellen. An die Stelle der Könige traten die Archonten, die ihr Amt lebenslänglich verwalteten, dem Volke aber Rechenschaft ablegen mußten. Medon, der Sohn des Kodros, wurde der erste Archont. Als nacheinander dreizehn Archonten aus dem Geschlechte des Kodros dieses Amt bekleidet hatten, wurden seit dem Jahre 752 v. Chr. die Archonten nur auf 10 Jahre, und seit 681 v. Chr. neun Archonten zugleich gewählt, die ihr Amt nur ein Jahr verwalteten.

XI.
Solon, der Gesetzgeber der Athener.
(594 v. Chr.)

Solon stammte aus dem Geschlechte des Kodros und war in seiner Jugend ein Kaufmann. Er soll diesen Beruf gewählt haben, um sein Vermögen, das er durch Wohlthätigkeit geschwächt hatte, wieder zu mehren; wahrscheinlicher ist jedoch, daß er aus Wißbegierde weite Reisen unternahm, um sich die Kunde fremder Länder und Völker zu verschaffen. Daß er rastlos nach Vermehrung seiner Kenntnisse und Erweiterung seines Wissens gestrebt habe, geht schon aus seinen Worten:

„Das Alter naht, doch immerwährend lern' ich viel,"

hervor. Auch widmete er seine Zeit der Dichtkunst und der Betrachtung der Natur. Die erste Gelegenheit, öffentlich aufzutreten und sich um sein Vaterland verdient zu machen, gab ihm ein Streit der Athener mit den Megarensern um den Besitz der Insel Salamis.

Schon hatten die Athener einen langwierigen und be=
schwerlichen Krieg mit den Megarensern um diese Insel ge=
führt, als sie endlich, des vergeblichen Kampfes müde, durch
ein Gesetz bei Todesstrafe verboten, noch ferner von der Er=
oberung dieser Insel zu reden. Dieses Gesetz erregte den
Unwillen Solons und vieler kriegslustiger Jünglinge Athens,
die nur eines Anlasses zur Erneuerung des Kampfes bedurften,
aber aus Furcht vor der Strenge des Gesetzes den Anfang
nicht selbst zu machen wagten. Da fand Solon ein Mittel,
den Krieg zur Eroberung der Insel bei dem Volke wieder
in Anregung zu bringen. Er stellte sich wahnsinnig, und
bald verbreitete sich durch die Stadt das Gerücht, Solon
habe den Verstand verloren. Insgeheim aber verfertigte er
ein Gedicht und prägte es sich so ein, daß er es auswendig
vortragen konnte. Plötzlich rannte er, einen Reisehut auf
dem Kopfe, auf den Marktplatz, gleichsam als käme er von
einer weiten Wanderung nach Hause, denn die Griechen trugen
nur auf der Reise Hüte. Als das Volk neugierig heranlief,
bestieg Solon den Stein, von dem aus die Herolde zum Volke
redeten, und sagte sein Gedicht her, dessen Anfang war:

„Selber erschein' ich als Herold von Salamis lieblicher Küste,
    Statt des gewöhnlichen Spruchs bring' ich euch schönen Gesang.“

Im weiteren Verlaufe des Gedichtes warf er den Athenern
die Schmach vor, den Krieg um die so nahe gelegene Insel
unrühmlich aufgegeben zu haben, indem er sang:

„Lieber wär' ich traun aus Sikina und Pholegandros,
    Lieber aus anderem Land als in Athenä erzeugt.
Schnell ja verbreitet sich unter den Menschen wohl solcherlei Rede:
    Der auch ist von Athen, der auch gab Salamis preis;“

und am Schlusse des Gedichts forderte er die Athener zu
neuem Kampfe auf mit den Worten:

„Auf denn nach Salamis hin, um die liebliche Insel zu streiten,
    Auf! und den schmählichen Schimpf bald, ihr Athener, getilgt.“

Als nun Solons Freunde diesem Gedichte ihren lauten
Beifall schenkten und die Athener aufforderten, dem Dichter
zu willfahren, hoben sie das Gesetz auf und begannen von
neuem den Krieg, indem sie den Solon zum Anführer wählten.

Solon segelte mit seiner Schar zum Vorgebirge Kolias,
das der Insel Salamis gegenüber liegt. Hier fand er die
Frauen, die der Demeter ein Opfer brachten. Er schickte

einen zuverläſſigen Mann nach Salamis, der ſich für einen
Überläufer ausgab und den Megarenſern den Rat gab, ſo
ſchnell als möglich nach Kolias zu ſchiffen, wenn ſie die vor=
nehmſten Frauen der Athener in ihre Gewalt bekommen
wollten. Die Megarenſer ließen ſich täuſchen und ſchickten
ein Fahrzeug ab. Als aber Solon das Schiff von der Inſel
abſtoßen ſah, entfernte er ſchnell die Frauen und ließ un=
bärtige Jünglinge die Frauengewänder anlegen und ein kurzes
Schwert darin verbergen. Nun befahl Solon den Jünglin=
gen, am Ufer zu ſpielen und zu tanzen, bis die Feinde ge=
landet ſein würden. Die Megarenſer ſtürzten auf die
vermeintlichen Frauen los und kamen alle im Gedränge um.
Darauf ſegelten die Athener auf die Inſel zu und nahmen
ſie in Beſitz. (600 v. Chr.)

Als der ſogenannte heilige Krieg gegen Kirrha oder
Kriſſa geführt wurde, weil die Kriſſäer den Beſuch des delphi=
ſchen Orakels den Fremden ſehr erſchwert und an dem Hei=
ligtume des Gottes gefrevelt hatten, beſtimmte Solon die
Athener zur Teilnahme an dieſem Kriege, der damit endigte,
daß die Stadt zerſtört und ihr Gebiet dem Gotte geweiht
wurde.

Wenn Solon ſchon durch die eben erzählten Thaten die
Blicke und die Bewunderung aller Griechen auf ſich gezogen
hatte, ſo war dies noch in viel höherem Grade der Fall, als
er vom Volke zum Geſetzgeber und Ordner ſeiner ſehr zer=
rütteten Vaterſtadt gewählt wurde. Zwar hatte ſchon Drakon
(624 v. Chr.) den Athenern Geſetze gegeben, die aber ſo
ſtreng waren, daß ſie für jedes unbedeutende Vergehen Tod
oder Verbannung beſtimmten, weshalb man ſpäter ſagte,
Drakon habe ſeine Geſetze nicht mit Tinte, ſondern mit Blut
geſchrieben. Drakon ſoll ſelbſt geſagt haben, für die kleinſten
Vergehen ſei die Todesſtrafe nicht zu hart, für die größten
laſſe ſich keine härtere Strafe auffinden. Wegen ihrer furcht=
baren Strenge fruchteten dieſe Geſetze wenig oder nichts, die
Verbrechen mehrten ſich, ſelbſt an den Altären der Götter
waren Frevel verübt worden, auf vielen laſtete Blutſchuld,
und abergläubiſche Furcht und Geſpenſter ängſtigten die Bürger
der Stadt. Deshalb ließen ſie den berühmten Weiheprieſter
Epimenides aus Kreta nach Athen kommen, der Solons

Freund war und durch Sühngebräuche die Stadt reinigte und die in Parteien zerfallenen Bürger zur Eintracht und zum Gehorsam zurückführte.

Doch wenn der Staat auf die Dauer beruhigt und ge= ordnet werden sollte, so mußte er neue Gesetze erhalten, und besonders bedurften die Armen, die den Reichen schwer ver= schuldet und als Leibeigene verfallen waren, bringend der Erleichterung. Die Athener sehnten sich daher nach neuen Gesetzen; diese zu geben war aber niemand geeigneter als Solon, der einerseits durch seine Weisheit und durch die Milde und Freundlichkeit seines Charakters das Vertrauen des Volkes erworben hatte, andrerseits seinem Vermögen nach weder zu den Reichen noch zu den Armen gehörte, son= dern zwischen beiden in der Mitte stand, und daher mit un= befangenem Sinne das zwischen Reichen und Armen herrschende Mißverhältnis zu erkennen und zu heilen wußte.

Zu diesem Zwecke wurde Solon (594 v. Chr.) zum Archonten gewählt. Vergebens waren die Mahnungen seiner Freunde, die ihm anvertraute Würde zur Erlangung der Alleinherrschaft (Tyrannis) von Athen zu benutzen. Solon rechtfertigte das ihm geschenkte Vertrauen und überschritt nicht die Grenzen des ihm übertragenen Amtes.

Sein erstes Werk war die Schuldenerleichterung der Armen. Auf eine sehr geschickte Weise wußte er ein Mittel zu finden, daß weder die Armen den Reichen ihre ganze Schuld abzutragen brauchten, noch diese letzteren ihr ganzes den Armen geliehenes Geld verloren. Zugleich hob Solon die Schuldknechtschaft für solche, die ihre Gläubiger nicht be= friedigen konnten, auf.

Alsbann erneuerte Solon das Ansehen des Areopags, eines sehr heilig gehaltenen Gerichtshofes, der schon in den frühesten Zeiten entstanden war und auf den Hügeln des Ares (Kriegsgottes) seine Sitzungen hielt. Diese Sitzungen wurden bei Nacht ohne Licht gehalten, damit die Richter nicht durch den kläglichen Anblick der Angeklagten zum Mitleiden bewegt würden. Ihre Urteilssprüche schrieben sie auf Täfel= chen und warfen sie schweigend in die Urnen, von denen die eine die Urne des Todes, die andere die der Erbarmung hieß. Waren die Stimmen auf beiden Seiten gleich, so wurde noch ein Täfelchen in die Urne der Erbarmung geworfen und der Angeschuldigte freigesprochen. Dieser Gerichtshof hatte namentlich die Aufsicht über die Sitten der Bürger und die Untersuchung über vorsätzlichen Mord, Brandstiftung, Giftmischerei u. s. w.*) Das Ansehen des Areopags erhöhte und befestigte Solon dadurch, daß nur die Archonten, die ihr Amt untadelhaft verwaltet hatten, unter die Richter aufgenommen wurden.

Der Volksversammlung erteilte Solon das Recht, Krieg und Frieden zu schließen, Bündnisse einzugehen und Beamte zu wählen, sowie neue Gesetze zu geben und alte aufzuheben. Um aber ihre Macht zu beschränken, stellte er ihr den Rat der Vierhundert, zu welchem aus jedem der vier Stämme Athens hundert Mitglieder gewählt wurden, zur Seite. Nur was in diesem Rate besprochen und genehmigt worden war, durfte der Volksversammlung vorgelegt und von ihr entweder verworfen oder bestätigt werden.

Das ganze Volk teilte Solon in vier Klassen, die nach dem Vermögen unterschieden waren, und nach denen sich auch der Kriegsdienst der Bürger richtete. Nur die Bürger der drei ersten Klassen hatten teil an den Staatsämtern und mußten im Kriege eine schwere Rüstung haben, sie waren die Hopliten oder Schwerbewaffneten; auch wurde aus den Bürgern der zweiten Klasse, die deshalb den Namen Ritter hatten, die Reiterei genommen. Die vierte Klasse hatte zwar Zutritt zur Volksversammlung, aber nicht zu den Staatsämtern, sie enthielt die unbemittelten Bürger, die im Kriege als Leichtbewaffnete oder später, als Athen eine Seemacht war, auf der Flotte dienen mußten.

Die Erziehung der Jugend war streng. Bis zum siebenten Jahre waren die Kinder den Frauen überlassen. Vom siebenten Jahre an stand dem Knaben ein Sklave, Pädagoge, zur Seite, der ihn, seine Bücher tragend, zur Schule führte und wieder abholte, während die Mädchen zu Hause Handarbeiten und Lesen lernten. Die Knaben lernten außer dem Lesen auch Schreiben; als Lesebuch dienten Homers Gedichte; zum Schreiben gebrauchte man mit Wachs überzogene Tafeln

---

*) Einst verurteilte der Areopag einen Knaben, der Wachteln die Augen ausgestochen hatte, zum Tode, weil ein solcher Mensch, wenn er herangewachsen sei, seinen Mitbürgern zum Verderben gereichen werde.

und einen Griffel; daneben ward Unterricht im Gesang und im Spiel auf der Kithara und Lyra erteilt, wobei Chorgesänge zu Ehren der Götter, vaterländische Lieder und Tischgesänge eingeübt wurden. Mit dem achten Jahre begannen die Turnübungen, die von den Jünglingen in den Gymnasien fortgesetzt wurden. Auf äußeren Anstand ward sehr geachtet. Die Jünglinge höherer Stände wurden auch in die Lehren der Weisheit eingeführt und übten sich in der Beredsamkeit, um bereinst in der Volksversammlung als Redner auftreten zu können. Mit dem achtzehnten Jahre erhielt der nun mündig gewordene athenische Jüngling Schild und Speer und verpflichtete sich durch einen Eid zur Verteidigung des Vaterlandes. Nach einer zweijährigen Dienstzeit im Lande wurde er in die Bürgerrolle eingetragen, konnte zum Kriegsdienste außer Landes gebraucht werden und erhielt das Recht in der Volksversammlung aufzutreten. Zu den öffentlichen Ämtern wurde er erst mit dem dreißigsten Jahre wählbar.

Als Solon diese und andere weise Gesetze gegeben hatte, fanden sich doch viele, die damit unzufrieden waren. Besonders hatte die Schuldenerleichterung bei Armen und Reichen Unzufriedenheit erregt, da diese nur ungern von ihrem ausgeliehenen Gelde einen Teil verlieren wollten, jene aber eine gleichmäßige Verteilung des gesamten Grundbesitzes, wie sie Lykurg in Sparta eingeführt hatte, erwarteten. Täglich wurde Solon von Leuten bestürmt, die an den Gesetzen Abänderungen vorgenommen wissen wollten. Um diesen Zudringlichen zu entgehen, beschloß Solon sein Vaterland zu verlassen und aufs neue eine Wanderschaft in ferne Länder zu unternehmen. Zuvor ließ er jedoch die Athener schwören, seine Gesetze zehn Jahre hindurch unverändert zu befolgen, indem er hoffte, daß sie während dieser Zeit sich an die neue Gesetzgebung gewöhnen würden.

Auf seinen Reisen kam Solon nach Sardes, der Hauptstadt von Lydien in Kleinasien, wo damals der durch seine unermeßlichen Reichtümer berühmte Krösos herrschte und von vielen weisen Männern der damaligen Zeit besucht ward. Auch den Solon bewirtete Krösos freundschaftlich in seiner Burg und ließ ihn durch einen Diener in allen Schatzkam-

mern umherführen und ihm alle Herrlichkeiten zeigen. Als
Solon alles gesehen hatte, fragte ihn Krösos also:

„Mein Freund aus Athen, man hat uns schon viel von
dir erzählt, von deiner Weisheit und deiner Wanderung,
wie du, um die Welt zu sehen, voll Wißbegierde umher ge=
reiset. Nun hab ich großes Verlangen dich zu fragen, wen
du von allen Menschen, die du kennst, für den glücklichsten
hältst.“ Also fragte er in der Meinung, daß er der glück=
lichste wäre, Solon aber schmeichelte gar nicht, sondern redete
die Wahrheit und sprach: „Herr, den Tellos von Athen.“

Das nahm den Krösos Wunder, und er fragte voll Er=
staunen: „Und warum hältst du denn den Tellos für den
glücklichsten Menschen?“

Und Solon sprach: „Zum ersten hatte Tellos bei dem
blühendsten Zustande der Stadt edle und vortreffliche Söhne,
die alle wieder Kinder hatten, und die waren alle am Leben,
und zum andern, da er nach menschlicher Kraft ein glückliches
Leben geführt, so kam noch dazu ein glänzendes Ende. Denn
als die Athener wider ihre Nachbarn in Eleusis stritten, eilte
Tellos zur Hülfe herbei und schlug die Feinde in die Flucht
und starb den schönsten Tod. Und die Athener bestatteten
ihn auf öffentliche Kosten an demselben Orte, wo er ge=
fallen war, und erwiesen ihm große Ehre.

Als nun Solon so viel von Tellos großer Glückselig=
keit erzählte, ward Krösos immer begieriger und fragte: wer
denn der zweite wäre, denn er glaubte doch wenigstens die
zweite Stelle zu erhalten.

Solon aber sprach: „Kleobis und Biton von Argos.
Denn dieselben hatten, so viel sie bedurften, und dazu be=
saßen sie eine große Leibesstärke, so daß beide zugleich den
Kampfpreis davongetragen. Und dann erzählt man von ihnen
folgende Geschichte: Die Argiver feierten das Fest der Hera,
und die Mutter der Jünglinge mußte durchaus nach dem
Tempel fahren, aber die Rinder kamen nicht zu rechter Zeit
von dem Felde. Als nun keine Zeit zu verlieren war, spann=
ten sich die beiden Jünglinge selber vor und zogen den
Wagen und auf dem Wagen saß ihre Mutter. So fuhren
sie dieselbige einen Weg von fünfundvierzig Stadien bis zu
dem Tempel. Also thaten sie und die ganze Versammlung
war Zeuge der That. Da erlangten sie das beste Lebens=

enbe, unb es zeigte Gott baburch an, baß bem Menschen
bester sei zu sterben, benn zu leben. Denn bie Argiver, bie
umherstanben, priesen ber Jünglinge Gesinnung, bie Argi=
verinnen hingegen priesen bie Mutter selig, baß ihr solche
Kinder zu teil geworben. Aber bie Mutter, voll inniger
Freube über bie That unb bie Worte, trat vor bas Bilb
ber Göttin unb betete, baß sie bem Kleobis unb Biton, ihren
Kindern, bie ihr so große Ehre erwiesen, zu teil werben
ließe ben besten menschlichen Segen. Unb nach biesem
Gebet, nachbem man geopfert unb bas Mahl gefeiert, schliefen
bie Jünglinge ein in bem Tempel unb stanben nimmer wieber
auf, sonbern bas war ihres Lebens Enbe. Die Argiver
aber errichteten ihnen Bilbsäulen unb brachten bieselben als
Weihgeschenk nach Delphi, weil sie so gute Menschen gewesen."

Diesen gab also Solon bie zweite Stelle in ber Glück=
seligkeit. Krösos aber warb unwillig unb sprach: „Mein
Freunb von Athen, ist benn mein Glück bir so gar nichts,
baß bu nicht einmal mit geringen Bürgern mich gleich setzest?"

Solon aber sprach: „O Krösos, mich, ber ba weiß, wie
neibisch unb voller Wanbel bie Gottheit ist, mich fragst bu
um ber Menschen Schicksal? Denn ich setze bes Menschen
Alter auf siebenzig Jahre. Diese siebenzig Jahre machen
fünf unb zwanzig tausenb unb zweihunbert Tage, unb ba
rechne ich noch keinen Schaltmonb. Soll nun ein Jahr um
bas anbere noch einen Monb bazu haben, baß bie Zeiten
gehörig zusammentreffen, so geben bie siebenzig Jahre noch
fünfunbbreißig Schaltmonbe, bas macht tausenb unb fünfzig
Tage. Von allen biesen Tagen, bie auf siebenzig Jahr sechs=
unb zwanzig tausenb zwei hunbert unb fünfzig Tage betragen,
geht es uns nun an keinem einzigen gerabe so, wie an bem
anbern. Daher, o Krösos, ist ber Mensch eitel Zufall. Du
bist, wie ich sehe, gewaltig reich unb Herr über viele Völker;
bas aber, wonach bu mich fragst, kann ich bich nicht nennen,
bevor ich nicht erfahre, baß bu bein Leben glücklich beenbet.
Denn mit nichten ist ber Reiche glückseliger, als ber nur sein
tägliches Brot hat, wenn er nicht bas Glück hat, seinen
Reichtum zu genießen bis an sein Enbe. Viele, bie ba ge=
waltig reich sinb, leben nicht glücklich; aber vielen, bie nur
ihre Notburft besitzen, gehet es wohl. Unb ber überreiche,
aber unglückliche Mann hat nur in zwei Dingen Vorzüge

vor dem, welchem es wohl geht, dieser aber in vielen Dingen vor dem unglücklichen Reichen. Dieser nämlich kann eher haben, was sein Herz begehrt, und eher ertragen, wenn ein harter Schlag ihn trifft; jener aber hat das vor ihm voraus, obwohl er seine Gelüste nicht also stillen und einen Schlag nicht so leicht ertragen kann, daß sein Wohlergehen ihn davor bewahret; er ist gesund an seinen Gliedern, weiß von Krankheit und Leiden nichts, hat Freude an seinen Kindern und ist wohlgebildet. Kommt hiezu nun, daß er sein Leben gut beschließt, so kann er glückselig genannt werden in dem Sinne, wie du meinst. Vor seinem Ende aber muß man sich wohl hüten, daß man sage, er sei glückselig, sondern nur, es gehe ihm wohl. Es ist aber unmöglich, daß ein Mensch dieses alles zumal erlange, und so wie ein Land nicht alles hervorbringt, sondern das eine hat und Mangel leidet am andern, das aber, welches das Meiste hat, das hat den Vorzug: also ist auch ein Menschenleib sich selber nicht zur Genüge; das eine hat er, das andere bedarf er. Wer nun das Meiste bis an sein Ende hat und freudigen Mutes sein Leben beschließt, der, o König, verdient nach meiner Einsicht den Namen des Glückseligen. Bei jeglichem Dinge muß man auf das Ende sehen, wie es hinausgeht; denn vielen hat Gott das Glück vor Augen gehalten und sie dann gänzlich zu Grunde gerichtet."

Also sprach er zum Krösos, und weil er ihm gar nicht zu Willen redete, noch sich an ihn kehrte, ward er entlassen, und Krösos hielt ihn für sehr unverständig, weil er die Güter der Gegenwart nicht achtete, sondern sagte, man müsse das Ende eines jeden Dinges abwarten. Bald aber sollte Krösos erfahren, daß Solon die Wahrheit geredet hatte.

Zu Athen waren indessen während Solons Abwesenheit die früheren Parteien unter dem Volke wieder hervorgetreten. Als Solon nach zehnjähriger Abwesenheit wieder in seiner Heimat anlangte, wurde er zwar von allen Bürgern geachtet und geehrt, vermochte aber nicht, die in Parteien zerfallenen Athener auszusöhnen und zur Eintracht zurückzuführen. Auch war er schon hochbejahrt und zog sich von den Staatsgeschäften zurück. Er starb, als Pisistratos schon einige Zeit Tyrann von Athen war.

XII.
Pisistratos und seine Söhne.
(561—510 v. Chr.)

Die Parteien, die noch zu Solons Lebzeiten in Athen
entstanden, unterschieden sich nach der verschiedenen Beschaffen=
heit des Bodens von Attika in Bewohner der Ebene, an deren
Spitze Lykurgos stand, in die Bewohner der Küsten,
deren Anführer Megakles war, und in das Volk vom
Gebirge, zu dessen Haupt sich Pisistratos machte. Einst
ersann Pisistratos, der nach der Herrschaft strebte, diese List:
er verwundete sich selbst und seine Maultiere, und so kam
er auf den Markt gefahren, als wäre er so eben den Hän=
den seiner Widersacher entkommen, die ihn hätten umbringen
wollen, da er auf das Land gefahren sei, und bat das Volk
um eine Leibwache. Die Athener ließen sich täuschen und
gaben ihm eine Anzahl aus den Bürgern, die mit hölzernen
Keulen bewaffnet hinter ihm hergingen. Mit diesen machte
Pisistratos einen Aufstand und gewann die Burg. Von dieser
Zeit an herrschte er über die Athener, doch schaffte er die
bestehende Obrigkeit nicht ab, noch änderte er die Gesetze, son=
dern regierte die Stadt gut und vortrefflich nach ihrem alten
Rechte. (560 v. Chr.)

Bald aber vereinigten sich die Parteien des Megakles
und des Lykurgos und vertrieben ihn aus der Stadt, da
seine Herrschaft (Thrannis) noch keine tiefe Wurzeln geschlagen
hatte. Doch nach seiner Vertreibung machten Megakles und
Lykurgos von neuem einen Aufruhr gegen einander, und als
Megakles hart bedrängt war, ließ er dem Pisistratos durch
einen Herold entbieten: wenn er seine Tochter heiraten wolle,
so solle er wieder Thrann werden. Diese Bedingung nahm
Pisistratos an, und nun ersannen sie, um ihn heimzuführen,
eine List: In Athen war eine Frau, die vier Ellen weniger
drei Finger groß und von schöner Bildung war. Diese Frau
wappneten sie mit voller Rüstung und stellten sie auf einen
Wagen, angethan mit herrlichem Schmuck und fuhren sie nach
der Stadt. Vorausgesandte Herolde aber verkündigten: „Ihr
Athener, nehmt willig den Pisistratos auf, den Athene selber
ehrt vor allem Volk und ihn in ihre Burg heimführet!"

Die Leute glaubten, die Frau sei die Göttin selbst, beteten sie an und nahmen den Pisistratos wieder auf.

Als nun Pisistratos die Herrschaft wieder an sich gebracht hatte, heiratete er des Megakles Tochter. Aber zwischen ihm und seiner Frau entstand bald häuslicher Unfriede, in dessen Folge Megakles, der sich von Pisistratos verachtet glaubte, zornig ward und sich wieder mit seinem Gegner aussöhnte. Als Pisistratos ihre Absicht erfuhr, entwich er ganz aus dem Lande und ging nach Eretria. Hier sammelte er Geld und Mannschaft und im elften Jahre brach er von Eretria auf. Der erste Ort in Attika, den sie gewannen, war Marathon, wo er mit seinen Anhängern, die zu ihm stießen, ein Lager aufschlug. Anfangs achteten die Athener wenig auf Pisistratos; als sie aber erfuhren, daß er von Marathon her auf die Insel loskäme, zogen sie gegen ihn aus. Als beide Heere einander gegenüber lagerten, trat ein Seher an Pisistratos und sagte ihm den Spruch:

„Ausgespannt ist jetzo das Netz und der Hamen geworfen,
Und bald strömen hinein Thunfische bei nächtlichem Mondglanz.“

Pisistratos verstand des Spruches Sinn und sagte, er nehme ihn an, und führte sein Heer vorwärts. Die Athener lagen gerade und schliefen oder saßen beim Würfelspiel. Da fiel Pisistratos über sie her und schlug sie in die Flucht. Seine Söhne aber schickte er zu Pferde voraus, welche die Fliehenden einholten und sagten, die Athener sollten getrost sein und heimgehen, ein jeglicher in sein Haus. Das thaten sie, und so gewann Pisistratos zum dritten Male Athen und befestigte seine Herrschaft. Er regierte noch zwölf Jahre (bis 528 v. Chr.) voll Milde und Wohlthätigkeit; er beförderte den Wohlstand der Bürger, verschönerte die Stadt und ließ die Homerischen Gedichte sammeln und ordnen, die an den Festen öffentlich vorgetragen wurden.

Von den beiden Söhnen des Pisistratos folgte der ältere, Hippias, dem Vater in der Regierung, ohne daß jedoch der jüngere Hipparchos, von der Teilnahme an der Regierung ausgeschlossen war. Auch sie beherrschten in der Weise ihres Vaters die Athener mit Milde und achteten die bestehenden Gesetze, bis die Rache zweier Athener, des Aristogiton und Harmodios, dem Hipparchos das Leben raubte. Die Veranlassung zu dieser blutigen That war folgende:

Harmodios hatte sich dem Hipparchos bei einer schnöden Zumutung nicht willfährig bewiesen und dadurch den Unwillen des Tyrannen gereizt. Als sich nun des Harmodios Schwester bei einem feierlichen Aufzuge der athenischen Jungfrauen einstellte, um teil an dem Festzug zu nehmen, wurde sie von Hipparchos als unwürdig zurückgewiesen. Diese schmähliche Zurücksetzung entflammte Harmodios und seinen Freund Aristogiton zur Rache. Sie stifteten mit vielen vornehmen Jünglingen eine Verschwörung in der Absicht, die beiden Tyrannen am Feste der Panathenäen, wo alle Bürger bewaffnet erscheinen durften, zu ermorden.

In der Nacht vor dem Feste däuchte dem Hipparchos, es stände ihm zur Seite ein großer Mann, der zu ihm die rätselhaften Worte sprach:

„Duld, o Leu, wie unduldbar es sei, mit geduldigem Herzen,
Denn kein Frevler noch entging der vergeltenden Rache.“

Als es Tag war, legte er dies den Traumdeutern öffentlich vor, und darauf schlug er sich das Traumgesicht aus dem Sinn.

Am Tage des Festes ordnete er den Festzug außerhalb der Stadt, als die beiden Häupter der Verschworenen mit Dolchen versehen auf ihn zutraten. Zufällig unterhielt sich Hippias vertraulich mit einem anderen der Verschworenen. Deshalb glaubten jene ihr Vorhaben verraten und eilten in die Stadt, um wenigstens an dem Hipparchos Rache zu nehmen. Sie trafen ihn und töteten ihn auf der Stelle. Harmodios wurde von der Leibwache des Hipparchos gleich niedergehauen. Aristogiton entwischte, wurde aber eingefangen und unter vielen Martern hingerichtet (514 v. Chr.). Hippias regierte von nun an strenge und machte sich durch viele Hinrichtungen der ihm verdächtigen Bürger beim Volke verhaßt; die Athener aber richteten in der Folge dem Harmodios und Aristogiton als Tyrannenmördern Bildsäulen und feierten bei dem Feste der Panathenäen ihre That in einem Gesang.

Nach vier Jahren wurden die Athener von ihrem Zwingherrn befreit. Es hatte nämlich das mächtige Geschlecht der Alkmäoniden, der Nachkommen des Megalles, welches von den Pisistratiden vertrieben worden war, den Tempel zu Delphi wieder aufzubauen unternommen und ihn prächtiger hergestellt,

als es ausbebungen war. Dadurch hatten die Alkmäoniden
die Pythia vermocht, die Lacebämonier, so oft diese das Orakel
befragten, zu ermahnen, daß sie die Athener von ihrem Ty=
rannen befreien sollten. Da nun die Lacebämonier immer
benselben Spruch bekamen, so schickten sie enblich einen Feld=
herrn mit einer kleinen Flotte. Hippias hatte aber von dem
Einfalle Kunde, und seine Macht war durch thessalische Rei=
terei verstärkt, so daß er das Heer der Spartaner zurückschlug.
Balb aber kam Kleomenes, König von Sparta, mit einem
Landheere, schlug die thessalischen Reiter und belagerte die
Burg. Die Pisistratiden waren mit Speise und Trank wohl
versehen, und die Lacebämonier zu einer langen Belagerung
nicht geneigt. Nun aber begab sich ein Zufall, der für die
Lacebämonier günstig war. Nämlich die Kinder der Pisistra=
tiden, die aus dem Lande gebracht werden sollten, wurden
gefangen. Um die Kinder wieder zu erhalten, vertrug sich
Hippias mit den Athenern unter der Bedingung, binnen fünf
Tagen Attika zu verlassen. So wurde Athen der Tyrannen
lebig; Hippias ging nach Sigeon, zuletzt zum König von
Persien. (510 v. Chr.)

XIII.
Kyros, der Stifter des persischen Reiches.
(560—529 v. Chr.)

In den Gegenden südlich vom kaspischen Meere wohnten
die Meber, beren letzter König Astyages war. Dieser hatte
eine Tochter mit Namen Manbane. Einst träumte Astyages,
wie seine Tochter so viel Wasser ausgösse, daß die ganze
Stadt bavon erfüllt und ganz Asien überschwemmt warb.
Er legte den Traumdeutern sein Gesicht vor, und diese er=
klärten ihm, daß der Sohn seiner Tochter einst an Astyages
Stelle König werden würde. Um dieses von sich abzuwenden,
verheiratete Astyages seine Tochter an keinen Meber, der ihr
ebenbürtig war, sondern an einen Perser von guter Herkunft,
den er für viel geringer hielt, als einen Meber vom Mittel=
stande. Im ersten Jahre banach träumte Astyages abermals,
es wüchse aus seiner Tochter Schoß ein Weinstock empor,
der ganz Asien überschatte. Diesen Traum deuteten ihm die

Traumdeuter auf dieselbe Weise. Da ließ Astyages die Mandane aus Persien, wo sie verheiratet war, zu sich holen, und als sie einen Sohn bekam, befahl er dem Harpagos, der sein Verwandter und Vertrauter war, das Kind umzubringen. Da sich Harpagos nicht selbst zu der Mordthat verstehen wollte, übergab er den Knaben einem von Astyages Rinderhirten, mit dem Befehl, ihn in der wildesten Gegend des Gebirges auszusetzen, daß er so bald als möglich umkomme. Der Rinderhirt erfuhr aber des Kindes Herkunft und ließ sich von seiner Frau, die ein totgeborenes Kind hatte, bewegen, das tote Kind auszusetzen und den ihm übergebenen Knaben als seinen eigenen Sohn aufzuziehen. Damals hieß er aber noch nicht Kyros, sondern hatte einen andern Namen.

Als er zwölf Jahre alt war, spielte er einst im Dorfe mit andern Knaben seines Alters. Sie spielten König und wählten dazu den angeblichen Sohn des Rinderhirten; Kyros aber ordnete sie, die einen, daß sie Häuser bauten, die andern zu Lanzenträgern, diesen machte er zum Auge*) des Königs, jenem gab er das Amt, die Botschaften zu überbringen, kurz jedem setzte er sein eigenes Geschäft. Einer der Knaben, der Sohn eines vornehmen Meders, that nicht, was ihm geboten war, und Kyros ließ ihn ergreifen nnd züchtigte ihn mit derben Schlägen. Der Knabe klagte dies seinem Vater, und dieser lief mit dem Sohne voller Zorn zum Astyages, beschwerte sich über die schmähliche Behandlung und zeigte ihm seines Sohnes Schultern. Astyages ließ den Rinderhirten mit seinem Sohne holen und sagte zu dem Knaben: „Du, eines so geringen Mannes Sohn, hast dich erdreistet, den Sohn eines Mannes, der bei mir in großen Ehren steht, so schmählich zu behandeln?" Kyros sprach: „Herr, dem ist nichts als sein Recht geschehen, denn die Knaben im Dorfe spielten und setzten mich zu ihrem König; die andern Knaben thaten, was ihnen geboten war, der aber war ungehorsam und machte sich gar nichts aus mir. Dafür hat er seinen Lohn empfangen. Habe ich dafür Strafe verdient, siehe hier bin ich."

***

*) Die obersten Beamten wurden Augen und Ohren des Königs genannt.

Während der Knabe also redete, erkannte ihn Astyages auf einmal, denn die Züge des Gesichts däuchten ihm wie seine eigenen, die Antwort aber war die eines Edlen, auch traf die Zeit der Aussetzung mit dem Alter des Knaben zusammen. Der König blieb eine Zeit lang sprachlos, und als er wieder zu sich gekommen war, entließ er den Meder und seinen Sohn, Kyros aber und den Rinderhirten behielt er bei sich. Nun verhörte Astyages den Rinderhirten und darauf den Harpagos, und da beide die Wahrheit gestanden, erfuhr er den ganzen Hergang der Sache. Er verbarg jedoch seinen Zorn gegen den Harpagos, der seinen Befehl nicht vollzogen hatte, und schien sich sogar zu freuen, daß alles so schön gekommen wäre. Den Harpagos bat er, seinen Sohn zu schicken und dann selbst zu Tische zu kommen. Harpagos pries sich glücklich, daß sein Verfahren zum Guten ausgeschlagen war, und schickte seinen dreizehnjährigen Sohn, den einzigen, den er hatte, an den Hof des Königs. Astyages aber ließ den Knaben schlachten, in Stücke schneiden und das Fleisch braten. Bei Tische ward den andern Gästen Hammelfleisch, dem Harpagos aber das Fleisch seines eigenen Sohnes aufgetragen ohne Kopf, Hände und Füße, die in einem Korbe verdeckt lagen. Als nun Harpagos gesättigt zu sein schien, fragte ihn Astyages, ob ihm das Gericht gut geschmeckt hätte, und da Harpagos versicherte, es hätte ihm sehr gut geschmeckt, brachten die Diener den verdeckten Korb und hießen ihn denselben aufdecken und nehmen, was ihm beliebte. Harpagos that es und erblickte die Überreste seines Sohnes, doch verbiß er seinen Schmerz, und als ihn der König fragte, ob er wohl wüßte, von welchem Wildpret er gegessen, antwortete er, er wisse es sehr wohl, und was der König thue, das sei wohlgethan.

Dem Harpagos hatte nun Astyages eine solche Rache bereitet, den Kyros aber ließ er am Leben, weil ihm seine Traumdeuter sagten, daß sein Traum schon in dem Spiele der Knaben, die den Kyros zum Könige gewählt hatten, in Erfüllung gegangen sei. Daher fürchtete er keine Gefahr mehr von ihm, sandte ihn aber auf den Rat der Traumdeuter wieder zu seinen Eltern in das Land der Perser.

Als Kyros heranwuchs und wacker und beliebt war vor allen seinen Gespielen, lag ihm Harpagos an und sandte

ihm Geschenke, weil er großes Verlangen trug, Rache zu
nehmen an dem Astyages. Er machte daher mit Kyros, als
er erwachsen war, einen Bund. Zuvor aber überredete er
insgeheim die Fürsten der Meder, den Kyros zum König
einzusetzen und den Astyages vom Throne zu stoßen. Nun
ersann er eine List; er schnitt einem Hasen den Bauch auf
und legte einen Brief hinein, dann nähte er des Hasen
Bauch wieder zu und schickte den getreuesten Diener mit
einem Jagdnetz, wie einen Jäger, nach Persien mit dem
Auftrag, den Hasen an Kyros selbst abzugeben und zu be=
stellen, daß er ihn eigenhändig und ohne Zeugen aufschnitte.
In dem Briefe aber erinnerte Harpagos den Kyros an die
Absicht, die Astyages gehabt hatte, ihn zu töten, an das,
was Harpagos seinetwegen habe erdulden müssen, und er=
mahnte ihn, Rache zu üben an Astyages und die Perser zur
Empörung gegen ihn aufzureizen.

Als Kyros dies vernommen hatte, sann er nach, wie
er es wohl am klügsten anfinge, die Perser zur Empörung
zu bewegen. Darauf las er den Persern einen Brief vor
und befahl ihnen, daß sich jeder mit einer Sichel einfinden
sollte. Als sich alle Perser mit der Sichel einstellten, be=
fahl er ihnen, eine große Strecke Landes voller Dornen an
einem Tage zu roden. Nachdem die Perser ihr Tagewerk
vollendet hatten, gebot ihnen Kyros abermals, sich am fol=
genden Tage einzustellen. An diesem Tage bewirtete er das
Heer der Perser mit Speise und Trank auf das herrlichste.
Nach dem Essen fragte er sie, an welchem Tage es ihnen
besser gefallen hätte, gestern oder heute. Sie aber sagten,
das sei ein gewaltiger Unterschied, denn gestern hätten sie
es sehr schlecht, heute hingegen sehr gut gehabt. Darauf
sagte Kyros, wenn sie ihm folgen und von den Medern ab=
fallen wollten, sollten sie es immer so gut und noch viel
besser haben. Also machten sich die Perser frei.

Als aber Astyages von ihrem Abfall Kunde erhielt,
brachte er alle Meder in die Waffen und setzte thörichter
Weise zu ihrem Anführer den Harpagos. In dem Kampfe
gingen die meisten Meder zu den Persern über, und nachher
ward Astyages noch einmal überwunden und selbst gefangen.
Kyros war nun König, fügte aber seinem Großvater weiter
kein Leid zu, sondern behielt ihn bei sich. (560 v. Chr.)

Da Krösos, König von Lydien, den seit Solons Ab=
reise großes Unglück heimgesucht hatte, von dem Sturze des
Astyages, der sein Schwager war, hörte, gedachte er die
wachsende Macht der Perser zu vernichten, ehe sie zu mächtig
werden würden, und wollte die Göttersprüche versuchen, ob
er es wagen dürfte, gegen die Perser in den Streit zu ziehen.
Um sich jedoch zuvor von der Wahrhaftigkeit der Orakel zu
überzeugen, befahl Krösos seinen Boten, die er an verschiedene
Orakel sandte, am hundertsten Tage von ihrer Abreise aus
Sardes die Frage an die Orakel zu thun, womit jetzt gerade
Krösos beschäftigt sei. Was die übrigen Orakel antworteten,
wird nicht erzählt, das delphische aber gab den Spruch:

„Sieh', ich zähle den Sand, auch kenn' ich die Tiefen des Meeres,
Höre den Stummen sogar und den Schweigenden selber vernehm' ich:
Jetzo bringt ein Geruch in die Sinne mir, wie wenn vereinigt
Mit Lammfleisch zusammen in Erz Schildkröte gekocht wird:
Erz ist darunter gesetzt, Erz oben darüber gedecket.‟

An demselben Tage nämlich schnitt Krösos eine Schild=
kröte und ein Lamm in Stücke, kochte es zusammen in einem
ehernen Kessel und setzte einen ehernen Deckel darauf. Nun
suchte Krösos den delphischen Gott sich gnädig zu machen
durch reichliche Opfer und Geschenke von Gold und Silber
von ungeheuerem Werte, die er nach Delphi schickte. Den
Boten aber trug er auf, den Gott zu fragen, ob er gegen
die Perser in den Streit ziehen sollte. Er erhielt die Ant=
wort, daß er, wenn er gegen die Perser zöge, ein großes
Reich zerstören würde. Krösos freute sich über den Spruch
und hoffte nun ganz sicher, er würde des Kyros Reich zer=
stören. Daher beschenkte er alle Delphier und ließ zum
dritten Male fragen, wie lange seine Herrschaft dauern werde.
Der Gott antwortete:

„Wenn dem Meder dereinst als König gebietet ein Maultier,
Dann zartfüßiger Lyder, entfleuch zu dem steinigten Hermos!
Halte nicht stand, noch fürchte die Schmach feigherziger Eile!‟

Darüber hatte Krösos noch größere Freude, denn er
hoffte, ein Maultier würde nimmer König werden über die
Meder, und weder er noch seine Nachkommen würden das
Königreich verlieren.

Nun brach er auf und führte sein Heer über den Fluß
Halys; Kyros aber sammelte seine Scharen und zog ihm
entgegen. Es kam zur Schlacht, von beiden Seiten sanken

viele, doch blieb der Sieg unentschieden. Krösos zog nach
Sardes und entbot dahin seine Bundesgenossen für den
nächsten Frühling. Kyros ließ ihm jedoch keine Zeit dazu,
sondern zog auch nach Sardes. Obschon Krösos in große
Angst und Not geriet, führte er doch die Lyder in den
Streit; sie stritten zu Roß und hatten lange Spieße und
waren sehr geschickte Reiter. Krösos stellte sie in der großen
Ebene vor der Stadt auf, und als Kyros sie zum Kampfe
gerüstet sah, ward ihm bange vor ihrer Reiterei. Er stellte
daher auf den Rat des Harpagos alle seine Kamele voran
und gab noch den Befehl, das Leben des Königs zu schonen.
Als der Kampf begann, wendeten sich die Rosse der Lyder
zur Flucht, denn das Pferd kann weder den Anblick noch den
Geruch des Kamels ertragen. Die Lyder sprangen von
ihren Pferden und drangen zu Fuß auf die Perser ein. Da
nun von beiden Seiten viele gefallen waren, wurden zuletzt
die Lyder in die Flucht geschlagen. Hierauf wurden sie in
ihre Stadt eingeschlossen und belagert. Am vierzehnten Tage
erstiegen die Perser die Mauer an einer Stelle, die man
für unübersteiglich gehalten und deshalb nicht mit Wachen
versehen hatte, eroberten und verwüsteten die Stadt. Sogar
Krösos kam in Lebensgefahr, denn ein Perser, der ihn nicht
kannte, drang auf ihn ein und wollte ihn töten. Als aber
des Königs Sohn, der bis dahin stumm gewesen war, den
Perser auf seinen Vater losgehen sah, lösten Furcht und
Angst seine Zunge, und er sprach: „Mensch, töte den Krösos
nicht!" Das war sein erstes Wort, und seitdem konnte er
reden sein Leben lang. So war denn das Orakel in Er=
füllung gegangen, das Krösos einst über diesen Sohn er=
halten hatte.

„Lyder, wiewohl ein gewaltiger Fürst, doch thörichten Herzens,
Sehne dich nicht zu vernehmen in deinem Palast die erflehte
Stimme des sprechenden Sohnes. Das wird traun besser dir frommen;
Wisse, er redet zuerst an dem unglückseligsten Tage!"

Nach der Eroberung der Stadt ließ Kyros einen Scheiter=
haufen auftürmen und den Krösos in Ketten darauf setzen.
Da gedachte der unglückliche Mann der Worte Solons, kein
Mensch sei vor seinem Tode glücklich zu preisen; er seufzte
tief auf und rief dreimal: Solon! Kyros ließ ihn fragen,
wen er riefe, und Krösos sprach: „Einen Mann, von dem

ich wünschte, daß ihn alle Herrscher zu sprechen bekämen." Und da man noch weiter in ihn drang, erzählte er, wie vor Zeiten Solon, ein Mann aus Athen, zu ihm gekommen sei, der alle seine Herrlichkeit gesehen und für nichts geachtet habe, und was er gesagt, das sei nun alles eingetroffen. Kyros wurde gerührt, und es gereute ihn, einen Menschen, welcher einst im Glück und Herrlichkeit es ihm gleich gethan, lebendig dem Feuer zu übergeben. Der Scheiterhaufen aber brannte schon an allen Ecken, und als Kyros befahl, das Feuer zu löschen, vermochte es niemand. Da rief Krösos mit Thränen in den Augen zum Apollo, dem er so viele Geschenke gegeben, und flehte zu ihm, ihn aus dieser Not zu erlösen. Und plötzlich zog sich bei heiterer Luft und wolken= losem Himmel ein Gewölk zusammen, und es stürzte ein Wetter herab mit unendlichem Regen, daß der Scheiterhaufen gelöscht wurde. Daran erkannte Kyros, daß Krösos ein braver und gottgefälliger Mann war, behielt ihn als Freund bei sich und bediente sich oft seines Rates. Krösos aber sandte Boten nach Delphi und ließ dem Gotte seine Ketten zeigen, denn er hielt ihn für undankbar, weil die Orakel= sprüche so schlecht in Erfüllung gegangen wären. Die Pythia aber antwortete, daß es des Krösos Schuld sei, wenn er den Sinn der Sprüche nicht verstanden habe, denn der Gott habe nicht gesagt, ob er Kyros Reich oder sein eigenes zerstören werde, und auch den anderen Spruch habe er nicht verstanden, denn das Maultier, das über die Lyder herrschen sollte, sei Kyros, weil er von einem Perser und einer Mederin, also von Eltern ungleichen Stammes entsprossen sei. Als Krösos dies hörte, erkannte er, daß nicht der Gott, sondern er selbst an seinem Unglücke schuld sei.

Kyros übergab dem Harpagos ein Heer, mit welchem dieser das ganze westliche Kleinasien, wo die Pflanzstädte der Griechen lagen, unterwarf, während der König der Perser selbst Oberasien unterjochte. Am mächtigsten war das baby= lonische Reich mit der Hauptstadt Babylon. Diese Stadt bildete ein Viereck, von dem jede Seite 120 Stadien (3 geogr. Meilen) lang war. Sie lag zu beiden Seiten des Euphrat, der sie in zwei Teile teilte, welche durch eine steinerne Brücke in Verbindung standen. Die Ufer des Stromes waren mit einer Einfassung von Backsteinen versehen. In der Mitte des westlichen Teiles der Stadt am Euphrat stand der königliche Palast, in dem anderen Teile der Stadt erhob sich der Belustempel. Um die Stadt lief ein tiefer und breiter Graben, mit Wasser angefüllt und mit einer Einfassung von Backsteinen versehen, hinter demselben eine 200 Ellen hohe Mauer, die aus Ziegeln erbaut war und hundert Thore hatte. Eine zweite nicht viel schwächere Mauer lief inwendig herum.

Auf dem Zuge nach Babylon gelangte Kyros an den Fluß Gyndes, und als er versuchte über den Fluß zu gehen, wurde eines von den heiligen weißen Rossen ergriffen und vom Strome fortgerissen. Kyros ergrimmte über des Flusses Übermut und drohte ihm, er wolle ihn so klein machen, daß fortan Weiber hindurchwaten könnten, ohne sich die Knie zu benetzen. Und er ließ ab von dem Zuge nach Babylon und ließ den Strom in dreihundert und sechzig Gräben zerteilen. Einen ganzen Sommer brachte er mit dieser Arbeit zu. Jetzt zog er gegen Babylon, die Babylonier machten einen Ausfall, wurden aber überwunden und zogen sich in ihre Stadt zurück, wo sie sich auf viele Jahre mit Lebensmitteln versehen hatten, so daß sie die Belagerung wenig kümmerte, und Kyros in große Verlegenheit geriet. Endlich teilte er sein Heer, den einen Teil stellte er an die Stelle, wo der Fluß in die Stadt hineinläuft, den andern hinter die Stadt an die Stelle, wo der Fluß wieder herausfließt, und gebot dem Heere, durch das Flußbett in die Stadt zu bringen, sobald man den Fluß durchwaten könne. Kyros zog nun mit dem schlechtesten Teile des Heeres ab und leitete den Fluß in einen nahe gelegenen See, und als sich der Fluß verlief, konnte man das alte Bett durchwaten. Nun drangen die Perser in die Stadt, und schon waren die äußersten Teile derselben in Feindeshand, und die Babylonier, die in der Mitte wohnten, wußten noch gar nichts davon, sondern tanzten und feierten ein Fest, bis sie es denn zu ihrem Schrecken inne wurden.

Nach der Eroberung von Babylon beschloß Kyros gegen die Massageten zu ziehen, ein Volk jenseits des Araxes, der sich in das kaspische Meer ergießt. Die Massageten hatten

zur Königin Tomyris, deren Mann gestorben war. Zu
dieser sandte Kyros und gab vor, sich mit ihr vermählen zu
wollen. Tomyris aber erkannte, daß er nicht um sie, sondern
um der Massageten Königreich warb, und verbot ihm zu
kommen. Als die List nicht gelang, führte Kyros sein Heer
an den Araxes und baute Brücken über den Fluß und
Schiffe, um sein Heer hinüberzusetzen. Als er hiermit be=
schäftigt war, sandte Tomyris einen Herold und sprach:
„Laß ab vom Kriege und bleibe König über dein Volk; hast
du aber so großes Verlangen, dich mit den Massageten zu
messen, wohlan, so erspare dir die Mühe, die Brücken zu
schlagen. Wir wollen uns auf drei Tagereisen weit von
dem Flusse zurückziehen, und so komme herüber in unser Land.
Willst du uns aber lieber in deinem Lande erwarten, so
thue dasselbe."

Nach dieser Botschaft waren die Meinungen im Rate
des Kyros geteilt; die Einen rieten, die Massageten zu er=
warten, Krösos aber war der Ansicht, daß man in das Land
der Feinde ziehen müsse, und ersann eine Kriegslist, die
Kyros glücklich ausführte. Er zog über den Araxes eine
Tagereise weit in das Land, dann aber kehrte er zum Scheine
wieder um, doch ließ er ein herrliches Mahl von allerlei
Speisen und mit vielem ungemischten Weine im Lager zurück
und stellte die schlechtesten seiner Soldaten dabei auf. Hier=
auf kam ein Dritteil des Massagetenheeres, tötete die zurück=
gelassenen Soldaten, und als sie das Mahl bereit sahen,
setzten sie sich nieder und schmausten, bis sie, von Speise und
Wein gesättigt, einschliefen. Da aber fielen die Perser über
sie her, töteten viele, und nahmen außer vielen Anderen auch
den Sohn der Tomyris, den Spargapises, gefangen. Als
die Königin die Gefangennehmung ihres Sohnes erfuhr, sandte
sie einen Herold an Kyros, und sprach:

„Kyros, unersättlich in Blut, erhebe dich nicht dieses
Vorfalles, weil du durch die Frucht der Rebe, die euch selbst
rasend macht, durch solches Gift meinen Sohn überlistet und
in deine Hand bekommen hast, aber nicht im redlichen Kampfe.
Jetzt höre mein Wort, das ich dir wohlmeinend rate. Gieb
mir meinen Sohn wieder und ziehe heim aus meinem Lande
ohne Verlust, da du das Dritteil des Massagetenheeres ge=
schlagen hast. Wirst du das nicht thun, so schwöre ich dir

bei dem Sonnengotte, dem Herrn der Massageten, ich will dich sättigen mit Blut, so unersättlich du auch bist."

Kyros aber kümmerte sich nicht um diese Worte. Als Spargapises, der Tomyris Sohn, seines Unglücks sich bewußt ward, bat er den Kyros, ihm seine Bande abzunehmen, und da er der Bande lebig und seiner Hände mächtig war, brachte er sich um das Leben. Tomyris aber sammelte alle ihre Macht und zog gegen Kyros: da kam es zu einer mörderischen Schlacht, in der der Sieg lange Zeit unentschieden blieb, bis endlich, da viele Perser gefallen waren, die Massageten siegten. Kyros selbst war geblieben. Tomyris aber füllte einen Schlauch mit Menschenblut und steckte den abgehauenen Kopf des Kyros hinein, indem sie ihn schmähte und sagte: „Obwohl ich lebe und siegreich bin, hast du mich dennoch betrübt, da du meinen Sohn mit List gefangen hast; dafür will ich dich sättigen mit Blut, wie ich dir gedroht habe." (529 v. Chr.)

XIV.
Kambyses, König der Perser.
(529—522 v. Chr.)

Des Kyros Sohn und Nachfolger war Kambyses. Dieser schickte einst einen Herold an Amasis, König von Ägypten, und bat ihn um seine Tochter; Amasis aber gab eine andere Jungfrau für seine Tochter aus und schickte sie dem Kambyses. Bald wurde der Betrug entdeckt und aus Rache unternahm Kambyses einen Kriegszug gegen Ägypten, den jedoch Amasis nicht mehr erlebte. Nach seinem Tode folgte ihm Psammenitos als König von Ägypten. Zuvor schloß Kambyses ein Bündnis mit dem Könige der Araber, der ihm den Durchzug durch die arabische Wüste erleichterte und das Heer mit Trinkwasser versah. An der Mündung des Nil, bei Pelusium, wo sich das ägyptische Heer aufgestellt hatte, kam es zu einer blutigen Schlacht; und nachdem auf beiden Seiten eine große Menge gefallen war, wandten sich die Ägypter zur Flucht, und auch ihre Stadt Memphis mußten sie nach einer Belagerung den Persern übergeben. Mit dem ge-

fangenen Pfammenitos, deſſen Mut Kambyſes auf die Probe
ſtellen wollte, erlaubte er ſich ein grauſames Spiel.

Er legte ſeiner Tochter ein Sklavenkleid an und ſchickte
ſie mit einem Waſſerkruge nach Waſſer; zugleich mit ihr
ſandte er noch die Töchter der angeſehenſten Ägypter in derſelben Tracht, wie die Königstochter. Als die Jungfrauen
mit Schreien und Weinen bei ihren Vätern vorbeigingen, erhoben auch dieſe über das Elend ihrer Kinder laute Klagen
und weinten; Pfammenitos aber, als er ſeine Tochter gewahrte, blickte zur Erde. Nachdem die Waſſerträgerinnen
vorüber waren, ſchickte Kambyſes auch den Sohn des Pfammenitos mit zweitauſend andern Ägyptern vorbei, die alle,
einen Strick um den Hals, zum Tode geführt wurden. Die
Ägypter, die um ihren König ſaßen, weinten; Pfammenitos
aber richtete ſeinen Blick thränenlos zur Erde. Da kam
ein alter Mann von Pfammenitos Tiſchgenoſſen, der ſein
Hab und Gut verloren hatte und jetzt als Bettler das Kriegsvolk um Almoſen bat, und auch bei dem gefangenen König
vorbeiging. Als dieſer ihn ſah, weinte er laut, rief den
Namen ſeines Freundes und ſchlug ſich an den Kopf. Die
Wächter des Pfammenitos meldeten dem Kambyſes deſſen
Benehmen, und dieſer ließ den König der Ägypter fragen,
warum er bei dem Anblick ſeiner Tochter und ſeines Sohnes,
der zum Tode geführt worden ſei, nicht geweint, dieſen
Bettler aber, der doch nicht mit ihm verwandt ſei, ſo hoch
geehrt habe. Pfammenitos antwortete: „O Sohn des Kyros,
mein häusliches Unglück war zu groß, um darüber zu weinen,
aber das Elend des Freundes, der Hab und Gut verloren
hat und an der Schwelle des Alters zum Bettler geworden
iſt, war der Thräne wert.“

Die Antwort gefiel dem Kambyſes, und es wandelte
ihn ein Mitleiden an. Er befahl, den Sohn vom Tode zu
erretten und den Vater zu ihm zu führen. Doch den Sohn
fanden die Boten nicht mehr am Leben, denn er war zuerſt
hingerichtet worden; Pfammenitos aber lebte fortan, ohne
ein Leid zu erfahren, bei Kambyſes und wäre vielleicht
Statthalter von Ägypten geworden, wenn er nicht die
Ägypter gegen den Kambyſes zur Empörung gereizt hätte.
Dies ward entdeckt, und zur Strafe mußte Pfammenitos
Stierblut trinken und ſtarb auf der Stelle. Gegen den

Leichnam des Amasis wütete Kambyses auf frevelhafte Art; er ließ ihn geißeln, ihm die Haare ausreißen und alle mögliche Schmach zufügen.

Hierauf beschäftigten den Kambyses neue Kriegszüge gegen drei Völker: gegen die Karthager, Ammonier und Äthiopen wollte er zu Felde ziehen. Da aber die Phöniker den Zug gegen ihre Pflanzstadt verweigerten, unterblieb der Krieg gegen Karthago. An den König der Äthiopen sandte Kambyses Boten unter dem Vorwande, sein Freund werden zu wollen. Dieser aber merkte die List und gab den Kundschaftern einen äthiopischen Bogen mit den Worten: „Wenn die Perser einen so gewaltigen Bogen eben so leicht wie die ihrigen spannen können, dann mögen sie gegen die Äthiopen in den Streit ziehen; bis dahin mögen sie den Göttern danken, daß sie es den Äthiopen nicht in den Sinn gelegt haben, noch ein anderes Land zu dem ihrigen zu erobern."

Kambyses geriet bei dieser Nachricht in Zorn, und ohne sein Heer für den weiteren Marsch mit Lebensmitteln zu versehen, brach er auf. Als er nach Theben gekommen war, sonderte er 50 000 Mann von seinem Heere ab, mit dem Befehl, gegen die Ammonier zu ziehen und sie zu Sklaven zu machen; mit dem übrigen Heere setzte er seinen Zug gegen die Äthiopen fort. Noch nicht der fünfte Teil des Weges war zurückgelegt, als dem Heere schon sämtliche Nahrungsmittel ausgegangen waren. Dennoch dachte Kambyses an keine Rückkehr; die Perser verzehrten ihre Lasttiere, die jedoch nur auf wenige Tage ausreichten, dann fristeten sie ihr Leben mit Gras und Kräutern; als sie aber in sandige Gegenden kamen, verfielen sie, dem Mangel abzuhelfen, auf ein schreckliches Mittel: sie schieden allemal den zehnten Mann aus und verzehrten ihn. Da fürchtete Kambyses, sie möchten sich alle einander auffressen, und trat, nachdem er einen großen Teil des Heeres verloren hatte, den Rückzug an.

Auch der Zug gegen die Ammonier nahm ein unglückliches Ende. Auf dem Wege erhob sich einst zur Zeit, wo die Perser ihr Frühstück einnahmen, ein heftiger Südwind, der ungeheure Sandwirbel mit sich führte und die Perser verschüttete.

Als Kambyses nach Memphis kam, war gerade den Ägyptern der Apis erschienen, den sie als einen Gott ver-

ehrten, und sie feierten ein Freudenfest. Dieser Apis ist ein
Kalb mit folgenden Kennzeichen: Er ist ganz schwarz und
hat auf der Stirn einen dreieckigen weißen Fleck, auf dem
Nacken das Bild eines Adlers, in dem Schweif doppelte
Haare, auf der Zunge einen Käfer. Kambyses glaubte, daß
die Ägypter über sein Unglück jubelten, und ließ die Priester
vor sich kommen. Er schenkte aber ihrer Rechtfertigung keinen
Glauben und befahl ihnen, den Apis zu holen. Als ihn die
Priester brachten, zog er wie ein Rasender den Dolch und
wollte den Apis in den Bauch stoßen, traf aber den Schen=
kel. Da lachte er und sprach zu den Priestern: „O ihr
Dummköpfe, sind das Götter, die da Fleisch und Blut haben
und das Eisen fühlen? Dieser Gott ist der Ägypter würdig,
euch aber soll es übel bekommen, daß ihr mich zum Narren
gehabt habt!" Nun befahl er, die Priester zu geißeln und
jeden Ägypter, der das Fest feierte, zu töten. Das Fest
hatte somit ein Ende; der Apis starb an seiner Wunde und
ward von den Priestern heimlich begraben.

Schon vorher war Kambyses nicht recht bei Sinnen,
nach dem Tode des Apis aber geriet er in völlige Raserei
und wütete mit unmenschlicher Grausamkeit gegen die Glieder
seiner eigenen Familie. Seinen Bruder Smerdis hatte er
aus Neid nach Persien zurückgeschickt, weil er allein von allen
Persern den äthiopischen Bogen ungefähr zwei Finger breit
spannen konnte; jetzt aber sah Kambyses folgendes Traum=
gesicht: Es däuchte ihm, als käme ein Bote aus Persien
mit der Nachricht, wie Smerdis auf dem königlichen Throne
sitze und mit dem Haupte den Himmel berühre. Er fürchtete
daher, daß Smerdis ihn töten und König werden würde.
Um ihm zuvor zu kommen, schickte er den Prexaspes,
seinen getreuesten Diener, nach Persien, mit dem Befehl, den
Smerdis umzubringen. Als einst des Kambyses Schwester,
die zugleich seine Gemahlin war, mit dem Schicksal des
Smerdis Mitleid äußerte, trat er sie mit Füßen, so daß sie
an den Folgen der Mißhandlung starb.

Einst fragte Kambyses den Prexaspes, was wohl die
Perser von ihm hielten. „Herr," antwortete Prexaspes, „du
wirst allgemein sehr gelobt, nur dem Trunke, sagen sie, wärest
du sehr ergeben." Da geriet Kambyses in Zorn und sagte:
„Du sollst urteilen, ob die Perser wahr reden. Wenn ich

9*

deinen Sohn, der im Vorhof steht, mitten durch das Herz treffe, so ist offenbar, daß die Rede der Perser unbegründet ist, fehle ich aber, so sollen die Perser die Wahrheit reden, und ich will nicht recht bei Sinnen sein." Bei diesen Worten spannte er den Bogen und schoß nach dem Knaben, und als der Knabe fiel, ließ er ihn aufschneiden und den Schuß untersuchen, und da man fand, daß der Pfeil im Herzen stecke, ward er sehr fröhlich und sagte zu dem Vater des Knaben: „Prexaspes, daß ich nicht rasend bin, ist dir wohl klar geworden; nun aber sage mir, hast du schon in der ganzen Welt einen so guten Schützen gesehen?" Der Vater aber sah, daß Kambyses nicht bei Verstand war, und für sein eigenes Leben zitternd, sprach er: „Herr, ich glaube, ein Gott selbst kann nicht besser schießen."

Ein andermal ließ Kambyses zwölf vornehme Perser, die nichts verbrochen hatten, lebendig bis an den Kopf ein= graben. Dergleichen Unthaten verübte er viele in seiner Raserei gegen Perser und Bundesgenossen und trieb mit Heiligtümern und Götterbildern seinen Spott.

Unterdes empörten sich in Persien zwei Mager, die waren Brüder, und Kambyses hatte den einen von ihnen zum Verwalter seines Hauswesens zurückgelassen. Da Smer= dis Tod geheim gehalten wurde, und nur wenige Perser davon wußten, die meisten aber glaubten, er sei noch am Leben, so erhob Patizeithes, der eine Mager, seinen Bruder, der nicht nur dem ermordeten Smerdis sehr ähnlich war, sondern auch denselben Namen Smerdis führte, auf den königlichen Thron. Darauf sandte er Herolde in alle Länder mit dem Befehl, daß man fortan dem Smerdis, dem Sohne des Kyros, und nicht dem Kambyses zu gehorchen hätte. Der nach Ägypten bestimmte Herold traf den Kambyses und sein Heer auf der Heimkehr in Ekbatana in Syrien, trat in die Versammlung und verkündigte den Befehl der Mager. Als Kambyses die Worte des Heroldes vernahm, meinte er, er spräche die Wahrheit, und glaubte sich von Prexaspes, den er geschickt hatte, seinen Bruder Smerdis zu töten, hintergangen und sprach: „Prexaspes, hast du mir also das Geschäft ausgerichtet, das ich dir auftrug?" Dieser aber sprach: „Herr, das ist nicht wahr, daß dein Bruder Smerdis sich wider dich empört hat, denn ich selbst, nachdem ich deinen Befehl vollzogen, habe ihn mit eigenen Händen begraben." Bald kam Prexaspes der Sache auf den Grund, und auch Kambyses sah ein, daß sich der Mager Patizeithes und sein Bruder Smerdis wider ihn empört hatten.

Jetzt gedachte Kambyses seines Traumes, wie Smerdis auf dem königlichen Thron säße und mit dem Haupte den Himmel berühre. Er beweinte den Tod seines Bruders und brach gegen die Mager nach Susa auf. Als er sich auf das Pferd schwang, ging der Beschlag an seiner Dolchscheide ab, und der entblößte Dolch fuhr ihm in den Schenkel. Da ihm der Stoß tödlich schien, erkundigte er sich nach dem Namen der Stadt und erfuhr, daß sie Ekbatana heiße. Nun sah er ein, daß eine Weissagung, er werde in Ekbatana sterben, in Erfüllung gehe. Er aber glaubte, daß er in seiner Hauptstadt Ekbatana in Medien sterben würde, während die Weissagung Ekbatana in Syrien meinte. Zwanzig Tage nach seiner Verwundung berief er die Perser zu sich und ließ sie schwören, nicht zuzugeben, daß die Herrschaft wieder an die Meder komme. Bald darauf starb er. Prexaspes aber, für den es nach dem Tode des Königs gefährlich war, den Mord des Smerdis zu gestehen, leugnete hartnäckig die That.

XV.
Dareios, Sohn des Hystaspes.
(522—486 v. Chr.)

Nach dem Tode des Kambyses herrschte der falsche Smerdis (Pseudo-Smerdis) sieben Monate lang und bewies gegen alle seine Unterthanen eine außerordentliche Milde, indem er ihnen auf drei Jahre alle Abgaben erließ und sie von jedem Kriegszuge befreite. Doch erregte die strenge Zurückgezogenheit des Königs, der, stets in seiner Burg eingeschlossen, sich weder öffentlich zeigte, noch den angesehenen Persern den Zutritt gestattete, den Verdacht des Otanes, eines angesehenen Persers. Dieser Verdacht wurde bald zur Gewißheit erhoben. Es hatte nämlich einst Kyros dem Mager Smerdis eines Vergehens wegen die Ohren abschneiden lassen; das wußte Otanes, und als seine Tochter, eine von den Gemahlinnen des Königs, die Vermutung ihres Vaters, daß der König keine Ohren hätte, bestätigt fand, zeigte sie es ihm an, und Otanes war nun überzeugt, daß nicht Kyros Sohn, sondern der Mager Smerdis über die Perser herrsche.

Er teilte seine Entdeckung einigen andern Persern mit und stiftete mit ihnen eine Verschwörung zum Sturz des Smerdis. Der Verschworenen waren sieben, unter ihnen Dareios, der Sohn des Hystaspes. Während diese über die Ausführung des Vorhabens berieten, suchten die Mager den Prexaspes, der allein um die Ermordung des echten Smerdis wußte und ein hochgeehrter Mann unter den Persern war, für sich zu gewinnen und beredeten ihn, um das Volk desto sicherer zu täuschen, von einem Turme herab dem Volke kund zu thun, daß kein anderer als Smerdis, Kyros Sohn, König wäre. Prexaspes erklärte sich dazu bereit, bestieg den Turm und redete vor dem versammelten Volke. Er sprach von dem Geschlecht des Kyros und offenbarte zu= letzt den Persern, daß er auf Kambyses Befehl den Smerdis ermordet und nur aus Furcht vor der Gefahr bis dahin geschwiegen habe, und daß jetzt der Mager Smerdis über sie herrsche. Dann stürzte er sich, den Persern fluchend, wenn sie nicht die Herrschaft wieder an sich brächten und an den Magern Rache nähmen, von der Höhe des Turmes herab.

Schon waren auch die sieben Verschworenen auf dem Wege nach der Burg, als sie die That des Prexaspes er= fuhren. Otanes, betroffen durch den Vorfall, wollte die Ausführung des Mordplans verschieben; Dareios aber be= stand darauf, den günstigen Augenblick zu benutzen. Noch stritten sie, da erschienen sieben Paar Habichte, welche zwei Paar Geier verfolgten und zerrissen. Nach diesem glücklichen Zeichen gingen die Sieben im Vertrauen auf die Vögel nach der königlichen Burg.

Die Wachen ließen die fürstlichen Perser voll Ehrfurcht durch; auf dem Hofe aber suchten die Diener, welche dem Könige die Botschaft überbrachten, sie aufzuhalten, doch die Sieben durchbohrten sie mit den Dolchen und eilten im vollen Laufe nach dem Männersaal, wo sich die Mager befanden. Nach kurzer Gegenwehr wurden sie von den Verschworenen niedergemacht, die jetzt das Volk zusammenriefen und die Geschichte erzählten, indem sie zugleich die Köpfe der ermor= deten Mager vorzeigten. Da zogen alle Perser voll Wut

ihre Dolche und töteten alle Mager, wo sie nur einen fan=
den. Dieser Tag ward nachmals von den Persern unter dem
Namen Magermord festlich begangen.

Die sieben Verschworenen waren nun verschiedener Mei=
nung, ob sie den Persern wieder einen König geben, oder
dem ganzen Volke, oder auch einem Teile desselben die Herr=
schaft übertragen sollten. Endlich siegte die Meinung des
Dareios, des Sohnes des Hystaspes, wieder einen König zu
wählen, und sie beschlossen, einen aus ihrer eigenen Mitte
zum König zu machen. Sie verabredeten aber unter sich,
daß derjenige König werden sollte, dessen Pferd am andern
Morgen bei Sonnenaufgang vor der Stadt zuerst wiehern
würde.

Dareios hatte einen klugen Stallmeister, der durch eine
List zu bewirken versprach, daß das Pferd seines Herrn zuerst
wieherte. Als nun der Morgen dämmerte, stiegen die Perser
zu Pferde und ritten vor die Stadt; da wieherte des Da=
reios Roß, und zugleich kamen Blitz und Donner aus hei=
terer Luft. Diese Zeichen waren gleichsam eine Weihe des
Dareios; die andern sprangen von ihren Pferden, warfen
sich dem Dareios zu Füßen und begrüßten ihn als ihren
König.

Als Dareios König geworden war, vermählte er sich zur
Befestigung seiner Herrschaft mit zwei Töchtern des Kyros
und teilte dann das ganze Reich in zwanzig Satrapien oder
Statthalterschaften ein, von denen ihm jede einen bestimmten
Tribut entrichten mußte.

In der Zeit der Unruhen, wo der Mager herrschte, und
die Sieben eine Verschwörung gegen ihn stifteten, waren die
Babylonier abgefallen und hatten sich im Stillen zu einer
Belagerung vorbereitet. Als jetzt Dareios mit seiner ganzen
Macht gegen sie auszog, die Stadt zu erobern, erwürgten
die Babylonier die meisten ihrer Weiber, damit sie ihnen nicht
die Lebensmittel aufzehrten. Um die Belagerung kümmerten
sie sich gar nicht, sondern stiegen auf die Zinnen der Mauern,
tanzten und spotteten des Dareios und seines Heeres.

Bereits neunzehn Monate hatte die Belagerung gedauert;
Dareios und sein ganzes Heer ward mißmutig, weil man
trotz aller List und Klugheit nicht imstande war, Babylon

einzunehmen. Da ging im zwanzigsten Monat Zopyros, ein vornehmer Perser, zum Dareios und fragte ihn, ob ihm an der Eroberung Babylons sehr viel gelegen wäre, und als er hörte, daß dies dem König über Alles ging, überlegte Zopyros, wie er es sein könne, der die Stadt einnähme, daß sein die That wäre. Er fand aber, daß es auf keine andere Art möglich wäre, als wenn er sich selbst schmählich miß= handelte und zu den Babyloniern überginge. Da schnitt er sich Nase und Ohren ab und schor sein Haupt recht schänd= lich und geißelte sich, und so kam er zum Dareios. Der König aber ward sehr entrüstet, als er ihn so schmählich zu= gerichtet sah, sprang von seinem Throne auf und schrie laut und fragte, wer ihn so schmählich zugerichtet habe, und warum.

Zopyros aber sprach: „Kein Mensch als du hat Macht, mich so zu verstümmeln; auch hat es, o König, kein Fremder gethan, sondern ich allein; denn ich kann es nicht ertragen, daß die Babylonier der Perser spotten."

Er aber antwortete: „O du böser Mensch, der abscheu= lichsten That giebst du den schönsten Namen, indem du sagst, du habest dich der Belagerten wegen so heillos zugerichtet. Werden sich denn, du Thor, die Feinde schneller ergeben, weil du dich so schmählich entstellt hast? Bist du nicht ganz von Sinnen, daß du dich selbst verstümmelt hast?"

Zopyros aber sprach: „Hätte ich dir erst vorgelegt, was ich thun wollte, so hättest du es nicht zugegeben; nun habe ich es ganz auf eigene Hand gethan, und wenn du es jetzt nur an dir nicht fehlen lässest, so nehmen wir Babylon ein. Denn so wie ich hier bin, will ich zu ihnen in die Stadt übergehen und ihnen sagen, du hättest mir das angethan, und ich denke, sie werden glauben, daß dem also sei, und mir ein Heer anvertrauen. Du aber stelle am zehnten Tage von dem an gerechnet, wo ich in die Stadt gehe, gegen das Thor der Semiramis 1000 Mann von den Leuten deines Heeres, an deren Verlust dir am wenigsten gelegen ist; darauf an dem siebenten Tage von da an, stelle mir wieder 2000 Mann gegen das Ninische Thor; dann warte zwanzig Tage und schicke mir wieder gegen das Chaldäische Thor 4000 Mann; diese alle dürfen, wie die vorigen, keine anderen Waffen haben, als den Dolch. Nach dem zwanzigsten Tage aber befiehl dem übrigen Heere, die Stadt zu stürmen von allen Seiten; denn ich glaube, wenn ich solche Heldenthaten verrichtet habe, werden die Babylonier alles in meine Hände geben, und so auch die Thorschlüssel, und dann wollen wir, ich und die Perser, die Sache schon machen."

Darauf ging Zopyros auf das Thor zu und sah sich dabei von Zeit zu Zeit um wie ein wirklicher Überläufer. Als ihn die Wächter von den Türmen sahen, liefen sie herunter, machten den einen Thorflügel ein wenig auf und fragten ihn, wer er wäre, und was er wollte. Er aber sagte, er wäre Zopyros und käme als Überläufer zu ihnen. Da führten ihn die Thorwächter vor den Rat der Babylonier. Vor dem Rate aber klagte er und sagte, Dareios habe ihn so verstümmelt und zwar aus dem Grunde, weil er ihm geraten habe, mit dem Heere abzuziehen, da sich doch kein Weg zur Eroberung zeigte. „Und nun," sprach er, „komme ich, ihr Babylonier, euch zum größten Vorteil, dem Dareios aber und seinem Heere zum größten Schaden. Denn es soll ihm nicht so hingehen, daß er mich so schmählich zugerichtet hat: ich kenne alle seine Anschläge, wo er hinaus will."

Also sprach er. Als aber die Babylonier sahen, daß einer von den persischen Fürsten um Nase und Ohren gekommen und mit Geißelhieben und Blut bedeckt war, glaubten sie ganz gewiß, daß er die Wahrheit redete und gekommen wäre, ihnen beizustehen, und waren bereit ihm alles zu bewilligen, worum er sie bitten würde. Er aber bat um ein Heer, und als er das empfangen hatte, handelte er ganz nach der mit Dareios getroffenen Verabredung. Am zehnten Tage führte er das Heer der Babylonier hinaus, umzingelte die Tausend, die ihm Dareios hatte zuerst hinstellen sollen, und erschlug sie. Als die Babylonier sahen, daß seine Thaten seinen Worten entsprächen, waren sie in großen Freuden und bereit, ihm in allem zu Willen zu sein. Zopyros wartete nun die bestimmten Tage und führte dann wieder die Auserlesenen der Babylonier hinaus und erschlug die Zweitausend von dem Heere des Dareios. Als die Babylonier auch diese That sahen, war des Zopyros Ruhm in aller Munde. Er aber wartete wieder die bestimmten Tage und erschlug bei einem Ausfalle die Viertausend. Darauf machten die Babylonier den Zopyros zum Heerführer und Befehlshaber ihrer

Stabt. Als nun Dareios nach der Verabredung die Mauern
stürmen ließ, offenbarte Zopyros seine ganze List. Die Baby=
lonier stiegen auf die Mauer und wehrten das stürmende
Heer des Dareios ab. Zopyros aber öffnete zwei Thore und
ließ die Perser in die Stadt. Die Babylonier waren ver=
raten, und die Stadt ward zum zweiten Male von den
Persern eingenommen. Dareios ließ die Mauern schleifen und
dreitausend angesehene Babylonier ans Kreuz schlagen. Den
Zopyros aber setzte er zum Statthalter über Babylon, ohne
daß er Abgaben zu entrichten brauchte, und ehrte ihn noch
durch Geschenke bis an seinen Tod.

Nach der Eroberung von Babylon unternahm Dareios
einen Zug gegen die Scythen, die zwischen dem Tanais (Don)
und dem Ister (der Donau) in den Gegenden des heutigen
Südrußlands wohnten. Als sich Dareios gegen die Scythen
rüstete und über den thracischen Bosporus eine Brücke schla=
gen wollte, riet ihm sein Bruder Artabanos vom Zuge ab,
indem er ihm die Ärmlichkeit der Scythen vorstellte; doch
fruchtete sein Rat nichts und Dareios zog nach Beendigung
der Zurüstung von Susa ab. Da bat ihn der Perser Öo=
bazos, ihm einen von seinen drei Söhnen, die mit in den
Krieg zogen, zurückzulassen. Dareios versprach ihm, sie alle
drei da zu lassen, und Öobazos war in großen Freuden; der
König aber ließ die Söhne des Öobazos töten, und ihre
Leichname blieben zurück.

Dareios ging nun mit seinem Heere, das 700 000 Mann
stark war, über den Bosporus nach Europa und befahl den
Joniern, welche die Flotte von 600 Schiffen führten, bis an
den Ister zu fahren, eine Brücke darüber zu schlagen und
ihn dort zu erwarten. Das Schiffsheer segelte nach dem
Ister und schlug zwei Tagereisen von dem Ausflusse desselben
eine Brücke. Als Dareios mit dem Landheer übergesetzt war,
befahl er den Joniern die Brücke abzubrechen; aber auf den
Rat des Mitylenäers Koës nahm er den Befehl zurück und
ließ die Brücke stehen. Da band er sechzig Knoten in einen
Riemen und sprach zu den Joniern, die er als Wächter der
Brücke zurückließ: „Sobald ihr mich gegen die Scythen ab=
ziehen sehet, löset jeden Tag einen Knoten. Und wenn ich
in der Zeit nicht wieder da bin, sondern euch die Tage der

Knoten vergangen sind, so fahret heim in euer Vaterland: bis dahin aber bewachet die Schiffbrücke und wendet zu ihrer Verteidigung und Bewachung allen Eifer an. Wenn ihr das thut, werde ich es euch großen Dank wissen."

Inzwischen hatten die Scythen die benachbarten Völker um Hülfe gebeten, die ihnen aber nur von drei Völkerschaften zu teil geworden war. Sie vermieden jedes Treffen gegen die Perser und zogen, alles Land vor den heranrückenden Feinden verheerend, bis über die Grenze ihres Landes und lockten die Feinde, die mit beständiger Not kämpfend ihnen folgten, in eine Wüste, von wo sie sich plötzlich nach Westen wandten. Dareios schickte zu einem ihrer Könige, Idanthyrsos, Boten und ließ ihn auffordern, sich entweder zum offenen Kampf zu stellen, oder Erde und Wasser zum Zeichen der Unterwerfung zu geben. Der Scythe that keines von beiden und schickte einen Vogel, einen Frosch, eine Maus und fünf Pfeile, ohne eine weitere Antwort. Dareios deutete diese Zeichen auf Unterwerfung, der Perser Gobryas aber erklärte sie so: „Wenn ihr nicht Vögel werdet und in die Luft flieget, ihr Perser, oder Mäuse und in die Erde euch verkriechet, oder Frösche und in die Sümpfe springet, so werdet ihr durch diese Geschosse erlegt werden."

Als bald darauf das ganze Scythenheer zum Vorschein kam und sich in Schlachtordnung stellte, trat Dareios mit Anbruch der Nacht den Rückzug an und ließ die Kranken und Schwachen im Lager zurück. Vor seiner Ankunft am Ister erschienen aber die Scythischen Reiter an der Brücke und forderten die Wächter auf, die Brücke abzubrechen, da ja die sechzig Tage verflossen wären. Der Athener Miltiades, einer von den Wächtern der Brücke, riet, den Scythen zu folgen, damit durch den Untergang des Reiches die Joner befreit würden; aber Histiäos von Milet widersprach und bewies den übrigen, daß ihre Herrschaft sich auf die des Dareios stütze, und diese also erhalten werden müsse. So blieb die Brücke stehen, und der König, ohne auf seinem Rückzug von den Scythen gestört zu werden, gelangte glücklich mit seinem Heere über den Ister. Von Thracien aus reiste er nach Sardes; doch ließ er einen Feldherrn zurück, der ihm Thracien eroberte und den macedonischen König zur Unterwerfung zwang.

Dareios belohnte die Treue des Hiſtiäos dadurch, daß er
ihm die Herrſchaft Myrkinos am Strymon ſchenkte, wo jener
ſich eine Stadt baute. Bald aber wurde der König auf=
merkſam gemacht, daß die neue Gründung des Hiſtiäos ſeiner
eigenen Herrſchaft gefährlich werden könnte, und er berief ihn
nach Suſa, wo er ihn unter dem Namen eines Freundes
und Ratgebers bei ſich behielt.

Damals war Ariſtagoras, der Schwiegerſohn des
Hiſtiäos, Unterſtatthalter von Milet. Zu dieſem kamen einſt
vornehme Naxier, die von ihrer Inſel vertrieben worden
waren, und baten ihn, ſie mit Heeresmacht wieder in ihr
Vaterland zurückzuführen. Für ſich allein konnte Ariſtagoras
dieſe Unternehmung nicht durchſetzen, er wußte aber dem
Artaphernes, dem Oberſtatthalter der Küſtenländer, die
Sache ſo vorteilhaft darzuſtellen, indem er ihm Erſatz der
Kriegskoſten und die Eroberung der kykladiſchen Inſeln ver=
ſprach, daß dieſer eine Flotte von zweihundert Schiffen aus=
rüſtete, die mit dem nächſten Frühjahr unter dem Feldherrn
Megabates gegen Naxos aufbrachen. Unterwegs aber ent=
ſpannen ſich zwiſchen Ariſtagoras und Megabates Streitig=
keiten, bei welchen der letztere ſo ergrimmte, daß er heimlich
in der Nacht Boten nach Naxos ſandte, die den Naxiern die
ganze Unternehmung verrieten. Die hatten nun Zeit, ihre
Habe in die Stadt zu retten und die gehörigen Vorbereitun=
gen zu einer Belagerung zu treffen. Als die Perſer an=
kamen, richteten ſie nichts aus und mußten, nachdem ihnen
das Geld ausgegangen war, abziehen. Den Vertriebenen
bauten ſie eine Burg auf der Inſel.

Ariſtagoras war nun in großer Verlegenheit; er konnte
die Kriegskoſten nicht erſetzen und fürchtete den Verluſt ſeiner
Statthalterſchaft. Aus Furcht vor der Rache des Königs
ſann er auf Empörung, als zu derſelben Zeit auch aus Suſa
von Hiſtiäos die Aufforderung zum Abfall von Perſien an
ihn gelangte.

Hiſtiäos nämlich ertrug ſeine Haft am Hofe des Königs
mit ſchwerem Herzen. Er wünſchte eine Empörung der Mi=
leſier und hoffte, wenn dieſe ausbräche, zur Unterdrückung des
Aufſtandes von Dareios an das Meer geſchickt zu werden.
Er beſchloß alſo, den Ariſtagoras von Milet zur Empörung
aufzufordern. Da aber alle Wege beſetzt waren, ſo erſann er,

um dem Aristagoras die Anmahnung zukommen zu lassen,
eine List. Er schor einem Sklaven die Haare und schrieb ihm
die nötigen Zeichen, die zum Abfall reizten, auf den Kopf.
Nun behielt er den Sklaven so lange, bis die Haare wieder
gewachsen waren, und sandte ihn dann zum Aristagoras mit
dem Auftrage, die Haare abzuscheren und den Kopf zu besehen.

So brachte denn Aristagoras, sowohl aus eigenem An=
triebe, als auch von Histiäos dazu gemahnt, die Empörung
zustande. Er trat jetzt offen als Anführer auf, legte seine
Statthalterschaft nieder und vertrieb in ganz Jonien die
Tyrannen, indem er den Städten befahl, sich selbst einen
Obersten zu wählen. Um sich aber auch auswärtige Hülfe
zu verschaffen, reiste er nach Sparta zum damaligen König
Kleomenes und nahm eine eherne Tafel mit, auf welcher
der Umkreis der ganzen Erde mit dem Meer und allen
Flüssen eingegraben war. Er trug dem Kleomenes die Sache
vor, schilderte ihm die Perser und ihre Kampfweise als leicht
zu überwinden, beschrieb den Reichtum der Länder an Gold
und Silber und zeigte ihm auf der Tafel ihre Lage. Kleo=
menes beschied ihn nach drei Tagen wieder zu sich, und
Aristagoras fand sich am bestimmten Tage am verabredeten
Orte ein. Da fragte ihn Kleomenes, wie viel Tage man
vom Meere an bis zum König brauche, und Aristagoras gab
den Weg auf drei Monate an. Jetzt ließ ihn Kleomenes
nicht weiter zu Worte kommen und befahl ihm, die Stadt
noch vor Sonnenuntergang zu verlassen. Dennoch ging Ari=
stagoras mit einem Ölzweig als ein Schutzflehender noch ein=
mal in das Haus des Kleomenes, machte ihm große Ver=
sprechungen und bot ihm zehn Talente, wenn er sein Ver=
langen erfüllte. Da es Kleomenes abschlug, bot er immer
mehr, zuletzt fünfzig Talente. Da rief Kleomenes kleine
Tochter, die gerade zugegen war: „Vater, der fremde Mann
wird dich noch bestechen, wenn du nicht weggehst." Kleo=
menes ging in ein anderes Gemach, und Aristagoras mußte
Sparta unverrichteter Sache verlassen.

Er reiste zu den Athenern, die er um so leichter über=
redete, da sie gegen die Perser, welche ihnen den vertriebenen
Hippias als Tyrannen wieder aufbringen wollten, erbittert
waren. Von ihnen verlangte er eine Hülfeleistung von zwanzig
Schiffen, zu denen die Eretrier aus Euböa noch fünf hinzufügten.

Da nun alle Zurüstungen vollendet und die Bundesge=
nossen zur Stelle waren, machte Aristagoras einen Feldzug
gegen Sardes, ohne jedoch selbst mitzuziehen. Die Joner
kamen nach Sardes und nahmen die Stadt mit Ausnahme
der Burg, welche Artaphernes verteidigte, ohne Gegenwehr
ein. Zufällig ward aber ein Haus von einem Soldaten an=
gezündet, und da alle Häuser mit Rohr gedeckt waren, ver=
breitete sich das Feuer mit rasender Schnelligkeit und faßte
die ganze Stadt. Die eingeschlossenen Lyder liefen auf den
Marktplatz und setzten sich notgedrungen zur Wehr. Da
wichen die Joner bei Nacht zu ihren Schiffen zurück. Die
Feinde, denen die Perser jenseits des Halys zu Hülfe gekom=
men waren, drangen ihnen nach und schlugen sie in Ephesos.
Die übrigen zerstreuten sich in ihre Städte. Die Athener ver=
ließen Jonien und verweigerten ferneren Beistand. (500 v. Chr.)

Bei der Nachricht von diesen Vorfällen ergrimmte Dareios
nicht so sehr über die Joner als über die Athener; er nahm
einen Bogen und schoß einen Pfeil in die Luft mit den
Worten: „O Zeus, verleihe mir Rache an den Athenern!"
Einem Diener aber gebot er, ihm jedesmal bei Tafel dreimal
zuzurufen: „Herr, gedenke der Athener!" Den Histiäos zog
er zur Rechenschaft, der sich jedoch zu verteidigen wußte. In
den folgenden Jahren wurden die Städte an der Westküste
von Kleinasien von den Persern bezwungen; auch Milet
mußte sich, nachdem die Joner eine Seeschlacht bei der Insel
Lada (494) verloren hatten, ergeben. Darauf folgte die
Einnahme von Chios, Lesbos und Tenedos. Aristagoras
war nach Thracien entflohen und dort erschlagen worden.

Nach dem Aufstande der Joner beschloß Dareios einen
Rachezug gegen die Athener zu unternehmen und schickte den
Mardonios mit bedeutenden Streitkräften zu Wasser und
zu Lande nach Europa. Das Landheer ward auf Schiffen
über den Hellespont gesetzt und unterwarf die Macedonier,
die Flotte eroberte die Insel Thasos. Als sie aber um das
Vorgebirge Athos herumfuhr, erhob sich ein starker und hef=
tiger Nordwind, der die Schiffe wider den Felsen von Athos
warf. Bei dreihundert Schiffe und über zwanzigtausend
Menschen sollen dabei ihren Untergang gefunden haben. Auch
das Landheer war nicht glücklich; es ward bei Nacht von
den Brygern, einer thracischen Völkerschaft, überfallen, und

eine große Menge erschlagen. Mardonios selbst ward ver=
wundet und kehrte mit Schimpf und Schande nach Asien
zurück. (495.)

Dareios schob den unglücklichen Ausgang des Zuges
auf die Ungeschicklichkeit des Mardonios und beschloß, den
Kampf gegen Griechenland mit neuen Kräften fortzusetzen.

XVI.

Miltiades, oder die Schlacht bei Marathon.
(490 v. Chr.)

Miltiades war der Sohn des Cimon aus Athen. Er
befand sich unter der Zahl der Wächter, denen Dareios bei
seinem Zuge gegen die Scythen die Aufsicht der Brücke über
den Isterstrom anvertraut hatte. Damals war er Statthalter
des thracischen Chersonesos, eines Landes, welches unter
athenischer Botmäßigkeit stand. Wie sich nun bei jener
Veranlassung die Freiheits= und Vaterlandsliebe des Mil=
tiades zeigte, so hatte er schon früher Gelegenheit gehabt,
seiner Vaterstadt Athen zu nützen und ihre Macht zu er=
weitern. Es bestand von alten Zeiten her eine Feindschaft
zwischen den Athenern und den Bewohnern der Insel Lemnos.
Einst von den Athenern zur Unterwerfung aufgefordert,
hatten sie die spöttische Antwort gegeben: „Wenn ein Schiff
mit dem Nordwind den Weg von eurem Lande bis zu dem
unsern in einem Tage vollbringt, so wollen wir die Insel
übergeben." Da aber Athen von Lemnos nach Süden liegt,
so glaubten sie nicht, daß diese Bedingung jemals in Er=
füllung gehen würde. Aber nach einer langen Reihe von
Jahren, als Miltiades in der Chersonesos wohnte, segelte
er nach Lemnos und erinnerte die Lemnier an ihr altes Ver=
sprechen, denn nun seien die Athener mit dem Nordwinde von
ihrem Lande nach Lemnos gekommen. Nicht sowohl aus
Gewissenhaftigkeit, um ihr Versprechen zu halten, als aus
Furcht vor der Macht des Feindes übergaben die Lemnier
ihre Insel dem Miltiades, der auch noch mehrere andere
Inseln des Ägeischen Meeres den Athenern unterwarf. Da

er aber nach dem Feldzuge des Dareios gegen die Scythen in der Chersonesos nicht mehr sicher war, so begab er sich wieder in seine Vaterstadt Athen, wo er sich bald um seine Mitbürger und um die Griechen überhaupt das größte Verdienst erwarb.

Dareios nämlich, der von den Pisistratiden fortwährend gegen Athen aufgereizt wurde, rüstete sich zu einem neuen Zuge gegen Griechenland, und um die Gesinnung der griechischen Völkerschaften zu erforschen, sandte er Boten aus und ließ Erde und Wasser fordern. Doch nur die Inselbewohner gaben diese Zeichen der Unterwerfung. Über die Flotte und das Landheer setzte er diesmal den Datis und Arthaphernes als Feldherren mit dem Befehl, die Einwohner von Eretria und Athen in Ketten als Sklaven vor sein Angesicht zu bringen.

So brachen denn die beiden Anführer mit einem wohlgerüsteten Landheere und mit einer Flotte von sechshundert Schiffen auf und nahmen, um das gefährliche Vorgebirge Athos zu umgehen, den Weg mitten durch die Inseln des Ägeischen Meeres. Auf diesem Zuge wurde die Insel Naxos von den Persern erobert, Häuser und Tempel in Brand gesteckt und die Bewohner zu Sklaven gemacht. Die Insel Delos dagegen verschonten die Perser als Geburtsort der Gottheiten Apollo und Artemis, die auch ihnen heilig waren. Nun fuhr die Flotte auf die Insel Euböa zu und landete im Gebiete der Hauptstadt Eretria. Die Eretrier gingen aber nicht aus ihren Mauern hinaus, sondern verteidigten ihre Stadt, die von den Persern belagert wurde. Nachdem sie sechs Tage lang die heftigen Angriffe der Perser tapfer zurückgeschlagen hatten, fiel die Stadt am siebenten Tage durch den Verrat einiger Bürger den Persern in die Hände, die nun in die Stadt drangen, die Tempel plünderten und verbrannten und dem Befehle des Dareios gemäß die Einwohner zu Sklaven machten.

Einige Tage nachher segelten sie nach Attika, und der Pisistratide Hippias führte sie in die Ebene von Marathon, die der schicklichste Ort für ihre Reiterei war. Nach der Landung kam dem Hippias ein so gewaltiges Niesen und Husten an, daß ihm ein Zahn ausfiel auf die Erde und sich im Sande verlor. Dies sah Hippias als ein schlimmes Vorzeichen an und sagte: „Dieses Land ist uns nicht bestimmt, und wir werden es nicht in unsere Gewalt bekommen; was ich für Teil daran gehabt, das hat nun der Zahn dahin."

Als die Athener die Landung der Perser erfuhren, eilten sie ihnen nach Marathon entgegen. Es befehligten sie zehn Feldherren, die im Oberbefehl täglich der Reihe nach abwechselten; unter ihnen war auch Miltiades. Die Athener schickten in ihrer Not einen Schnellboten an die Spartaner mit der Bitte, ihnen schleunige Hilfe zu leisten und nicht zu gestatten, daß die älteste Stadt Griechenlands in die Knechtschaft der Barbaren geriete. Die Lacedämonier beschlossen den Athenern Beistand zu leisten; da es ihnen aber durch ein Gesetz verboten war, vor dem Vollmond ins Feld zu ziehen, so konnten sie nicht sogleich ausrücken, sondern warteten den Vollmond ab. Die Platäer aber, die unter Athens Schutze standen, schickten 1000 Mann.

Die Feldherren der Athener waren in ihrer Meinung geteilt, indem einige das athenische Heer für zu schwach hielten, um eine Schlacht zu liefern, die anderen dagegen für eine Schlacht stimmten. Unter den letzteren war auch Miltiades. Da er die Uneinigkeit der Feldherren sah, suchte er den Polemarchen (Kriegsobersten) Kallimachos für seine Meinung zu gewinnen. Er trat daher zu ihm und sprach:

„Bei dir, Kallimachos, steht es jetzt, ob du Athen in Knechtschaft setzen oder es befreien und dir ein Denkmal setzen willst für ewige Zeiten, wie selbst Harmodios und Aristogiton sich nicht gestiftet haben. So lange Athen steht, ist es nie in größerer Gefahr gewesen. Wenn wir den Persern unterliegen, so ist unser Schicksal entschieden, da wir dann dem Hippias preisgegeben sind; wenn aber die Stadt obsiegt, so kann sie leicht die erste aller griechischen Städte werden. Daß nun die Entscheidung darüber in deinen Händen liegt, will ich dir jetzt zeigen. Wir zehn Feldherren sind in unserer Meinung geteilt, da einige zur Schlacht raten, die anderen dagegen sind. Wenn wir nicht schlagen, so fürchte ich einen großen Aufstand, der die Gemüter der Athener umstimmt, so daß sie persisch werden; schlagen wir aber, ehe noch einige Athener auf schlechte Gedanken geraten, so sind wir imstande, mit der Götter Hilfe die Schlacht zu gewinnen. Dies alles hängt nur von dir ab. Willst du meiner Meinung beitreten, so ist das Vaterland frei und die Stadt die erste in Griechenland, trittst du aber auf die Seite derer, die gegen die Schlacht sind, so wird von all dem Guten, das ich dir vorgezählt habe, das Gegenteil geschehen."

Durch diese Rede brachte Miltiades den Kallimachos auf seine Seite und die Schlacht ward beschlossen. Obschon die anderen Feldherren an ihren Tagen dem Miltiades den Oberbefehl abtraten, so lieferte er doch die Schlacht nicht eher, als bis sein eigener Tag herankam.

Die Schlachtordnung der Athener in der Ebene von Marathon war aber folgende: Auf dem rechten Flügel stand der Polemarch Kallimachos mit den Athenern, auf dem linken Flügel waren die Platäer aufgestellt, die Schlachtordnung war der persischen an Länge gleich, in der Mitte aber nur wenige Reihen tief, während sie auf den Flügeln am stärksten war. Das Opfer fiel günstig aus, und nun rannten die Athener in vollem Lauf auf die Barbaren ein; die Perser rüsteten sich, sie zu empfangen und meinten, die Athener wären toll und müßten gänzlich vernichtet werden, da sie so schwach waren und ohne Reiterei und Schützen in vollem Rennen angriffen. Die Athener aber fochten heldenmütig, die ersten von allen Griechen, die den Anblick der Meder (Perser) und ihrer Kleidung aushielten, deren bloßer Name früher Schrecken einflößte. Lange Zeit dauerte der Kampf. Im Mittel= treffen siegten die Barbaren und durchbrachen die Reihen der Griechen, auf den Flügeln gewannen die Athener und Platäer die Oberhand. Nun zogen sie die Flügel zusammen und stritten gegen die, welche das Mitteltreffen durchbrochen hatten, und errangen den Sieg. Als die Perser flohen, jagten sie ihnen nach und hieben nieder, bis sie an das Meer kamen; da verlangten sie Feuer und legten Hand an die Schiffe. Der tapfere Kallimachos ward im Gedränge erschlagen, dem Kynegiros, der ein Schiff am Hinterteile faßte, wurde die Hand mit einem Beile abgehauen, und noch viele andere Athener fielen. Während der Verfolgung stürzte ein Athener im eiligen Lauf nach Athen hin und rief auf dem Markte: „Freuet euch, wir haben gesiegt!" und fiel tot nieder. Sie= ben Schiffe eroberten die Sieger, mit den übrigen fuhren die Perser um das Vorgebirge Sunion herum, in der Absicht, vor den Athenern nach der Stadt zu kommen. Die Athener aber zogen in vollem Lauf zur Verteidigung nach der Stadt und kamen vor den Barbaren an, worauf diese nach einem Verlust von 6400 Mann, während die Athener nur 192 verloren hatten, mit den gefangenen Eretriern nach Asien zurücksegelten. Gegen diese bewies sich Dareios sehr mild, er wies ihnen im Lande Kissia Wohnplätze an, wo sie sich noch lange Zeit mit ihrer eigenen Sprache erhielten.

Nach der Schlacht kamen auch die Spartaner in Eil= märschen an, und da sie zu spät gekommen waren, besahen sie wenigstens das Schlachtfeld und die gefallenen Perser. Nachdem sie die Athener und ihre That gepriesen hatten, gingen sie wieder nach Hause.

. Dem Miltiades erwiesen die dankbaren Athener große Ehre. Sie stellten in der sogenannten bunten Säulenhalle zu Athen, die mit Gemälden geschmückt war, sein Bild auf, wie er an der Spitze der Athener die Seinen anfeuert und die Schlacht beginnt. Sein Ansehen bei den Athenern stieg immer höher, und er war rastlos bemüht, den Athenern neue Vorteile zu verschaffen.

So bat er seine Mitbürger um Schiffe und Geld zu einer neuen Unternehmung, deren Zweck er ihnen jedoch ver= schwieg und ihnen nur Hoffnung auf reichliche Beute an Gold machte. Die Athener bewilligten seine Bitte. Nun fuhr er nach Paros und griff die Insel an unter dem Vor= wande, daß sie zuerst den Persern ein Schiff gegen die Griechen geliefert habe. Er belagerte die Stadt und schickte einen Herold hinein, den Pariern zu drohen, wenn sie nicht hundert Talente zahlten, würde er nicht eher wieder abziehen, bis er die Stadt eingenommen hätte. Doch die Parier ließen sich nicht schrecken und dachten nur an Verteidigung ihrer Stadt. Indes war Miltiades schon im Begriff, durch seine Belagerungswerke die Stadt zu erobern, als ein un= vorhergesehener Umstand sie rettete. Auf dem festen Lande von Asien geriet ein Wald in Brand, dessen Flamme auf Paros von Belagerern und Belagerten gesehen wurde. Beide Teile hielten sie für ein Feuerzeichen der zum Entsatz her= beieilenden persischen Flotte. Miltiades hob sofort die Be= lagerung auf, steckte seine Werke in Brand und kehrte, krank an seiner Wunde, die er beim Sturm auf Paros erhalten hatte, nach Athen zurück.

Hier klagten ihn die Athener der Verräterei an, da er, durch persisches Gold bestochen, die Belagerung aufgehoben hätte. Seine Wunden hinderten ihn, sich selbst zu verteidigen, deshalb hielt sein Bruder die Verteidigungsrede. Die Richter sprachen ihn zwar vom Tode frei, verurteilten ihn aber zu der Geldstrafe von 50 Talenten, die sie auf die Ausrüstung der Flotte verwandt hatten, und da er nicht imstande war, die Summe zu bezahlen, starb er im Gefängnisse als Opfer des Undanks seiner Mitbürger, die sich nicht von dem Verdachte losreißen konnten, als strebe er für sich nach der Herrschaft über Athen. (489 v. Chr.)

XVII.

Xerxes Zug gegen Griechenland.

Als die Nachricht von der Schlacht bei Marathon an den König Dareios kam, wurde sein Grimm gegen die Athener noch größer, und er rüstete sich zu einem neuen Zuge gegen Griechenland. Alle Städte in seinem weitläufigen Reiche mußten Heere rüsten, Kriegsschiffe, Pferde und Getreide stellen, in ganz Asien herrschte drei Jahre lang ein großes Getümmel. Doch im vierten Jahre empörten sich die Ägypter; als aber Dareios sich anschickte, die Empörung zu dämpfen, ereilte ihn der Tod, und er erlebte weder die Züchtigung der Ägypter noch die der Athener.

Sein Sohn und Nachfolger Xerxes hatte anfangs kein großes Verlangen, gegen Griechenland in den Streit zu ziehen, sondern sammelte ein Heer gegen Ägypten. Da aber Mardonios, der Unterkönig von Griechenland zu werden hoffte, den König fortwährend zur Unterjochung dieses Landes aufreizte und die Pisistratiden ihm alte Weissagungen kund thaten, „wie einst ein Perser eine Brücke über den Hellespont bauen würde", so ließ er sich zu einem neuen Feldzuge gegen Griechenland bereden, und im Kriegsrat des Xerxes wurde die Unternehmung beschlossen.

Nun begannen wieder ungeheure Rüstungen in dem Reiche, alle Statthalter sammelten Heere, und kein Winkel des festen Landes blieb verschont. Die Völker am Meere stellten Schiffe, die andern Fußtruppen, noch andern war die

Aushebung der Reiterei auferlegt. Vier Jahre dauerte die Rüstung, alle Völker führte Xerxes aus Asien, und das Heer war das zahlreichste, was die Welt jemals gesehen hat. Um die gefährliche Umschiffung des Vorgebirges Athos zu vermeiden, war schon seit drei Jahren daran gearbeitet, die Landenge zu durchgraben in einer Breite, daß zwei Dreiruderer neben einander durchfahren konnten. Zugleich wurde eine Brücke über den Strymon geschlagen.

Während dieser Arbeiten brach Xerxes mit dem Heere von Kappadocien auf nach der Stadt Sardes zu, die zum Sammelplatz der Landmacht bestimmt war. Auf diesem Zuge berührte er Phrygien und kam nach der Stadt Keläné. Hier wohnte Pythios, ein sehr reicher Lyder, der das ganze Heer und den Xerxes selbst auf's prächtigste bewirtete und dem König all sein Geld zur Führung des Krieges anbot. Schon dem Vater des Xerxes, Dareios, hatte er einen goldenen Platanenbaum und einen goldenen Weinstock geschenkt, und war noch immer der reichste Mann nach dem König. Voll Verwunderung fragte Xerxes den Pythios, wie viel Geld er hätte. Dieser sprach: „Herr, ich will es dir nicht verbergen, sondern der Wahrheit gemäß erzählen. Als ich von deinem Zuge hörte, wollte ich dir Geld zum Kriege geben und fand, daß ich 2000 Talente Silber habe und an Gold 4000000 Statern, weniger 7000. Das alles will ich dir schenken, ich habe doch noch genug zu leben von meinen Sklaven und Landgütern." Xerxes freute sich über die Rede und machte den Pythios zu seinem Gastfreund; das Geld nahm er jedoch nicht an, vielmehr schenkte er ihm aus Großmut noch 7000 Statern, damit dem Pythios an den 4000000 nichts fehle.

Aus Phrygien kam Xerxes nach Lydien und schlug den Weg nach Sardes ein. Hier fand er einen Platanenbaum, den er seiner Schönheit wegen mit einem goldenen Schmuck beschenkte und einen eigenen Wächter darüber setzte auf ewige Zeiten. Nach seiner Ankunft in Sardes sandte er Herolde gen Griechenland, um Erde und Wasser zu fordern und dem König die Mahlzeit zu bestellen, mit Ausnahme von Athen und Lacedämon. Um diese Zeit kamen auch Kundschafter der Griechen nach Sardes, das Heer auszuforschen; sie wurden aber im Lager ertappt, von den Hauptleuten gemartert und zum Tode verurteilt. Als aber Xerxes dieses erfuhr, ließ er die Kundschafter vor sein Angesicht kommen und befahl den Lanzenträgern, sie im Lager herumzuführen und ihnen alles zu zeigen. Er hoffte nämlich, daß die Griechen, wenn sie von den ungeheuren Rüstungen hörten, schon vorher ihre Freiheit aufgeben und ihm den Kampf ersparen würden.

Von Sardes schickte er sich an, nach Abydos zu gehen, denn es waren Brücken über den Hellespont geschlagen. Als sie jedoch fertig waren, erhob sich ein gewaltiger Sturm und zertrümmerte und zerstörte alles. Darüber ergrimmte Xerxes und befahl, dem Hellespont dreihundert Geißelhiebe zu geben und ein paar Ketten in die tiefe See zu versenken. Den Geißlern aber trug er auf, die rasenden Worte zum Hellespont zu sprechen: „O du bitteres Wasser, der Herr legt dir diese Strafe auf, weil du ihn beleidigt hast, da er dir doch nichts zu Leide gethan hat. Und der König Xerxes wird doch über dich gehen, du magst wollen oder nicht. Von Rechts wegen aber opfert dir kein Mensch, weil du ein trügerischer und salziger Strom bist." Die Baumeister an der Brücke aber ließ Xerxes enthaupten. Die Brücken wurden nun von anderen Baumeistern vollendet, und als alle Arbeiten fertig waren, zog das Heer von Sardes, wo es überwintert hatte, nach Abydos. Da nahte sich Pythios dem König und bat ihn um die Gewährung einer Bitte. Der König versprach sie und Pythios sagte: „Herr, ich habe fünf Söhne und sie müssen mit dir in den Krieg ziehen. Habe nun Erbarmen, o König, mit mir altem Manne, und befreie meinen Sohn, den ältesten, vom Kriegsdienste, die vier anderen mögen mit dir ziehen." Xerxes aber ergrimmte und antwortete: „O du schlechter Mensch, du wagst es, da ich doch selbst in den Streit ziehe mit meinen Söhnen und Brüdern, mit meinen Verwandten und Freunden, deines Sohnes zu gedenken, da du doch mein Knecht bist, der mich eigentlich mit seinem ganzen Hause und dem Weibe dazu begleiten müßte? Du sollst deine Strafe empfangen, doch weniger als du verdienst. Denn dich und deine vier Söhne rettet die Gastfreundschaft, doch der eine, an dem dir am meisten liegt, soll dir zur Strafe das Leben verlieren." Darauf befahl Xerxes, den ältesten Sohn des Pythios mitten durchzuhauen und die beiden Hälften, die eine zur Rechten, die andere zur

Linken des Weges hinzulegen, damit das Heer da hindurch gehen sollte.

Der Zug des Heeres war auf folgende Weise geordnet: Voran gingen die Lasttiere und das Zugvieh, nach diesen das ganze Heer von allerlei Volk ohne Unterschied bunt durcheinander; nach der ersten Hälfte war aber ein Zwischen= raum gelassen, daß sie nicht mit dem Könige zusammentrafen. Nun zogen voran 1000 auserlesene persische Reiter, hinter diesen 1000 Lanzenträger, sodann die zehn nisäischen Rosse, auf das schönste geschmückt. Dann kam der heilige Wagen des Zeus, von acht weißen Rossen gezogen, hinter den Pfer= den ging der Fuhrmann zu Fuß, der die Zügel gefaßt hatte, denn kein Mensch besteigt diesen Sitz. Hinter diesem kam Xerxes selbst auf einem Wagen, den nisäische Rosse zogen, und daneben ging der Fuhrmann; jedoch vertauschte Xerxes oft seinen Wagen mit einem bedeckten Reisewagen. Hinter dem König kamen 1000 Lanzenträger, die besten und edelsten Perser, dann noch 1000 auserlesene persische Reiter, denen 10 000 Mann zu Fuße folgten. Nun kamen 10 000 persische Reiter, und nach einem breiten Zwischenraume folgte der übrige Haufe bunt durcheinander.

Als das Heer in die Gegend des alten Ilion (Troja) gelangt war und am Fuße des Ida übernachtete, kam Blitz und Donner über das Volk und erschlug eine große Menge. Der Fluß Mäander hatte nicht Wasser genug für Menschen und Vieh und versiegte. Xerxes wünschte die alte Burg von Troja zu sehen und stieg hinauf, und als er sich alles hatte erzählen lassen, opferte er der Ilischen Athene 1000 Rinder, und die Mager gossen den Helden Trankopfer. Bei Abydos hielt der König eine große Musterung über das ganze Heer: er sah von einem Hügel aus auf einem erhöhten Sitze die Land= und Seemacht. Auch wurde ihm zum Vergnügen ein Seetreffen veranstaltet, in dem die Phönicier den Sieg da= vontrugen. Wie nun der König den ganzen Hellespont von Schiffen bedeckt und alle Küsten und alles Feld von Menschen wimmeln sah, pries er sich selig. bald darauf aber fing er an zu weinen, und als man ihn nach der Ursache fragte, sagte er: „Es jammerte mich, da ich bedachte, wie kurz das ganze Menschenleben ist, denn von allen diesen Leuten wird über hundert Jahre keiner mehr am Leben sein."

Bei dem Übergang über den Hellespont wurde vor Auf=
gang der Sonne allerlei Rauchwerk auf den Brücken ver=
brannt und der Weg mit Myrthen bestreut. Wie die Sonne
aufging, spendete Xerxes aus einer goldenen Schale Opfer=
trank in das Meer und betete zur Sonne, daß ihm kein
Unfall begegnen möge, der ihn in der Eroberung Europas
stören könnte, bis er an die äußerste Grenze dieses Landes
gelangt sein würde. Darauf warf er die Schale in den
Hellespont, dazu einen goldenen Becher und ein persisches
Schwert. Nun zogen die Scharen über die Brücken, auf
der einen das ganze Fußvolk und die Reiterei, auf der an=
dern die Dienerschaften und das Vieh. Der Übergang dauerte
sieben Tage und sieben Nächte ohne Unterlaß. Weiter auf dem
Wege erschien dem Xerxes ein großes Wunderzeichen, das er
aber keiner Aufmerksamkeit würdigte, so leicht es auch zu deuten
war: ein Pferd brachte nämlich einen Hasen zur Welt. Dies war
leicht so zu deuten: Xerxes wollte in aller Pracht und Herr=
lichkeit ein Heer gegen Griechenland führen, und er würde an
denselben Ort zurückkommen, wie ein Hase auf der Flucht.

Die Flotte segelte an der Küste vorbei, das Landheer
aber zog die Halbinsel hinauf und wandte sich dann west=
lich, bis es in die Ebene von Doriskos kam. Diese Gegend
schien dem Xerxes recht geeignet, sein Heer zu ordnen und
zu zählen, und die Schiffe mußten während der Zählung an
der Küste anlegen. Die Zählung wurde aber auf folgende
Art bewerkstelligt. Man trieb 10 000 Mann auf einen
Fleck, drängte sie so eng als möglich zusammen und beschrieb
dann einen Kreis um sie. Hierauf ließ man die Zehntausend
heraus und zog eine Verzäunung den Kreis entlang. Nun
wurden andere in den Kreis getrieben, allemal 10 000, bis
sie auf diese Art alle durchgezählt waren. Die Menge der
Landmacht zu Fuß betrug 1 700 000 Mann, dazu 80 000
Reiter, 20 000 auf Kamelen und Wagen; die Flotte be=
stand aus 1200 Kriegs= und 3000 Transportschiffen, welche
im ganzen über 517 000 Mann trugen. Rechnet man dazu
nun noch die Mannschaft, welche die Griechen, die sich dem
Xerxes unterwarfen, stellten, zu 300 000 Mann, so ergiebt
sich eine Zahl von mehr als $2^1/_2$ Millionen Menschen, ohne
die Diener, Köche und Weiber, welche dem Zuge folgten,
und deren Zahl sich eben so hoch belaufen haben soll.

Alle diese Völker, mehr als fünfzig, nahmen in ihrer eigentümlichen Tracht mit ihren eigentümlichen Waffen an dem Zuge teil. Unter ihnen waren Perser mit Tiaren und Hosen, Kissier mit Mützen, Assyrier mit geflochtenen ehernen Helmen, Inder mit baumwollenen Kleidern, Kaspier mit Pelzen, Sarangen mit gefärbten Mänteln und hohen Stiefeln bis an die Knie, Araber in weiten Oberkleidern, Äthiopier mit Panther- und Löwenfellen u. s. w.

Von Doriskos zog Xerxes durch Thracien über den Strymon, dem zu Ehren die Mager weiße Rosse schlachteten, und kam mit dem Heere in eine Gegend, von der er erfuhr, daß sie die Neun-Wege hieß. Deswegen wurden hier neun Knaben und neun Mädchen von den Landeseinwohnern lebendig begraben.

Von Thracien zog Xerxes nach Macedonien. Die Griechen, die das Heer bewirteten und dem Xerxes die schon lange Zeit vorher angesagten Mahlzeiten stellten, kamen in das größte Elend, so daß sie Haus und Hof verlassen mußten. Den Thraciern kostete die Bewirtung des Heeres und die Mahlzeit des Königs 300 Silbertalente. Ein Mann von Abdera riet seinen Landsleuten, den Göttern ihren Dank abzustatten, daß Xerxes nicht zweimal am Tage zu essen gewohnt wäre, denn wenn den Abderiten befohlen würde, ein eben solches Frühstück wie das Mittagsmahl anzurichten, so würden sie in das allergrößte Elend geraten.

Als Xerxes an der Grenze von Thessalien angekommen war und den Olympos und Ossa erblickte, hörte er, daß zwischen diesen Bergen der Fluß Peneos hindurchströme und sich ins Meer ergieße. Er besah sich daher den Ausfluß des Peneos und empfing dann die Herolde, die an die Griechen abgeschickt waren, von denen die einen mit leeren Händen, die andern aber mit Wasser und Erde zurückkehrten.

Nach Athen und Sparta hatte Xerxes keine Boten geschickt, weil die Athener und Spartaner die Boten, welche früher Dareios zu diesem Zwecke hingeschickt, in den Abgrund und in Brunnen geworfen hatten mit dem Bedeuten: daraus könnten sie dem König Erde und Wasser bringen. Deshalb schwebte der Zorn des Talthybios, des Heroldes Agamemnons, über den Lacedämoniern, und sie konnten lange Zeit kein günstiges Opfer erhalten. Darüber wurden die Lacedä-

monier jehr bekümmert und ließen den Ausruf ergehen, ob
ein Lacedämonier für Sparta den Tod leiden wollte, um
den Zorn des göttlich verehrten Talthybios zu versöhnen.
Da erboten sich Sperthias und Bulis, zwei Spartaner, dem
Xerxes für die ermordeten Herolde zu büßen. Sie reisten ab
nach Susa und kamen zu dem Hydarnes, einem Kriegsober=
sten alles Volks an der Küste von Asien. Dieser nahm sie
gastfreundlich auf und bewirtete sie. Bei dem Mahle fragte
er sie: „Ihr Männer von Lacedämon, warum sträubt ihr
euch denn, Freunde des Königs zu werden? Ihr seht ja an
mir und meiner Macht, wie der König wackere Männer zu
ehren weiß. Wenn ihr euch dem König ergäbet, würde er
einem jeden von euch eine Herrschaft in Griechenland geben.“

Darauf antworteten die Spartaner: „Hydarnes, auf
die Knechtschaft verstehst du dich, aber die Freiheit hast du
noch nicht gekostet, sonst würdest du uns raten, sie nicht bloß
mit der Lanze, sondern auch mit dem Beile zu verfechten.“

Als sie in Susa vor das Angesicht des Königs kamen,
ließen sie sich auf keine Weise bewegen, vor dem König nieder=
zufallen, sondern gaben einfach den Grund der Reise an,
für die ermordeten Herolde zu büßen. Der König aber war
großmütig und sandte sie, ohne an ihnen Rache zu nehmen,
nach Hause.

Jetzt rüsteten sich die Griechen und schickten auf den
Rat der thessalischen Gesandten ein Landheer zu Schiffe nach
dem Engpasse bei Tempe, der aus Macedonien nach Thessa=
lien führt. Hier lagerten sich ungefähr 10 000 Schwerbe=
waffnete, zu denen noch die thessalische Reiterei stieß. Bald
aber kamen Boten von dem macedonischen König Alexander,
die ihnen rieten, sich zurückzuziehen, sonst würden sie von
dem anrückenden Perserheere erdrückt werden. Deshalb fuhren
die Griechen wieder zu Schiff nach der Landenge von Korinth
(Isthmos) zurück, worauf sich die Thessalier dem Xerxes er=
gaben.

XVIII.

Leonidas, oder der Kampf bei Thermopylä.

(480 v. Chr.)

Auf der Landenge von Korinth oder dem Isthmos hielten die Griechen eine Versammlung und beschlossen, den Engpaß der Thermopylen zu verteidigen, um dem Xerxes den Eingang in das eigentliche Griechenland zu wehren. Die Flotte sollte während dieser Zeit ihren Standpunkt in der Nähe haben, bei Artemision, einem Vorgebirge an der Nordküste der Insel Euböa. Jener Engpaß war so schmal, daß an mehreren Stellen nur ein Wagen hindurchfahren konnte, im Westen erhob sich ein steiles Gebirge, eine Fortsetzung des Öta, im Osten wurde der Paß gleich von Morästen oder vom Meere begrenzt. In dem Passe sind warme Quellen, auch fanden sich damals noch die Reste einer alten Mauer, die einst dem Vorbringen der Thessalier Schranken gesetzt hatte. Die Griechen beschlossen, diese Mauer wieder aufzurichten und hier den anrückenden Feind zu erwarten. der an einem solchen Orte weder von seiner Menge noch von seiner Reiterei Gebrauch machen konnte.

Inzwischen wälzten sich die zahllosen Scharen des Xerxes wie eine ungeheure Woge durch Thessalien, und die Flüsse hatten nicht genug Wasser zum Trinken für das Heer. Endlich lagerte sich Xerxes im Lande der Malier vor dem Passe von Thermopylä, wo eine Schar von ungefähr 6000 Griechen hielt, die aus Arkadiern, Korinthiern, Thespiern, Thebanern und anderen Völkerschaften bestand. Den Kern des Heeres aber bildeten dreihundert tapfere Spartaner unter ihrem heldenmütigen König Leonidas, während die übrigen Spartaner zu Hause geblieben waren und erst ruhig das Fest der Karneen feierten.

Xerxes hatte schon in Thessalien gehört, daß sich bei den Thermopylen ein kleines Heer versammelt hätte, und schickte einen Kundschafter zu Pferde ab, um die Stärke des feindlichen Heeres auszuforschen. Als der Reiter an das Lager heranritt, überschaute er es nicht ganz, sondern nur die, welche außerhalb vor der Mauer lagen. Hier sah er, wie einige Männer turnten, andere aber ihr Haar ordneten und flochten. Xerxes, der dies von dem Kundschafter erfuhr, begriff nicht, daß sich diese Männer zum Siege oder zum Tode vorbereiteten, sondern hielt ihr Benehmen für lächerlich. Er wartete noch vier Tage mit dem Angriff, um den Griechen, die ihm wie Rasende vorkamen, Zeit zur Besinnung zu geben. Da sie sich aber nicht zurückzogen, gab er am fünften Tage den Medern und Kissiern den Befehl anzugreifen und die Griechen lebendig zu fangen und vor sein Angesicht zu führen. Die Meder und Kissier drangen wütend vor, aber eine Menge von ihnen fiel und sie litten beträchtlichen Verlust. Da sah der König ein, daß er wohl viele Menschen, aber wenig Männer im Heere hatte. Als das Treffen den ganzen Tag gedauert hatte, und die Meder hart zugerichtet waren, rückte Hybarnes mit der Schar der 10000 Unsterblichen vor und hoffte bald mit den Feinden fertig zu werden. Doch auch sie richteten nichts aus, denn sie konnten in dem engen Passe ihre kurzen Speere wenig gebrauchen und auch von ihrer Übermacht keinen Nutzen ziehen. Die Lacedämonier aber fochten als tapfere und kriegskundige Männer; zuweilen wandten sie den Persern den Rücken und flohen: wenn dann die Feinde ihnen nachjagten, schwenkten sie um und rückten ihnen entgegen, wobei sie eine Menge der Perser erschlugen, obschon sie selbst nur wenig Leute verloren. So mußten sich auch die Perser unverrichteter Sache wieder zurückziehen. Während des Handgemenges soll Xerxes, der dem Gefechte zusah, dreimal von seinem Stuhle aufgesprungen sein, aus Besorgnis für sein Heer. Am folgenden Tage griffen die Feinde an in der Hoffnung, die Griechen würden, da ihrer so wenig waren, alle verwundet und nicht mehr imstande sein, einen Arm zu rühren. Aber sie standen in ihren Gliedern und fochten, während die Phoker den Fußweg bewachten. Auch an diesem Tage zogen sich die Perser ohne Erfolg zurück.

Schwerlich hätten die Perser den Paß erobert, wenn nicht ein Grieche, Ephialtes, dem Xerxes in seiner Verlegenheit den Fußpfad über das Gebirge verraten und seine Landsleute ins Verderben geführt hätte. Dafür setzten die Griechen in der Folge einen Preis auf seinen Kopf, und Ephialtes ward zum Lohn seines Verrats späterhin erschlagen.

Xerxes aber nahm den Vorschlag des Ephialtes freudig auf und ließ zur Abendzeit den Hydarnes mit den Unsterblichen aus dem Lager aufbrechen. Nun zogen die Perser die ganze Nacht hindurch über das Gebirge, und mit Anbruch der Morgenröte befanden sie sich auf der Höhe, wo 1000 schwergerüstete Phoker den Pfad bewachten. Als diese das Laub unter den Füßen der anziehenden Perser rascheln hörten, und ein großes Geräusch entstand, legten sie ihre Rüstungen an, und bald drang ein dichter Pfeilregen auf sie ein, so daß die Phoker auf den Gipfel des Berges flohen und sich zum Tode bereiteten. Hydarnes zog jedoch, ohne sich um sie zu kümmern, den Berg hinab.

Den Griechen bei Thermopylä hatte schon ihr Wahrsager Megistias, wie er die Opfer betrachtete, vorhergesagt, daß sie am Morgen ihren Tod finden würden. Bald erfuhren sie auch durch Späher, daß die Perser über den Berg zogen. Nun hielten sie einen Kriegsrat, und ihre Meinungen waren geteilt, da ein Teil abziehen, die andern den Platz nicht verlassen wollten. Darauf trennten sie sich, und ein Teil zog ab; dem Leonidas aber und seinen Spartanern geziemte es nicht, den Platz zu verlassen, zu dessen Verteidigung sie abgesandt waren, zumal da die Lacedämonier gleich im Anfange des Krieges den Orakelspruch erhalten hatten, entweder würde Lacedämon von den Feinden zerstört werden, oder ihr König würde fallen. Dieser Spruch lautete also:

Euch, o ihr Bewohner der räumigen Stadt Lacedämon,
Wird entweder die Stadt, die hochgepriesene, fallen
Durch das persische Volk; wo nicht, so beweint Lacedämon
Eines Königs Fall, der entsproß dem Stamm des Herakles.

Leonidas schickte selbst die Bundesgenossen weg, weil er den Spartanern allein den Ruhm verschaffen wollte, nur die Thebaner behielt er wegen ihrer verdächtigen Gesinnung als Geiseln zurück; die Thespier blieben aus freien Stücken mit freudigem Herzen da und starben mit den Spartanern.

Xerxes rückte am Morgen mit seinen Scharen vor, auch die Griechen unter Leonidas gingen, da sie nun in den Tod zogen, weiter vor in die Breite der Schlucht. Im Handgemenge fiel eine Menge der Feinde, die von ihren Hauptleuten mit Geißelhieben in den Kampf getrieben wurden; viele stürzten

ins Meer und ertranken, noch mehr wurden lebendig von
den andern zertreten. Die Griechen aber, da ihnen der Tod
gewiß war, setzten alle ihre Kraft daran und schonten weder
ihr noch der Feinde Leben. Den meisten waren schon ihre
Lanzen zerbrochen; da gingen sie mit den Schwertern den
Persern zu Leibe. Leonidas fiel nach heldenmütigem Kampfe
im Getümmel und mit ihm viele tapfere Spartaner. Unter
den vielen Persern, welche hinsanken, waren auch zwei Brüder
des Xerxes. Um den Leichnam des Leonidas aber entstand
ein großes Gedränge der Perser und Lacedämonier, bis ihn
die Griechen durch ihre Tapferkeit fortbrachten und die Feinde
viermal in die Flucht schlugen. Aber mit der Ankunft der
Perser, denen Ephialtes den Weg gezeigt hatte, gewann der
Kampf eine andere Gestalt. Die Griechen zogen sich wiederum
in die Enge des Weges hinter die Mauer zurück und scharten
sich auf einen dichten Haufen zusammen, doch ohne die The=
baner. Hier wehrten sie sich mit den Schwertern, und mit
Hand und Mund, aber die Feinde begruben sie unter ihren
Schlägen und umringten sie von allen Seiten. Als aber
die Thebaner, die nur gezwungen mitfochten, sahen, daß die
Perser die Oberhand gewannen, gingen sie zu den Feinden
über, da sie den Persern günstig gesinnt waren und gleich
Erde und Wasser gegeben hatten. Sie retteten zwar ihr
Leben, doch wurden die meisten mit dem königlichen Wappen
gebrandmarkt.

Die viertausend Griechen aber wurden an der Stelle
begraben, wo sie fielen, und für sie eine Denksäule mit der
Inschrift errichtet:

„Mit dreihundertmal Zehntausenden kämpften einstmals
Hier viertausend Mann Peloponnesiervolk.“

Für die Spartaner insbesondere gilt folgende Inschrift:

„Fremdling, melde dem Volk Lacedämons, daß wir hier liegen,
Weil im Gehorsam wir seine Gebote befolgt.“

Am tapfersten soll sich der Spartaner Dienekes gezeigt
haben. Schon vor dem Kampfe, als er hörte, daß, wenn
die Perser ihre Geschosse abschleuderten, die Sonne von der
Menge der Pfeile verdunkelt werden würde, sagte er: „Nun
schön, so werden wir im Schatten fechten.“ Zwei von den
dreihundert Spartanern waren von Leonidas wegen einer
sehr schlimmen Augenkrankheit entlassen worden, aber bei der

Nachricht von dem Verrate des Ephialtes kehrte der eine,
Eurytos, freiwillig zurück und starb im Kampfe, der andere
aber, Aristodemos, ging nach Sparta und fiel dort in Schimpf
und Unehre. In der Schlacht bei Platäa tilgte er seine
Schuld wieder aus. Ein anderer, der den Kampf überlebte
und bei seiner Ankunft in Sparta auch in Unehre fiel, er=
hängte sich aus Verzweiflung.

Nach dem Kampfe besichtigte Xerxes die Leichname und
ließ dem des Leonidas den Kopf abhauen und ihn ans Kreuz
schlagen, um zu zeigen, daß er gegen keinen Menschen so er=
grimmt gewesen, als gegen den Leonidas: denn sonst ehrten
die Perser auch an dem Feinde die Tapferkeit sehr hoch.

Nun zog Xerxes durch Thessalien und Doris in die Land=
schaft Phokis, wo die Perser alles mit Feuer und Schwert
verwüsteten. Als sie sich aber am Heiligtume zu Delphi
vergreifen wollten, erhob sich ein heftiges Ungewitter, und die
Delphier erschlugen vom Gebirge herab viele mit Steinen.
Die stärkste Abteilung des Heeres war nach Böotien gezogen,
wo die Städte Thespiä und Platäa wegen ihrer Anhäng=
lichkeit an die gemeinsame Sache der Griechen von den Per=
sern in Brand gesteckt wurden.

XIX.

Themistokles, Griechenlands Retter. Aristides. Die Schlachten bei Artemision und Salamis.

(480 v. Chr.)

Doch alle Tapferkeit zu Lande wäre zuletzt gegen die
zahllosen Scharen des Xerxes fruchtlos geblieben, wenn nicht
der Mut und die edelmütige Aufopferung der Athener alle
Griechen zum gemeinsamen Kampfe zur See verbunden hätte.
Unter den Athenern aber war ein Mann, der mit richtiger
Einsicht erkannte, daß nur zur See den Persern erfolgreicher
Widerstand geleistet werden könne, und dem deshalb der
Ruhm, Griechenlands Retter zu sein, mit vollem Rechte ge=
bührt. Dieser Mann war Themistokles. Er war der
Sohn des Neokles und stammte aus einem berühmten Ge=
schlechte. Schon als Knabe war er lebhaften Geistes und

voll kühner Entwürfe; die Spiele und Erholungen seiner Alters=
genossen verschmähte er und beschäftigte sich dagegen eifrig
mit der Verfertigung gerichtlicher Reden, indem er Fälle er=
dichtete, in denen er andere Knaben anklagte oder verteidigte.
Daher sagte einst sein Lehrer zu ihm: „Aus dir, o Knabe,
wird einmal nichts Geringes werden, sondern etwas recht
Gutes oder etwas recht Schlechtes.“ Zu den Künsten und
Wissenschaften, die nur zum Vergnügen oder zur feineren
Bildung dienen, zeigte er keine Lust, namentlich war er der
Musik ganz unkundig. Wenn er sich daher später als Jüng=
ling in einer Gesellschaft befand und ihm von andern die
Lyra oder Cither zum Spielen gereicht wurde, lehnte er sie
ab und sagte: „Die Lyra und Cither zu spielen verstehe ich
nicht, aber eine kleine Stadt groß und berühmt zu machen,
das verstehe ich.“ Sein ganzes Dichten und Trachten war
auf das Kriegswesen und die Verwaltung des Staates ge=
richtet, und nur, was darauf Bezug hatte, betrieb er mit
Eifer und Nachdruck. Sein Inneres durchglühte die Begierde
nach Ruhm. Als durch den Sieg bei Marathon Miltiades
Name vor allen Griechen verherrlicht ward, sah man ihn in
Gedanken versunken einhergehen, die Nächte schlaflos zubringen
und die Trinkgelage seiner Freunde vermeiden. Wenn er
nach der Ursache dieser plötzlichen Veränderung gefragt wurde,
antwortete er: „Das Siegesdenkmal des Miltiades läßt mich
nicht schlafen.“ Während das Volk glaubte, daß die Nieder=
lage der Barbaren bei Marathon das Ende des Krieges sei,
sah Themistokles darin nur den Anfang zu größeren Kämpfen.
Sein größtes Verdienst war die Gründung der athenischen
Seemacht, denn gerade diese war es, wodurch Xerxes besiegt
ward. Es gehörte aber die Beredsamkeit des Themistokles
dazu, die Athener zum Bau einer Flotte zu bewegen und
es traf ihn von Seiten vieler Gegner der Vorwurf, daß er
dem Volke Speer und Schild genommen und es auf die
Ruderbänke verbannt habe. Dennoch gelang es ihm auf
folgende Weise.

Die Athener pflegten die Einkünfte des laurischen Berg=
werks unter die einzelnen Bürger zu verteilen. Themistokles
beredete sie, diese Einkünfte zum Bau von 300 Dreiruderern
zu verwenden, indem er den Krieg gegen die Einwohner der
Insel Ägina, den Athen damals führte, zum Vorwand nahm.

So wurde auf seinen Rat die Flotte gebaut, die Griechen=
lands Freiheit rettete.

Ein Zeitgenosse des Themistokles war Aristides, der
Sohn des Lysimachos. Ungeachtet seiner großen Armut
zeigte er sein Leben lang eine solche Uneigennützigkeit und
Gerechtigkeitsliebe, die er sogar an seinen Feinden bewies,
daß ihn seine Mitbürger vorzugsweise mit dem Beinamen
des Gerechten ehrten. Einst war er genötigt, einen Athener
vor Gericht zu verklagen, und als er seine Anklagerede be=
endigt hatte, waren die Richter so sehr von der Gerechtig=
keit seiner Sache überzeugt, daß sie sofort, ohne den Ange=
klagten hören zu wollen, zur Verurteilung desselben schritten.
Da stellte sich Aristides auf die Seite des Angeklagten und
unterstützte dessen Bitten, damit auch diesem sein Recht, sich
gegen die Anklage zu verteidigen, zu teil würde.

Leider bestand zwischen Aristides und Themistokles keine
Freundschaft. Der ruhmsüchtige Themistokles sah mit nei=
dischem Blick auf das Ansehen, das Aristides beim Volke
genoß; auch mußten beide Männer öfters in feindselige Be=
rührung kommen, da Themistokles zur Erreichung seiner
Zwecke nicht immer die edelsten Mittel wählte und deshalb
von Aristides manchen Tadel und Widerspruch erfuhr. So
kam einst Themistokles in die Volksversammlung und sagte,
er habe einen Plan, der für die Athener sehr heilsam sei, er
könne ihn aber nicht öffentlich bekannt machen. Man möge
ihm einen wackern Bürger geben, dem er seinen Plan mit=
teilen wolle. Dazu wählte das Volk den Aristides. The=
mistokles eröffnete ihm nun, man könne die Flotte der Lace=
dämonier auf heimliche Weise in Brand stecken, um die See=
macht der Spartaner zu vernichten. Darauf sagte Aristides
in der Versammlung des Volkes, die Ausführung des ge=
heimen Planes sei zwar für Athen von großem Nutzen, aber
höchst ungerecht. Im Vertrauen auf die Gerechtigkeitsliebe
des Aristides fragten die Athener nicht einmal danach, und
die Ausführung des Planes unterblieb.

Da es aber dem Aristides nicht an Feinden fehlte, so
brachte es endlich Themistokles dahin, daß er durch den Ostra=
cismus (Scherbengericht) auf zehn Jahre aus Athen verbannt
wurde. Aristides war selbst in der Volksversammlung, in der
seine Verbannung beschlossen ward. Hier nahete sich ihm ein

Landmann und bat ihn, weil er selbst nicht schreiben konnte, den Namen Aristides auf die Scherbe zu schreiben, auf welcher die Athener ihre Stimmen abgaben. Aristides fragte ihn: „Was hat dir denn Aristides zu Leibe gethan?" Der Landmann antwortete: „Nichts, ich kenne den Mann nicht einmal, nur verdrießt es mich, daß ich ihn immer den Gerechten nennen höre." Darauf schrieb Aristides seinen eigenen Namen auf die Scherbe und gab sie ihm. Als er die Stadt verließ, erhob er die Hände gen Himmel und flehte, daß doch niemals eine Zeit kommen möchte, wo die Athener genötigt wären, seiner zu gedenken. Doch kehrte er schon im vierten Jahre seiner Verbannung zurück.

———

Als nun Xerxes mit seinem Heere und seiner Flotte gegen Griechenland anzog, schickten die Athener Boten nach Delphi, den Gott um Rat zu fragen. Der aber gebot ihnen, sich hinter den hölzernen Mauern zu verteidigen. Es erhob sich unter den Athenern großer Streit über den Sinn dieser Worte, doch der scharfsinnige Themistokles überzeugte seine Mitbürger, daß unter den hölzernen Mauern die Schiffe zu verstehen, und daß das Orakel den Athenern befehle, den Persern Widerstand zur See zu leisten.

Die Griechen sandten nun Boten an die Städte und forderten sie zu gemeinsamer Hülfe auf, doch nicht alle zeigten sich dazu bereit. Die Argiver versagten die Teilnahme aus Haß gegen Sparta. Andere Gesandte reisten nach Sicilien, um mit Gelon, König von Syrakus, zu unterhandeln. Gelon war bereit, die Griechen mit einer Flotte von 200 Kriegsschiffen, mit einem Heere von 28000 Mann und Korn für das ganze verbündete Heer zu unterstützen, dies alles aber nur unter der Bedingung, daß ihm die Griechen die Oberanführung gegen die Perser übertrügen. Als einer der Gesandten, ein Lacedämonier, die Bedingung hörte, hielt er sich nicht länger, sondern sagte: „Wie würde es den Pelopiden Agamemnon schmerzen, wenn er hörte, daß den Lacedämoniern durch den Gelon und die Syrakusier die Oberanführung entrissen worden sei! Daran denke nicht weiter; wenn du den Griechen helfen willst, so mußt du unter dem Befehl der Lacedämonier stehen, willst du dir aber nicht befehlen lassen, so brauchst du uns auch nicht zu helfen." Zuletzt mäßigte

Gelon seine Forderung, er verlangte den Oberbefehl entweder über die Landmacht oder über die Flotte, dem aber widersprach der athenische Gesandte: „Nicht um einen Obersten zu bitten," sagte er, „hat uns Griechenland hergesandt, sondern um ein Heer!" Also zerschlugen sich die Unterhandlungen, und Gelon entließ die Boten mit der Bemerkung, daß sie den Frühling aus dem Jahre genommen hätten.

Dieselben Boten baten auch die Bewohner der Insel Korcyra um Hülfe. Die Korcyräer bemannten zwar 20 Schiffe und segelten nach dem Peloponnes, dort aber hielten sie auf hoher See vor Anker, um erst den Ausgang des Kampfes abzuwarten, und im Fall, daß die Perser siegten, sich die Gunst des Xerxes zu verschaffen. — Die Kreter versagten einem Orakelspruche zufolge allen Beistand.

So waren es denn außer Athen noch die Insel Ägina, Korinth, Epidauros, Trözen, Lacedämon und andere Städte, welche Schiffe lieferten. Die Flotte belief sich auf 271 Schiffe, von denen die Athener allein 127 gestellt hatten. Ihnen hätte daher die Anführung der Flotte gebührt, da aber die verbündeten Griechen den Oberbefehl lieber in den Händen der Lacedämonier sahen, so gaben die Athener, denen die Rettung des Vaterlandes am Herzen lag, nach, und der Spartaner Eurybiades ward Oberbefehlshaber der Flotte. Sie segelte nach dem Vorgebirge Artemision auf Euböa.

Die persische Flotte stand an der Küste von Magnesia bis zum Vorgebirge Sepias, und hier lagerten ihre Schiffe in acht Reihen hinter einander, die Schnäbel nach dem Meere zugekehrt. Plötzlich erhob sich ein furchtbarer Sturm, der die Schiffe an den Pelion und das Vorgebirge Sepias schleuderte und viertausend derselben zerschmetterte. Erst am vierten Tage legte sich der Sturm. Die Griechen aber beteten zum Retter Poseidon und brachten ihm Dankopfer.

Doch war die persische Flotte den griechischen Schiffen an Zahl weit überlegen. Als die Griechen daher bei Artemision die Menge der feindlichen Schiffe sahen, und wie alles vom Volke wimmelte, beschlossen sie, sich zurückzuziehen. Da bewogen die Euböer den Anführer der Athener Themistokles, durch einen Lohn von dreißig Talenten, Stand zu halten und bei Euböa die Schlacht zu liefern. Themistokles gab von diesem Gelde dem Eurybiades fünf, und dem ko=

11*

rinthischen Anführer zwei Talente und gewann durch diese
Geschenke beide, so daß sie bei Euböa stehen blieben; den
größten Teil des Geldes aber behielt er für sich und gab
vor, das Geld wäre zu diesem Zwecke von Athen gekommen.

Als die Feinde die wenigen Schiffe der Griechen bei
Artemision sahen, beschlossen sie einen Angriff und dachten,
es sollte auch keine Maus davonkommen. Sie schickten daher
zweihundert Schiffe ab, die auf einem Umwege Euböa um=
segeln und den Griechen den Rückweg abschneiden sollten,
während die Hauptmacht der Perser von vorn angreifen
würde. Doch die Griechen erhielten von diesem Plane Kunde
und beschlossen, nach Mitternacht den umsegelnden Schiffen
entgegen zu fahren. Zuvor aber machten sie selbst einen
Angriff auf die persische Flotte, um zu erfahren, wie die
Art ihres Kampfes sei. Die Feinde glaubten, die Griechen
müßten rasend sein, als sie so wenige Schiffe auf sich zu=
kommen sahen, und schlossen sie von allen Seiten ein. Es
entstand ein hartnäckiger Kampf, der jedoch unentschieden
blieb, da die Nacht die Kämpfenden trennte. Die Griechen
zogen nach Artemision zurück.

Mit einbrechender Dunkelheit aber erfolgte ein entsetz=
licher Regenguß die ganze Nacht hindurch und ein fürchter=
liches Donnerwetter vom Pelion her. Die Perser, die sich
noch nicht von dem furchtbaren Sturm und dem Treffen er=
holt hatten, erlebten eine schreckliche Nacht; noch schlimmer
ging es den zweihundert Schiffen, die um Euböa herumfuhren.
Sturm und Regen überfiel sie auf offener See und trieb sie
an die Klippen von Euböa, wo sie ihren Untergang fanden.
Die Griechen erhielten dagegen eine Verstärkung von dreiund=
vierzig attischen Schiffen; von neuem Mute belebt, fuhren
sie aus und zerstörten die kilikischen Schiffe.

Am dritten Tage warteten die Feinde den Angriff der
Griechen nicht ab, sondern stachen selbst in See. Sie stellten
ihre Schiffe in einen halben Mond, um die Griechen von
allen Seiten zu umfassen. In dem nun beginnenden Kampfe
waren sie einander gleich, denn das Heer des Xerxes war in
seiner Größe und Menge sich selbst schädlich, indem sich die
Schiffe verwirrten und gegen einander stießen. Dennoch aber
hielt er stand und wich nicht, denn es kam den Persern
doch gar zu schimpflich vor, vor so wenigen Schiffen die

Flucht zu ergreifen. Die Griechen verloren viele Schiffe und Leute, noch größer aber war der Verlust der Feinde. Nach dem Treffen zogen beide Teile nach ihrem Standorte zurück.

Da die Griechen durch einen Boten erfuhren, daß Leonidas mit seinen Spartanern gefallen war, schoben sie den Rückzug nicht länger auf. Zuvor aber führte Themistokles noch eine List aus. Er fuhr an die Felsen von Artemision und schrieb da, wo die Jonier das Trinkwasser holten, in die Steine: „Ihr Männer von Jonien, ihr thut Unrecht, daß ihr gegen eure Väter in den Streit zieht und Griechenland unterjocht. Tretet auf unsere Seite oder laßt wenigstens noch jetzt vom Kampfe ab. Ist aber keins von beiden möglich, so gedenket, daß ihr von uns abstammet, und thut im Kampfe linde gegen uns!" Dadurch sollten die Jonier entweder zum Abfall bewogen, oder doch ihre Treue dem Xerxes verdächtig gemacht werden, damit er sie von den Gefechten entfernte.

Die Flotte der Griechen segelte von Artemision nach Salamis. Während die Bewohner des Peloponneses an einer Mauer auf dem Isthmos arbeiteten, bewirkte Themistokles den Volksbeschluß, daß alle waffenfähigen Bürger die Schiffe besteigen, die Wehrlosen dagegen so gut als möglich in Sicherheit gebracht werden sollten. Die Menge gehorchte mit schwerem Herzen, sie glaubte keines Sieges mehr zu bedürfen und kannte keine Hoffnung mehr, wenn sie erst einmal die Heiligtümer der Götter und die Gräber der Väter preisgegeben hätte. Der Aberglaube der Zeit erleichterte die Ausführung des harten Beschlusses. Die Schlange nämlich, die als Wächter der Burg im Tempel gehalten wurde, verzehrte damals nicht den Honigkuchen, den man ihr monatlich vorsetzte. Daraus schlossen die Athener, die Göttin selbst habe die Stadt verlassen, und bereiteten sich nun gleichfalls zum Abzuge. Als nun so viele Menschen ihre Vaterstadt verließen, erregte der Anblick zugleich Mitleid und Bewunderung ihres Muts, da sie ihre Eltern hierhin und dorthin vorausſandten, selbst aber unbeugsam gegen die Klagen und Thränen der Frauen und gegen die Umarmung der Kinder nach der Insel Salamis übersetzten. Sogar die Haustiere liefen neben ihren Herren einher und wollten sich nicht von ihnen trennen. Ein Hund stürzte sich ins Meer und schwamm dem Schiffe seines Herrn nach, bis er die Küste erreichte und vor Erschöpfung tot niederfiel.

Zu der Flotte bei Salamis stieß jetzt auch die übrige Seemacht der Griechen, so daß sich die Zahl der Schiffe auf 378 belief, von denen die Athener die meisten und besten Segler stellten. Während nun die Obersten der einzelnen Städte sich berieten, an welchem Orte die Schlacht zu liefern sei, und die meisten nach dem Isthmos segeln wollten, kam ein Mann von Athen mit der Nachricht, der Feind wäre in Attika eingefallen und verwüste alles mit Feuer und Schwert. Die Perser waren nämlich von Böotien nach Attika vorgerückt, hatten aber die Stadt leer gefunden. Nur im Tempel der Burg waren einige Arme und Priester zurück= geblieben, die das Thor vermauert und Verhacke gemacht hatten, um die Andringenden abzuwehren. Die Perser be= setzten den Areopag und schossen von da aus brennende Pfeile nach der Burg; dennoch verteidigten sich die Athener hart= näckig und wälzten ungeheure Steine auf die anrückenden Perser, bis diese auf einem unbewachten Zugange die Burg erstiegen. Hier erschlugen sie die Schützlinge im Heiligtume der Göttin und steckten dann Burg und Tempel in Brand.

Diese Nachricht versetzte die Griechen in solche Angst, daß einige Anführer sofort nach ihren Schiffen eilten, um davonzufahren, die übrigen aber eine Schlacht zu liefern be= schlossen. Themistokles sah ein, daß durch diesen Beschluß die verbündete Seemacht zerstreut und das Vaterland dem Untergange entgegen geführt würde. Er begab sich daher zu Eurybiades und suchte ihn zu überzeugen, wie notwendig es sei, bei Salamis zu bleiben und hier die entscheidende Schlacht zu liefern. In dem Kriegsrate hielt Themistokles eine lange Rede, da unterbrach ihn der korinthische Anführer Adimantos mit den Worten: „Themistokles, in den Kampf= spielen werden die mit Ruten gestrichen, die sich zu früh er= heben." „Ja," antwortete Themistokles, „aber die dahinten bleiben, werden nicht gekrönt." Als jener aber behauptete, daß Themistokles, als ein Mann, der keine Heimat mehr besitze, gar nicht mitzureden habe, wies ihn Themistokles mit den Worten zurück: „Wir haben, o Armseliger, unsere Woh=

nungen und Mauern verlaſſen, da wir um lebloſer Dinge
wegen keine Sklaven werden wollen: unſere Stadt aber iſt
die größte von allen griechiſchen und beruht auf unſeren
zweihundert Dreiruderern, die jetzt zu eurer Rettung bereit
ſtehen. Wenn ihr uns aber verratet, ſo ſollen die Griechen
erfahren, daß die Athener eine freie Stadt und ein Land
beſitzen, das dem verlorenen nicht nachſteht.“ Dann zum
Euryſbiades gewendet, ſchloß er mit den Worten: „Wenn du
hier bleibſt und dich als einen wackeren Mann zeigſt, gut!
wo nicht, ſo wirſt du Griechenland verderben. Denn die
Hauptſtütze des Krieges ſind unſere Schiffe. Darum folge
meinem Rate. Wenn du das nicht thuſt, ſo nehmen wir,
ſo wie wir ſind, unſere Hausgenoſſen an Bord und fahren
von dannen, um in Italien eine neue Heimat zu ſuchen.
Ihr aber, von unſerem Beiſtande verlaſſen, werdet an mein
Wort gedenken.“

Da änderte Euryſbiades ſeine Meinung und die Griechen
rüſteten ſich bei Salamis zur Schlacht. Bald zeigte ſich auch
die perſiſche Flotte in den Gewäſſern von Salamis. Als
aber die Landmacht der Feinde nach dem Peloponnes aufbrach, ergriff die Griechen von neuem Angſt, und ſie wären
nach dem Peloponnes geſegelt, wenn nicht Themiſtokles dieſen Plan durch eine Liſt vereitelt hätte. Er ſchickte einen
treuen Sklaven, Sikinos, zu den Feinden und ließ ihn alſo
reden: „Mich ſendet der Oberſt der Athener ohne Vorwiſſen
der andern (denn er iſt auf des Königs Seite und wünſcht
lieber, daß ihr, als daß die Griechen die Oberhand gewinnen),
euch zu ſagen, daß die Griechen voll Furcht ſind und über
ihre Flucht beraten. Jetzt könnt ihr die herrlichſten Thaten
verrichten, wenn ihr ſie nicht entfliehen laßt, denn ſie ſind
uneinig unter einander und werden euch keinen Widerſtand
leiſten, und ihr werdet ſehen, daß ſie gegen einander ſtrei-
ten, da die einen für, die andern gegen euch ſind.“

Die Feinde ſchenkten dieſer Nachricht Glauben. Eine
Abteilung der Perſer landete auf der kleinen Inſel Pſyttalea,
die zwiſchen Salamis und dem feſten Lande liegt, um die
Menſchen, welche während der Schlacht an die Inſel treiben
würden, wenn es Perſer wären, zu retten, die Feinde aber
zu vertilgen. In der Nacht fuhren ſie nach Salamis und
ſchloſſen die Griechen ein, die noch immer mit einander

haberten. Da kam Aristides aus Ägina herüber, der wegen der Größe der Gefahr alle Feindschaft vergaß, zum Themistokles und brachte ihm die Nachricht, daß die Griechen ringsum vom Feinde eingeschlossen seien. Die Nachricht teilte er auch den anderen Obersten mit, und ein eben angekommenes Kriegsschiff bestätigte dieselbe.

Nun waren die Griechen zur Schlacht gezwungen. Mit Anbruch des Morgens lichteten sie mit ihrer ganzen Flotte die Anker und die Feinde stürzten auf sie los. Bald wurden beide Teile handgemein, den Athenern standen die Phönicier, den Lacedämoniern die Jonier gegenüber. Der größte Teil der feindlichen Schiffe ward zerstört, obschon die Perser an diesem Tage größere Tapferkeit zeigten, da Xerxes, der auf einem Berge der Insel gegenüber einen goldenen Sitz hatte, der Schlacht zusah. Der König war von vielen Schreibern umgeben, die jede tapfere That, die seine Leute verrichteten, aufzeichneten. Am tapfersten hielt sich Artemisia, Königin von Karien. Sie wurde von einem athenischen Schiffe verfolgt und konnte nicht entfliehen; da segelte sie in der Not auf ein befreundetes Schiff los und bohrte es in den Grund. Der athenische Hauptmann hielt nun das Schiff für eines der verbündeten Griechen und ließ von der Verfolgung ab; Xerxes aber, der die That der Artemisia gesehen hatte, glaubte, sie habe ein feindliches Schiff vernichtet und sagte: „Die Männer sind mir zu Weibern, die Weiber aber zu Männern geworden."

Auch die Perser auf der Insel Psyttalea wurden von Aristides, der mit einer Schar Schwergerüsteter gelandet war, sämtlich erschlagen. Die Perser, die in den engen Gewässern die Reihen ihrer Schiffe nicht entfalten konnten, und unter einander in Verwirrung gerieten, erlitten eine vollständige Niederlage.

Xerxes wagte keine neue Schlacht, sondern brach in Eile nach dem Hellespont auf, nachdem er zuvor dem Mardonios, der die erlittene Niederlage wieder gut zu machen hoffte, 300 000 Mann der auserlesensten Truppen zurückgelassen hatte. Die übrigen Scharen wurden aber von Hunger und Krankheiten so aufgerieben, daß nur ein kleiner Teil den Hellespont erreichte, um nach Asien übergesetzt zu werden. Da der Vorschlag des Themistokles, den Xerxes zu verfolgen und die Brücken zu zerstören, nicht durchging, so beschloß Themistokles, um sich für künftige Zeiten beim Xerxes eine Zuflucht zu sichern, dessen Rettung als sein Werk darzustellen und sandte einen Boten an ihn mit den Worten: „Mich sendet Themistokles, der Oberste der Athener, dir zu sagen, daß er, um dir einen Dienst zu leisten, die Griechen abgehalten hat, deine Flotte zu verfolgen und die Brücken über den Hellespont zu zerstören. Jetzt kannst du in aller Ruhe deinen Rückweg nehmen."

.Nach der Schlacht wählten die Griechen zum Danke für die Götter die Erstlinge der unermeßlichen Beute aus, darunter waren drei phönicische Dreiruderer. Nach Delphi aber schickten sie als Weihegeschenk ein zwölf Ellen hohes Standbild, das einen Schiffsschnabel in der Hand hielt. Über den Preis der Tapferkeit entstand Uneinigkeit unter den einzelnen Feldherren: den ersten Preis erkannte sich jeder selbst zu, den zweiten aber erteilten alle einstimmig dem Themistokles. Die Spartaner erteilten ihrem Feldherrn Eurybiades den Preis der Tapferkeit, dem Themistokles den der Weisheit zu, beiden erteilten sie einen Kranz von Ölzweigen. Als Themistokles jedoch nach Sparta reiste, beschenkten sie ihn mit einem Wagen, und dreihundert Jünglinge begleiteten ihn bis an die Grenze, eine Ehre, die sie keinem andern erwiesen haben. Die größte Ehre erntete Themistokles auf den olympischen Spielen; als er sich hier dem Volke zeigte, waren aller Augen auf ihn gerichtet, einer zeigte ihn dem andern, und lauter Beifall erscholl ihm von den Anwesenden, die seinetwegen die Kämpfer vergaßen, entgegen. Da gestand Themistokles selbst seinen Freunden, daß er jetzt den Lohn alles dessen ernte, was er mit so vielen Anstrengungen für Griechenland gewirkt habe.

XX.
Pausanias oder die Schlacht bei Platäa.
(479 v. Chr.)

Mardonios, der mit 300 000 Mann in Thessalien über=
wintert hatte, sandte im Frühling des folgenden Jahres
(479) den mit den angesehensten Personen verschwägerten
Alexander, König von Macedonien, nach Athen, um die
Athener zu einem Bündnisse mit Xerxes zu bewegen. Alle
ihre Freiheiten versprach ihnen Xerxes zu lassen, die ver=
brannten Tempel wieder aufzubauen und ihren Länderbesitz
zu vermehren. Zu derselben Zeit erschienen auch Boten der
Spartaner in Athen, die Athener von einem Bunde mit
Persien abzuhalten. Diese wiesen den Alexander mit den
Worten ab: „So lange die Sonne ihre jetzige Bahn wandelt,
werden wir uns nicht mit dem Xerxes vertragen, sondern
ihm beherzt entgegengehen, im Vertrauen auf den Beistand
der Götter, deren Wohnungen und Bildsäulen er, der Frevler,
verbrannt hat." Den Spartanern aber warfen sie ihre
schimpfliche Besorgnis vor und ermahnten sie zur eiligen
Ausrüstung eines Heeres.

Nun rückte Mardonios durch Böotien nach Attika vor,
wo er das menschenleere Athen, dessen Bewohner sich wieder
nach Salamis geflüchtet hatten, zum zweiten Male einnahm.
Da seine Vorschläge von den Athenern abermals zurückge=
wiesen worden waren, und nach langem Zaudern endlich ein
starkes Heer der Lacedämonier sich in Marsch setzte, so zog
er sich nach Böotien zurück, dessen weite Ebenen seiner Reiterei
besonders günstig waren. Hier lagerte er sich am nördlichen
Ufer des Asopos, während das verbündete Heer der Griechen,
das sich auf 110 000 Mann belief, auf dem südlichen Ufer
ein Lager bezog. Die Athener führte Aristides, der Ober=
befehl über die Spartaner war dem Pausanias über=
tragen, da der spartanische König noch unmündig war.

Keiner der beiden Teile wollte den Übergang über den
Fluß wagen, und die Oberpriester weissagten demjenigen den
Sieg, der den Angriff des Feindes abwarten würde. Mar=
donios schickte häufig seine Reiterei ab, um die Griechen zu
beunruhigen und zum Angriff zu reizen. Bald aber wurde

in diesen Reitergefechten Masistios, der Oberst der persischen
Reiterei, getötet. Sein Leichnam fiel den Griechen in die
Hände, die ihn auf einen Wagen legten und durch die Glieder ihres Heeres fuhren, wodurch der Mut der Verbündeten
und die Hoffnung des Sieges ungemein belebt wurde. Fortwährend erschwerte jedoch Mardonios den Griechen das
Wasserschöpfen aus der Quelle Gargaphia und schnitt ihnen
die Zufuhr ab. Beide Heere lagen lange Zeit unthätig einander gegenüber, bis sich endlich die Griechen westlich der
Stadt Platäa hinzogen. Ohne den Befehl zu einem regel-
mäßigen Aufbruch abzuwarten, brachen ihre Scharen mitten
in der Nacht auf. Als Mardonios am andern Morgen die
Unordnung der Griechen sah, gab er rasch den Befehl zum
Angriff. Die Spartaner hatten die ganze Macht der Barbaren auf sich gezogen, die Athener hatten weiter entfernt
den Kampf mit den griechischen Bundesgenossen der Perser
zu bestehen. Die Spartaner hielten lange den Pfeilregen
der Feinde aus, da ihre Opfer anfänglich ungünstig waren.
Kallikrates, einer der schönsten Spartaner, fiel, ohne zum
Kampf gekommen zu sein. Sterbend sagte er: „Für Griechenland zu sterben gereut mich nicht, wohl aber, daß ich
mit meinem Arm kein tapferes Werk verrichten konnte.“
Als aber die Opfer günstig wurden, rückten die Spartaner
gegen Mardonios vor, der von einem weißen Rosse herab
kämpfend alle Perser an Mut und Tapferkeit übertraf. Als
ihn aber ein Spartaner erlegt hatte, wandten sich die Barbaren zur Flucht nach ihrem mit hohen hölzernen Wänden
beschützten Lager, während die Reiterei ihre Flucht deckte.
Vergebens bestürmten die der Belagerungskunst unkundigen
Spartaner das persische Lager, bis die Athener, die inzwischen
die Böotier zum Rückzuge genötigt hatten, herbeieilten und
die Mauer erstiegen. Die Barbaren wurden fast alle niedergemacht, die Beute war unermeßlich. Ein Zehnteil ward
den Göttern, ein anderer dem Pausanias bestimmt, das
übrige unter die einzelnen Staaten verteilt. Den Preis der
Tapferkeit erhielten die Platäer. Nach der Schlacht wurden
die Thebaner wegen ihrer Anhänglichkeit an die Perser zur
Strafe gezogen.

An demselben Tage, wo die Perser bei Platäa besiegt
wurden, griff die griechische Flotte unter dem spartanischen

König Leotychides und dem Athener Xanthippos die Perser bei Mykale an. Die Feinde hatten ihre Schiffe ans Land gezogen und sich unter den Schutz ihrer Landmacht begeben, die an der Küste ein verschanztes Lager hatte. Ein dunkles Gerücht von dem Siege bei Platäa lief durch die Reihen der kämpfenden Griechen und erhöhte ihren Mut. Die Perser wurden trotz tapferen Widerstandes geschlagen, und durch diesen Sieg die Jonier befreit.

Durch den Sieg bei Platäa war Pausanias zu großem Ansehen gelangt. Auf dem Dreifuß zu Delphi, den die Griechen dem Gotte weihten, ließ er die Worte eingraben:

„Da er die Scharen der Meder vernichtet als Führer der Griechen,
  Hat Pausanias dies Denkmal dem Phöbos geweiht."

Die Spartaner sahen dies jedoch als eine eigenmächtige Handlung an, ließen diese Worte ausmeißeln und dafür die Namen der Städte aufzeichnen, durch deren Hülfe die Perser besiegt worden waren.

Einige Jahre nachher befand sich Pausanias als Oberfeldherr auf der griechischen Flotte, um die Perser von den Inseln und Küsten des Hellespontes zu vertreiben. Bei der Eroberung der Stadt Byzanz waren viele vornehme Perser, unter ihnen Verwandte des Königs, in seine Hände gekommen. Diese ließ er heimlich frei und gab vor, sie seien ihm entwischt. An den Xerxes aber schrieb er einen Brief folgenden Inhalts: „Ich, Pausanias, Feldherr von Sparta, sende, um dir eine Gefälligkeit zu erweisen, diese meine Kriegsgefangenen dir zurück und bin geneigt, wenn es dir so gefällt, mich mit deiner Tochter zu vermählen und Sparta und das übrige Griechenland unter deine Botmäßigkeit zu bringen. Ich glaube auch im Einverständnis mit dir dies zu bewerkstelligen. Genehmigst du nun einen dieser Vorschläge, so sende einen zuverlässigen Mann an die Küste, durch den wir unterhandeln können."

Dem Xerxes gefiel dieser Brief, er schickte einen Statthalter als Unterhändler und durch ihn Gold und Silber an Pausanias. Nun ward dieser immer übermütiger; er legte persische Kleider an, ließ sich von Trabanten begleiten, richtete seine Tafel nach persischer Art ein, erschwerte den Zutritt zu seiner Person und behandelte die Bundesgenossen auf eine tyrannische Weise. Diese beklagten sich über ihn und die Spartaner riefen ihn ab. Inzwischen gewannen aber Aristides und Cimon durch ihre Gerechtigkeit und Leutseligkeit die Bundesgenossen so sehr, daß diese den Oberbefehl den Athenern übertrugen. Die Insel Delos war Versammlungsort der Bundesgenossen, und Aristides bestimmte mit großer Gewissenhaftigkeit, was jeder Staat an Geld, Mannschaften, Schiffen zum Krieg gegen Persien beisteuern sollte. So ging der Oberbefehl im Kriege von den Spartanern auf die Athener über.

Pausanias kehrte ohne Erlaubnis der Spartaner zum zweiten Male zur Flotte zurück und übte durch seine Unterhandlungen mit Xerxes fortwährend Verrat an Griechenland. Er wollte jedoch noch kein Aufsehen erregen und kehrte daher auf wiederholte Mahnung nach Sparta zurück. Die Obrigkeit hatte aber noch keinen sicheren Beweis gegen ihn und mußte ihn wieder entlassen, obschon sich jetzt auch der Verdacht regte, daß er die Heloten durch das Versprechen der Freiheit zur Empörung aufwiegele. Bald aber erhielten die Spartaner auch einen entscheidenden Beweis.

Einem Boten, der seinen letzten Brief an den persischen Unterhändler überbringen sollte, fiel es auf, daß keiner von den früheren Überbringern zurückgekehrt wäre. Er schöpfte Verdacht, und voll Besorgnis öffnete er den Brief, in dem geschrieben stand, daß der Überbringer getötet werden sollte. Nun wies er das Schreiben der spartanischen Obrigkeit vor, die jedoch mit eigenen Ohren eine Äußerung des Pausanias darüber vernehmen wollte. Der Bote floh der Verabredung gemäß in einen Tempel des Poseidon zu Tänaron und setzte sich als Schutzflehender auf den Altar nieder, während in einem Nebengemache, durch eine Querwand getrennt, einige obrigkeitliche Personen versteckt waren. Bald kam Pausanias und fragte den Mann, warum er sich als Schutzflehender hier niedergelassen habe. So hörten die Spartaner in ihrem Verstecke, wie Pausanias die Unterhandlungen mit dem König und die Ermordung der früheren Boten, die ihm der Schutzflehende vorwarf, eingestand. Auch schwor Pausanias dem Manne Sicherheit zu und forderte ihn auf, ihn nicht zu verraten, sondern bald abzureisen.

Die Obrigkeit veranstaltete nun seine Verhaftung in der Stadt. Als er aber auf der Straße ergriffen werden sollte, merkte er aus der Miene eines Aufsehers, womit man umging, und lief in den Tempel der Athene. Hier wurde er eingesperrt und die Pforte vermauert; seine schon hochbejahrte Mutter soll den ersten Stein herbeigetragen haben. Die Spartaner umlagerten ihn, um ihn auszuhungern. Als er dem Verscheiden nahe war, ward er halbtot herausgetragen und gab sogleich den Geist auf. Anfangs wollte man ihn in die Schlucht werfen, worein man die Verbrecher stürzte; der Gott zu Delphi aber gebot, ihn da zu begraben, wo er gestorben war.

XXI.
Fernere Geschichte des Themistokles.

Auch nach dem Perserkriege gab sich Themistokles nicht der Ruhe hin, sondern war unablässig bemüht, seine Vaterstadt Athen zum ersten Staate Griechenlands zu erheben. Da er erkannt hatte, daß Athen durch seine Lage am Meere auf die Herrschaft zur See hingewiesen sei, so wurde auf seinen Rat der geräumige Hafen Piräeus, der damals noch nicht gebraucht ward, erweitert und mit Mauern umgeben. Auch sorgte er stets für die Vermehrung der Flotte. Noch größer aber war sein Verdienst, daß er den Wiederaufbau der Mauern Athens betrieb und ihn trotz der Hindernisse, die ihm die Lacedämonier in den Weg legten, glücklich zustande brachte. Denn diese suchten den Bau der Mauern, sobald sie davon Kunde erhielten, aus allen Kräften zu hintertreiben, unter dem Vorwande, daß außerhalb des Peloponneses keine Stadt Mauern haben dürfte, damit sie den Persern bei einem erneuerten Einfall keinen festen Haltepunkt gewähre; in Wahrheit aber wollten sie die aufblühende Macht der Athener, auf deren Größe und Ruhm sie eifersüchtig waren, bei Zeiten unterdrücken. Sie schickten daher Gesandte nach Athen, um den Aufbau der Mauern zu verhindern. Während der Anwesenheit der Gesandten stellten die Athener den Bau ein und versprachen, selbst Gesandte über diese Angelegenheit nach Sparta zu schicken. In der That reiste Themistokles ab, ließ

aber den Athenern die Weisung zurück, die übrigen Gesandten
erst dann nachfolgen zu lassen, wenn die Mauer eine hinläng=
liche Höhe, um sich dahinter verteidigen zu können, erreicht
haben würde, inzwischen sollten alle Einwohner, ohne Unter=
schied, Männer, Weiber und Kinder, an dem Mauerbau ar=
beiten, weder eigene noch öffentliche Gebäude schonen, sondern
alles abtragen, was man irgend zu dem Werke brauchen könnte.
Nachdem er ihnen diese Weisung gegeben hatte, reiste er ab.

In Sparta meldete er sich aber nicht gleich bei der
Regierung, sondern wartete unter allerlei Vorwänden, und
wenn man ihn fragte, warum er nicht öffentlich auftrete, so
sagte er, er erwarte seine Mitgesandten, die eines Geschäfts
wegen zurückgeblieben seien, er hoffe jedoch, daß sie bald ein=
treffen würden, und wundere sich, daß sie noch nicht da seien.
Die Spartaner glaubten ihm. Als sie aber die bestimmte
Nachricht erhielten, daß die Mauer gebaut werde und bereits
eine gewisse Höhe erreicht habe, so bat sie Themistokles, diesem
Gerüchte keinen Glauben zu schenken, sondern einige rechtliche
Männer zur Untersuchung nach Athen zu schicken. Dies thaten
sie. Themistokles gab aber den Athenern den Rat, die
spartanischen Gesandten nicht eher zu entlassen, bis auch
ihre Gesandten zurückgekehrt wären. Denn es waren nun
schon die andern beiden Gesandten nach Sparta gekommen
mit der Anzeige, daß die Mauer schon weit genug gediehen
sei. Jetzt trat Themistokles öffentlich auf und erklärte, die
Athener besäßen Einsicht genug, um auch ohne die Lacedä=
monier zu entscheiden, was ihnen und ihren Bundesgenossen
heilsam sei, und hätten deshalb ihre Stadt mit Mauern um=
geben. Die Lacedämonier verbargen ihren Unwillen und
ließen, um ihre eigenen Gesandten zurückzuerhalten, den The=
mistokles und seine Mitgesandten nach Athen abreisen.

So befestigten die Athener ihre Stadt, und noch in der
Folgezeit war die Eile sichtbar, mit welcher die Sache betrieben
wurde, denn allerlei Steine, behauene und unbehauene Säulen,
Kapellen und Denkmäler wurden zum Bau verwendet.

Ein Mann wie Themistokles, der sich vor seinen Mit=
bürgern so glänzend auszeichnete, konnte dem Neide und den
Anfeindungen seiner Gegner unter dem Volke, das stets vor
der Alleinherrschaft einer seiner Bürger in Angst lebte, nicht
entgehen. Auch in dem Themistokles sahen die Athener bald

einen dem Staate und der Freiheit gefährlichen Mann und
verbannten ihn durch das Scherbengericht. Er ging nach
Argos, wo er in großem Ansehen lebte. Doch auch hier war
er nicht lange sicher, denn die Lacedämonier klagten ihn in
Athen des Verrats an Griechenland und des geheimen Ein-
verständnisses mit dem Perserkönig an, dessen sich Pausanias
schuldig gemacht hatte. Themistokles rechtfertigte sich zwar
freimütig mit den Worten: „Zu herrschen habe ich immer
gestrebt, aber mich beherrschen zu lassen und die Griechen an
die Barbaren hinzugeben, dazu bin ich weder fähig noch geneigt." Dennoch ließen sich die Athener von seinen Anklä-
gern bereden, Leute auszuschicken, die ihn greifen sollten, wo
sie ihn fänden. Themistokles, der davon Kunde erhielt, floh
nach Korcyra, und da er hier nicht sicher war, zum Admetos,
König der Molosser. Dieser war gerade nicht zu Hause.
Da trat Themistokles als Flehender vor seine Gemahlin
und bat sie um Schutz. Auf ihren Rat setzte sich Themistokles mit dem Sohne des Admetos am Herde nieder. Admetos, der keineswegs des Themistokles Freund war, behielt
ihn großmütig bei sich und verlieh ihm seinen Schutz trotz
der Vorstellungen der Lacedämonier, die seine Auslieferung
verlangten. Erst da, als Themistokles freiwillig zum Perserkönig zu reisen wünschte, entsandte er ihn nach der macedonischen Stadt Pydna, wo er ein Schiff bestieg. Beinahe
wäre er, durch einen Sturm unter das athenische Geschwa-
der getrieben, den Athenern in die Hände gefallen, wenn
er sich nicht dem Schiffsherrn entdeckt und ihn durch das
Versprechen einer Belohnung vermocht hätte, einen Tag und
eine Nacht auf offener See zu halten. Dadurch wurde er
gerettet und kam glücklich nach Asien; an den König Artaxerxes, den Nachfolger des Xerxes, hatte er schon ein Schreiben folgenden Inhalts geschickt:

„Ich, Themistokles, komme zu dir, der ich, so lange ich
mich gegen deines Vaters Angriffe zu verteidigen genötigt
war, deinem Hause am meisten von allen Griechen Schaden
zugefügt, aber noch weit mehr Gutes erwiesen habe, nachdem ich mich wieder in Sicherheit befand, er aber unter
Gefahren sich zurückzog. Denn ich habe ihn benachrichtigt,
daß man damit umging, die Brücken über den Hellespont
zu zerstören. Man ist mir daher Dank für meine Wohl-

that schuldig; und auch jetzt noch imstande, dir wichtige
Dienste zu leisten, bin ich hierher gekommen, da mich die
Griechen wegen meiner Freundschaft gegen dich verfolgen.
Ich will aber nach Jahresfrist dir selbst eröffnen, warum
ich hierher gekommen."

Der König bewunderte den Verstand des Themistokles
und billigte seinen Plan. Themistokles machte sich in Jahres=
frist mit der persischen Sprache und den Landessitten bekannt
und erschien nach Verlauf des Jahres vor dem König. Er
gelangte wegen seines Ruhmes bei ihm zu großem Ansehen,
besonders weil er dem König Hoffnung zur Unterwerfung
Griechenlands machte und sich in jeder Hinsicht als einen
einsichtsvollen Mann bewies. Der König beschenkte ihn reich=
lich und gab ihm drei Städte zu seinem Unterhalte: Mag=
nesia sollte ihm das Brot, Lampsakos den Wein und Myus
die Zukost liefern. Ueber seinen Tod sind die Nachrichten
verschieden; nach der einen starb er an einer Krankheit, nach
der andern an Gift, das er freiwillig genommen habe, weil
er dem König sein Versprechen, Griechenland zu unterwerfen,
nicht halten konnte oder wollte. Zu Magnesia wurde er be=
graben, jedoch sagte ein Gerücht, seine Gebeine seien heim=
lich nach Attika gebracht und dort beigesetzt.

Vier Jahre vor Themistokles Verbannung war auch
Aristides gestorben in solcher Armut, daß er kaum die Kosten
seines Begräbnisses hinterließ. Die dankbaren Athener statte=
ten seine Töchter auf öffentliche Kosten aus.

XXII.
Cimon.

Cimon war der Sohn des Miltiades und mußte, da
sein Vater, ohne die Strafsumme bezahlt zu haben, in der
Haft gestorben war, für diesen ins Gefängnis treten, woraus
er erst durch einen reichen Athener, Callias, der seine Schwester
heiratete und das Geld für ihn bezahlte, befreit wurde.
Nun trat Cimon öffentlich im Staate auf. An Mut stand
er weder dem Miltiades, noch an Klugheit dem Themistokles
nach, übertraf aber beide an Gerechtigkeitsliebe. Cimon be=
trat die kriegerische Laufbahn seines Vaters. Als Themistokles
die Athener überredet hatte, die Stadt zu verlassen und die

Schiffe zu besteigen, begab sich Cimon mit heiterem Ange=
ficht, während die übrigen vor Bestürzung außer sich waren,
auf die Burg und hing hier einen Zügel als Weihgeschenk
auf, um anzudeuten, daß die Stadt jetzt nicht mehr der
Stärke des Rosses, sondern eine Flotte zur Rettung bedürfe.
Darauf nahm er einen der dort hängenden Schilde und be=
stieg ein Schiff, worauf viele durch sein Beispiel ermutigt,
nachfolgten. Bald gelangte er zu großen Ehren und Wür=
den im Staate, da ihn das Volk wegen seiner Sanftmut
und Einfachheit liebte. Auch war er außer Aristides die
Ursache, daß der Oberbefehl im Kriege von den Bundesge=
noffen den Athenern übertragen ward.

Cimon wurde als Feldherr nach Thracien geschickt, um
die Perser aus der Stadt Eion auf der Halbinsel Chalcidike
zu vertreiben. Er besiegte sie in einer Schlacht und schloß
sie in die Stadt ein, wo bald solcher Mangel und solche
Bedrängnis entstand, daß der tapfere persische Befehlshaber
Butes, an Rettung verzweifelnd, die Stadt in Brand steckte
und sich mit seinen Freunden und Schätzen in die Flammen
stürzte. Cimon nahm die Stadt und die Athener gründeten
daselbst die später so berühmte Stadt Amphipolis.

Die Insel Skyros war damals der Sitz von Seeräu=
bern, welche das Meer unsicher machten. Cimon eroberte
die Insel und vertrieb die Seeräuber. Auf diesem Zuge
fand er auch das Grab des Theseus auf und brachte dessen
Gebeine, welche die Athener einem Orakel zufolge suchten,
nach Athen, wo sie feierlich beigesetzt wurden. Durch diese
That erwarb er sich besonders die Dankbarkeit seiner Mitbürger.

Cimon hatte sich durch seine Feldzüge bereits große
Reichtümer erworben, die er aber nicht zu eigennützigen
Zwecken, sondern zum Vorteile seiner Mitbürger anwandte.
Er ließ von seinen Gärten die Umzäunungen abnehmen, da=
mit Fremde und Bürger hineingehen und von den Früchten
nach Belieben genießen konnten. Täglich ließ er eine
einfache aber für viele hinreichende Mahlzeit kochen, zu wel=
cher jeder Arme geladen war. Wenn er ausging, folgten
ihm zwei bis drei Diener, die, wenn sie einen Bürger schlecht
gekleidet sahen, ihm ihre Obergewänder schenkten. Sie tru=
gen auch Geld im Überfluß und teilten es den Armen auf
dem Markte mit.

Cimons ganzes Streben war auf den Krieg gegen Persien gerichtet. Die Griechen, die von den Barbaren keine Gefahr mehr zu befürchten hatten, begannen nun diese in ihrem eigenen Lande anzugreifen. Am meisten wurde der große Perserkönig durch den glänzenden Doppelsieg Cimons am Eurymedon in Pamphylien gedemütigt (466 v. Chr.) Die persische Seemacht lag an der Mündung des Eurymedon und erwartete die Ankunft von achtzig phönicischen Schiffen. Diesen kam Cimon zuvor und zwang die Perser wider ihren Willen zur Schlacht. Bald aber zogen sich ihre Schiffe vor den anrückenden Athenern an das Land zurück, wo sich die Perser zu ihrem am Ufer aufgestellten Landheere retteten, viele aber samt den Schiffen zu Grunde gingen. Mit diesem Siege noch nicht zufrieden, landete Cimon mit seinen Athenern und führte die vom Kampfe Ermüdeten gegen den noch frischen und überlegenen Feind. Von Mut und Siegesfreude beseelt, stürzten die Athener mit lautem Geschrei auf die Feinde, und es begann ein hartnäckiger Kampf, in dem die Barbaren nach tapferem Widerstande endlich von den Athenern mit großem Verlust in die Flucht geschlagen wurden. Das Lager mit reichlicher Beute fiel den Siegern in die Hände. So hatte Cimon an einem Tage zwei feindliche Heere zu Wasser und zu Lande besiegt. Diese und andere Siege Cimons waren so entscheidend, daß kein persisches Schiff sich über die Kyanischen und Chelidonischen Inseln hinaus, und keine Landmacht weiter als eine Tagereise von der Küste entfernt wagte.

Doch auch Cimon sollte dem Schicksal des Themistokles und Aristides nicht entgehen. So groß seine Wohlthätigkeit gegen die einzelnen Bürger war, ebenso sehr suchte er die Macht des Volkes zu unterdrücken und den Reichen und Vornehmen das Übergewicht im Staate zu verschaffen, weshalb er auch die spartanische Verfassung pries und sich dadurch bei den Athenern verhaßt machte. Auch wurde er ein Gegner des damals schon sehr einflußreichen Perikles, und bald trug sich ein Ereignis zu, das die Veranlassung zu Cimons Sturze ward.

Das spartanische Land wurde (463 v. Chr.) von einem furchtbaren Erdbeben erschüttert, das die ganze Stadt bis auf fünf Häuser zerstörte. Zwanzigtausend Menschen wurden von

12*

den einſtürzenden Trümmern erſchlagen. Bei dieſer Gelegen=
heit empörten ſich die unterbrückten und ſtets nach Freiheit
begierigen Heloten und Meſſenier, und zogen gegen Sparta.
Zur rechten Zeit ließ König Archidamos die Schlachttrompete
blaſen und die ſtreitfähigen Spartaner ſich zum Kampfe ordnen,
worauf ſich die Empörer zurückzogen und in die Bergveſte
Ithome warfen, die von den Spartanern belagert wurde.

Da aber die Spartaner ſich wenig auf den Belagerungs=
krieg verſtanden, baten ſie die Athener um Hülfe. Cimon
ſah hierin eine Gelegenheit, den Haß zwiſchen Athen und
Sparta zu beſeitigen und die Eintracht zwiſchen beiden Staaten
zu befeſtigen. Er betrieb daher mit vielem Eifer dieſe Hülfs=
leiſtung und auf ſeinen Rat ſandten die Athener ein Heer
aus und machten den Cimon ſelbſt zum Anführer. Die Be=
lagerung zog ſich jedoch in die Länge, die Spartaner wurden
mißtrauiſch und glaubten, Cimon und die Athener hätten mit
den belagerten Heloten und Meſſeniern heimlich gemeinſchaft=
liche Sache. Deshalb ſchickten ſie den Cimon und die Athener
wieder zurück, während die übrigen Bundesgenoſſen blieben.
Der Krieg gegen die Heloten, den man gewöhnlich den dritten
meſſeniſchen nennt, dauerte bis zum Jahre 454 v. Chr., wo
die Spartaner endlich die Meſſenier frei abziehen laſſen mußten.
Die Athener wieſen ihnen die Stadt Naupactos an, die ſie
den Ozoliſchen Lokrern entriſſen hatten. — Als aber Cimon
nach Athen zurückkam, wandte ſich der ganze Grimm des
Volkes über die ſchnöde Zurückſetzung, die es von Sparta
erbuldet, gegen ihn, da er zu dem Zuge geraten hatte, und
er wurde zur Strafe zehn Jahre aus der Stadt verbannt
und mit dem Namen eines Lakonenfreundes belegt.

Während Cimons Verbannung gerieten die Athener mit
den Spartanern in offenen Krieg. Ein ſpartaniſches Heer
ſtand gerade in Böotien, und die Athener lebten, da viele
ihrer Bürger mit den Feinden ein heimliches Einverſtändnis
unterhielten, in großer Angſt. Sie ſchickten daher ein Heer
nach Böotien, ihnen den Weg zu verſperren, und bei Tanagra
(457) kam es zur Schlacht. Vor Beginn des Kampfes eilte
Cimon mit ſeinen Waffen herbei und ſtellte ſich in ſein Glied,
aber die Athener trauten ihm nicht und argwöhnten, er würde
den Feinden den Sieg in die Hände ſpielen. Daher wieſen
ſie ihn ab; Cimon aber beſchwor ſeine Gefährten, denen eben=

falls mißtraut ward, jetzt durch Thaten den ungegründeten
Verdacht zu widerlegen. Es waren ihrer hundert, und sie
fielen alle nach rühmlichem Kampf. Doch erfochten die Spar=
taner den Sieg.

Nach dieser Niederlage riefen die Athener den Cimon
zurück; sein Gegner Perikles selbst hatte auf seine Zurück=
berufung angetragen. Cimons erstes, aber mit vielen
Schwierigkeiten verknüpftes Geschäft war die Aussöhnung
zwischen Athen und Sparta, die er endlich zustande brachte.
Da aber die Athener keine Ruhe halten konnten, suchte Cimon,
um sie von einheimischen Kriegen abzuwenden, den Kampf
gegen die äußern Feinde, gegen die Perser, wieder zu er=
neuern. Er segelte mit einer Flotte gegen die Insel Cypern.
Doch hier war ihm das Ziel seines Lebens gesteckt. Ein
Traum kündigte ihm seinen bevorstehenden Tod an. Er
starb nach einer Nachricht an einer Verwundung, die er bei
der Belagerung der Stadt Citium erhalten hatte, nach einer
anderen Nachricht an einer Krankheit (449 v. Chr.) Die
Athener hoben die Belagerung auf, doch wurde sein Tod
dem Heere verheimlicht, und es war, als ob nach seinem
Tode sein Geist es zu dem Siege führte, den es bei Sala=
mis auf der Insel Cypern über die persische Macht zu
Wasser und zu Lande erfocht. Der Leichnam Cimons ward
nach Attika gebracht und dort beigesetzt.

XXIII.
Perikles.

Perikles war der Sohn jenes Xanthippos, der in der
Schlacht bei Mykale die Athener zum Siege gegen die Perser
führte. Einst träumte Agariste, die Gemahlin des Xanthip=
pos, sie bringe einen Löwen zur Welt, und nach wenigen
Tagen gebar sie den Perikles, der bei sonst untadeliger
Körperbildung sich durch die ungewöhnliche Länge seines
Kopfes auszeichnete. Daher stellten ihn in der Folge die
Künstler in ihren Bildnissen mit einem Helm bekleidet dar,
die attischen Dichter aber nannten ihn den Meerzwiebelkopf.
Unter seinen Lehrern war er am meisten dem Philosophen
Anaxagoras ergeben, den er auch späterhin als Freund
verehrte und in seinem Hause behielt. Als jedoch Perikles

einst, von Staatsgeschäften überhäuft, den greisen Anaxago=
ras vernachläffigte, beschloß dieser, aus Gram über die Zu=
rücksetzung, sich durch Hunger zu töten. Kaum hatte dies
Perikles gehört, als er zu dem Philosophen eilte und ihn
inständig bat, sein Vorhaben aufzugeben und den Staat nicht
eines so trefflichen Ratgebers zu berauben. Da enthüllte Anaxa=
goras sein Gesicht und sagte: „O Perikles, wer eine Leuchte
braucht, gießt Öl darauf.“ Der Umgang mit diesem Manne
und seine Unterhaltung von den erhabensten Erscheinungen
der Natur hatte auf Perikles den bedeutendsten Einfluß;
durch ihn eignete er sich jenen Ehrfurcht gebietenden Sinn
und jene Erhabenheit der Sprache an, die ihren Eindruck
auf die Zuhörer nie verfehlte. Auf seinem Antlitze ruhte
ein feierlicher Ernst, der sich nie zum Lachen hinreißen ließ;
sein Gang war langsam und gemessen, auf der Rednerbühne
verriet er nicht, wie spätere Redner pflegten, durch heftiges
Hin= und Herwerfen des Mantels irgend eine Leidenschaft.
Gegen Beleidiger zeigte er sich sanft und versöhnlich. Einst
hörte er einen ganzen Tag lang auf dem Markte die Schmä=
hungen eines gemeinen Bürgers mit schweigender Gebuld an,
und als ihn dieser bei einbrechender Nacht mit seinen Läste=
rungen sogar bis nach Hause verfolgte, befahl Perikles einem
Diener, eine Fackel zu nehmen und den Beleidiger nach
Hause zu geleiten.

In seiner Jugend hütete er sich, vor dem Volke öffent=
lich aufzutreten, denn hochbejahrte Greise glaubten in ihm
eine auffallende Ähnlichkeit mit dem Tyrannen Pisistratos
zu finden, sowohl in der äußeren Gestalt, als auch in dem
einschmeichelnden Tone seiner Stimme und in der Gewandt=
heit seiner Unterhaltung. Da es ihm nun auch an Reichtum
und mächtigen Freunden nicht gebrach, so fürchtete Perikles
durch den Ostracismus verbannt zu werden, und hielt sich
von Staatsgeschäften fern, während er sich im Kriege als
einen tapferen und keine Gefahr scheuenden Mann bewährte.
Erst später, als Aristides gestorben, Themistokles verbannt
war, und den Cimon seine Feldzüge im Ausland beschäftig=
ten, trat Perikles öffentlich hervor und ergriff die Partei
des Volkes und der Armen gegen die Vornehmen und Reichen.
Von dieser Zeit an änderte er seine ganze Lebensweise: man
sah ihn während der langen Zeit seiner Staatsverwaltung

keinen anderen Weg gehen, als den auf den Marktplatz und
in das Rathaus; Einladungen zu Gastmählern schlug er aus
und mied allen vertrauten Umgang; dem Volke zeigte er sich
gleichsam nur aus weiter Ferne; indem er nicht bei jeder
Veranlassung, sondern nur bei den wichtigsten Angelegenheiten
die Rednerbühne selbst betrat; unbedeutendere Sachen ließ er
durch Redner, die ihm ganz ergeben waren, abhandeln. So
war denn auch, wenn er einmal als Redner auftrat, der
Eindruck seiner Rede gewaltig, und wahrscheinlich hat er den
Beinamen des Olympiers, den ihm die Athener gaben, der
hinreißenden Kraft seiner Beredsamkeit zu verdanken, denn
die Athener rühmten von ihm, daß er Donner und Blitz
auf seiner Zunge führe. Ungeachtet dieser Überlegenheit
seiner Rede war er höchst vorsichtig und betrat nie die Bühne,
ohne zuvor zu den Göttern gebetet zu haben, ihn vor jeder
unbesonnenen und nachteiligen Rede zu bewahren.

Der erste Schritt, den Perikles that, um die Macht der
Vornehmen und Reichen zu brechen, war der Sturz des
Areopags, jenes uralten, ehrwürdigen Gerichtshofes in Athen.
Durch den Ephialtes, einen ihm ergebenen Mann, setzte er
es beim Volke durch, daß dem Areopag die Aufsicht über
die Sitten der Bürger und über den Staatsschatz, so wie
die Entscheidung von vielen wichtigen Angelegenheiten ent=
zogen wurde. Da in der Staatsverwaltung Cimon sein
Gegner war, so ruhte er nicht eher, bis dieser durch den
Ostracismus verbannt wurde; er war aber auch der erste,
der, als nach der Schlacht bei Tanagra das Volk die Rück=
kehr Cimons wünschte, den Antrag auf dessen Zurückberufung
stellte. So mußte er sich den Launen und Wünschen des
Volkes zu fügen und dessen Gunst zu bewahren, so lange
ihm im Staate noch Gegner, wie Cimon, und nach dessen
Tode Thucydides, im Wege standen. Stets suchte er dem
Volke etwas zu bieten, indem er bald Festversammlungen,
bald öffentliche Speisungen, bald feierliche Umzüge durch
die Stadt veranstaltete. Er führte für die Bürger in der
Volksversammlung und für die Richter einen Sold ein, der
anfangs täglich einen, später drei Obolen (ungefähr 42 Pf.)
betrug, während früher die Bürger jene Leistungen umsonst
übernehmen mußten. Den Armen gab er an den großen
Festen, wo in Athen Schauspiele aufgeführt wurden, aus

dem öffentlichen Schatze Theatergeld. Der Bundesschatz war von der Insel Delos nach Athen verlegt; dieses Geld war ursprünglich dazu bestimmt, die Kosten für die Perserkriege zu bestreiten und die Bundesgenossen zu schützen. Da von den Persern keine Gefahr mehr drohte, glaubte Perikles den Bundesgenossen über die weitere Verwendung des Geldes keine Rechenschaft schuldig zu sein, und führte mit diesen Hülfsquellen jene herrlichen Kunstwerke auf, an denen sich die berühmtesten Künstler Athens, vor allen der unsterbliche Phidias, Perikles Freund, der das ganze leitete, verewigt haben, und deren Aufbau Wohlstand und Reichtum auf alle Klassen des athenischen Volkes verbreitete. Baumeister, Bild=ner, Erzarbeiter, Steinschneider, Färber, Goldarbeiter, Maler*), Sticker, kurz jede Kunst, jedes Gewerbe fand durch jene Bauten, Bildsäulen u. s. w. hinreichende Thätigkeit. Durch solche Werke erhob Perikles den Kunstsinn der schon von Natur reichbegabten Athener, so daß Athen die blühendste Stadt und die Athener das gebildetste Volk der ganzen Welt wurden. Zu den Hauptwerken des Perikles gehörten die Propyläen, der Parthenon und das Odeum.

Die Propyläen oder Vorhallen gehörten zu der Burg (Akropolis) von Athen und waren ein Werk des Atheners Mnesikles. Sie bestanden in einem fünffachen Marmorthor, das zu beiden Seiten große Flügelgebäude hatte. Zu diesem Thor führte eine prächtige Treppe von vielen Stufen, welche die Breite des ganzen Thores einnahmen, und ebenso wie das Thor, aus Marmor aufgeführt waren. Durch diese Propyläen kam man in die eigentliche Burg, in der sich der große Athenentempel, Parthenon genannt, in der Form eines länglichen Vierecks erhob. Rings um alle vier Seiten lief eine Halle, die auf schönen Marmorsäulen ruhte. Hier stand die 36 Fuß hohe, von Phidias aus Elfenbein und mit einem Gewande von purem Golde bekleidete Bildsäule der

---

*) Die berühmtesten Maler waren damals Zeuxis und Parrhasius. Als beide einst einen Wettkampf anstellten, malte Zeuxis Weintrauben, so natürlich, daß die Vögel herzuflogen und danach pickten. Parrhasius aber brachte ein Gemälde, das mit einem dünnen Vorhang bedeckt schien. „Ziehe doch den Vorhang weg!" rief Zeuxis. Da lachte Parrhasius, denn der Vorhang war eben das Gemälde. So hatte der eine nur die Vögel, der andere den Künstler selbst getäuscht.

Göttin Athene. Anfangs riet Phidias dem Volke, sie aus Marmor zu verfertigen, weil es wohlfeiler sei, aber das Volk erklärte sich laut dagegen und rief: „Nein, aus Gold und Elfenbein!" Auf der höchsten Spitze der Burg stand eine andere Bildsäule derselben Göttin in Erz, von Phidias aus der marathonischen Beute gegossen, von so ungeheurer Größe, daß man Lanze und Helmbusch der Göttin schon vom Vorgebirge Sunion aus in einer Entfernung von fünf Meilen sehen konnte. — Das Odeum war ein rundes, zu musikalischen und poetischen Vorträgen bestimmtes und mit Säulen und Gemälden verziertes Gebäude. Es war nach dem Muster des Zeltes des Xerxes erbaut und mit marmornen Sitzreihen versehen; das spitzige Dach wurde von persischen Schiffs=masten getragen.

Noch ein Mann stand dem Perikles im Staate ent=gegen, Thucydides. Dieser klagte ihn einst an, daß er die Beiträge der Bundesgenossen verschwende; doch Perikles ging siegreich aus dieser Anklage hervor, und endlich gelang es ihm beim Volke, die Verbannung seines Gegners zu be=wirken. Seit dieser Zeit war sein Verhalten gegen das Volk nicht mehr dasselbe; er war nicht mehr nachgiebig und lenk=sam, sondern leitete nun das Volk durch die Kraft seiner Rede und Belehrung nach seinem Willen, und noch fünfzehn Jahre nach der Vertreibung des Thucydides regierte er den Staat so, daß er nur dem Namen nach eine Volksherrschaft war, in der That aber von einem Einzigen, von dem ersten und edelsten seiner Bürger beherrscht wurde. Bei allen den großen Summen, über die Perikles zu verfügen hatte, bewies er sein ganzes Leben hindurch eine solche Uneigennützigkeit, daß er das von seinem Vater ererbte Vermögen um keine Drachme vergrößerte. Groß war daher auch das Vertrauen, das Pe=rikles bei dem athenischen Volke genoß. Dies zeigte sich namentlich bei folgender Gelegenheit.

Die Insel Euböa empörte sich (446) gegen Athen, und kaum hatte Perikles mit einem Heere die Insel betreten, als die Kunde kam, daß auch Megaris abgefallen sei. Perikles führte sogleich sein Heer aus Euböa zurück, fand aber auf der Grenze nicht nur die Megarenser, sondern auch ein spartanisches Heer unter dem jungen König Plistoanax, das verwüstend tief in Attika eindrang. Mit solcher Macht scheute sich Perikles den Kampf zu übernehmen, und bestach den König Plistoanax, worauf das peloponnesische Heer sich zurückzog. Nun ging er wieder nach Euböa, unterwarf die Insel und verteilte das Land unter athenische Bürger. Als Perikles dem Volke von den Ausgaben des Staates Rechnung ablegte, fanden sich darunter zehn Talente, die er für nötige Ausgaben verwendet hatte, und das Vertrauen des Volkes zu seiner Uneigennützigkeit war so stark, daß es sich bei dieser Angabe beruhigte und keine nähere Erklärung verlangte. Wahrscheinlich hatte er sie zur Bestechung des Plistoanax gebraucht, um diesen zum Rückzug zu bewegen. Als Euböa gedemütigt war, bestrafte Perikles die Megarenser wegen ihres Abfalls dadurch, daß er ihnen den Besuch der athenischen Häfen und Märkte verbot, wodurch der Handel jenes Staats gelähmt wurde.

Dieses Ereignis lehrt zugleich, daß es dem Perikles nicht an Veranlassung fehlte, auch als Feldherr der Athener die Herrschaft seiner Vaterstadt über die verbündeten Staaten zu befestigen. Hierbei läßt sich jedoch nicht leugnen, daß er durch strenge Behandlung der Bundesgenossen den Haß derselben gegen Athen steigerte, so daß die Klagen dieser unterdrückten Staaten in Sparta geneigtes Gehör fanden. Auch war in der That die Handlungsweise des Perikles und der Athener gegen die Bundesgenossen herrisch und eigenmächtig, und die Zahl der freien Staaten nahm immer mehr ab. Sogar die mächtigen Samier wurden (440) von Perikles nach hartnäckigem Widerstande zur Unterwerfung gezwungen. Als er aus diesem Kriege zurückkehrte, hielt er den im Kriege Gefallenen eine herrliche Leichenrede und ließ ihnen herrliche Gräber bereiten. Er selbst rühmte sich seines Sieges, indem er sagte: „Agamemnon habe in zehn Jahren nur eine Stadt der Barbaren eingenommen, er habe in neun Monaten die Mächtigsten unter den jonischen Griechen unterworfen."

Die Zahl der Feinde Athens ward noch größer, als die Athener sich in einen Krieg der Korinthier gegen die Korcyräer mischten und letzteren mit einer Flotte zu Hülfe kamen, wodurch die Korinthier in einer Schlacht zum Rückzuge genötigt wurden. Dazu kam noch, daß die Athener die Stadt Potidäa auf der Halbinsel Chalcidike, die zwar eine Pflanzstadt der Korinthier, aber doch den Athenern zinspflichtig war, belagerten, weil sie dem Gebote, einen Teil ihrer Mauern abzureißen und eine athenische Besatzung aufzunehmen, nicht Folge geleistet hatten. Nun traten Korinthier und Megarenser vereint in Sparta auf und erhoben heftige Klagen über Athens Ungerechtigkeit und Herrschsucht, um die Spartaner zu einem Kriege gegen den verhaßten Staat zu bewegen. Wie sich nun der allgemeine Unwille laut gegen die Athener aussprach, so traf er insbesondere den Perikles, den alle als den Urheber der harten Maßregeln gegen die Bundesgenossen betrachteten. Dennoch riet Perikles in einer Versammlung dem Volke, nicht nachzugeben und reizte es zum Widerstand gegen die Spartaner und deren Verbündete auf, indem er den Athenern zeigte, daß sie an Hülfsmitteln zum Kriege den Gegnern weit überlegen wären. So kam denn der furchtbare Krieg, der, weil sich die meisten Staaten des Peloponneses wider Athen verbanden, der Peloponnesische heißt, zum Ausbruch, und Griechenland wurde der Schauplatz eines 27jährigen (431—404 v. Chr.) Kampfes, der nicht allein die Blüte Athens vernichtete, sondern auch die guten alten Sitten der Griechen überhaupt untergrub.

Archidamos, König von Sparta, rückte mit einem Heere, das aus Lacedämoniern und peloponnesischen Bundesgenossen bestand, in Attika ein und verwüstete diese Landschaft bis in die Nähe von Athen. Perikles ließ alle Bewohner des Landes mit ihren Habseligkeiten sich nach Athen flüchten, wo nun eine so ungeheure Menschenmenge zusammenkam, daß selbst Mauertürme, Tempel und Kapellen bewohnt wurden. Obgleich die Athener vor Kampfeslust brannten, hielt es Perikles doch für bedenklich, gegen ein Heer von 60 000 Mann ins Feld zu ziehen. Nur mit Mühe konnte er den Ungestüm der Bürger im Zaum halten, und um nicht wider seinen Willen zur Schlacht gezwungen zu werden, hielt er in jener Zeit keine Volksversammlung. Den dringenden Bitten seiner Freunde, die ihn zur Schlacht zu bewegen suchten, den Drohungen und Beschuldigungen seiner Feinde setzte er gleiche Standhaftigkeit entgegen und ließ sogar Spott- und Schmähgedichte ruhig über sich ergehen. Sein Plan war, den Feinden zur See zu schaden; er schickte daher eine Flotte von 100 Schiffen aus, welche die Küsten des Peloponneses verheerte. Bald zogen auch die Peloponnesier, denen die Vorräte ausgingen, nach Hause.

Im nächsten Jahre (430) wiederholten die Feinde ihren verheerenden Einfall in Attika, doch gesellte sich in diesem Jahre zu den äußern Feinden noch ein innerer, jene verderb= liche Pest, die wahrscheinlich aus Afrika oder Asien zu Schiffe nach Europa gebracht war und in Athen eine unzählige Menge von Menschen hinwegraffte. Die Hitze des Sommers, die Überfüllung der Stadt mit Landbewohnern, die sich größten= teils mit kleinen dumpfigen Hütten behelfen mußten, ver= mehrte die Wut der Krankheit. Den Kranken wurden Augen, Zunge und Schlund feuerrot entzündet, innere Hitze und brennender Durst quälten sie auf's äußerste. Geschwüre in den Eingeweiden und auf der Haut vermehrten den Schmerz, und eine ertötende Mutlosigkeit erschwerte das Leiden. Furchtbar war die Verheerung, welche die Seuche anrichtete, furchtbarer aber noch der Einfluß, den sie auf die Gemüter der Menschen ausübte. Der Glaube an die Götter schwand, die Reichen und Wohlhabenden ergaben sich allen sinnlichen Lüsten, die Frevelhaften verloren alle Scheu vor den Gesetzen. Das Sittenverderbnis, das aus dieser heillosen Krankheit ent= sprang, dauerte daher weit länger, als das Übel selbst. Und da sich nun bei den ungeheuren Leiden der athenischen Be= völkerung aller Ingrimm gegen den Perikles wandte, den man für den Urheber des Unglücks hielt, so entsetzte das Volk den hochverdienten Mann seiner Feldherrnwürde und legte ihm noch eine Geldstrafe auf. So mußte denn Perikles noch am Abende seines Lebens den Wankelmut und die Un= beständigkeit des Volkes erfahren, die sich schon früher in ein= zelnen Vorfällen geäußert hatten. Er hatte bereits erleben müssen, wie sein Freund Phidias angeklagt wurde, von dem Golde für die Bildsäule der Athene einen Teil unterschlagen zu haben, und obgleich Perikles die Beschuldigung widerlegte, mußte er doch den Phidias in das Gefängnis wandern sehen, in dem der Künstler sein Leben endigte. Seinen Lehrer Anaxagoras, der von den Athenern der Gottlosigkeit beschul= digt wurde, konnte er nur dadurch retten, daß er ihn aus der Stadt schickte; und nur durch seine Bitten und Vorstel= lungen vermochte er seine Freundin Aspasia, die er zärtlich liebte, gegen eine Anklage zu verteidigen.

Doch nicht blos das schmerzliche Gefühl, sich auf so unbankbare Weise seiner Würde entsetzt zu sehen, traf den Perikles in seinem Alter, auch häusliche Leiden beugten den sonst starken Mann. Die fürchterliche Pest wütete in seiner eigenen Familie, er verlor durch den Tod seine Schwester und seinen Sohn Xanthippos; dennoch behielt er jene Seelengröße, die über die Schläge des Schicksals erhaben ist. Als er aber auch seinem Sohne Paralos, den gleichfalls die Pest dahinraffte, nach athenischer Sitte den Totenkranz aufsetzte, da überwältigte ihn der herbste Schmerz, er brach in Thränen und laute Klagen aus, was er nie in seinem Leben gethan hatte.

Bald erkannte das athenische Volk seinen Undank und seine Übereilung; es überzeugte sich von der Wichtigkeit und Unentbehrlichkeit des tiefgekränkten Mannes und übertrug ihm von neuem seine vorige Würde. Doch nicht lange mehr sollte er an der Spitze der Verwaltung seines Vaterlandes stehen; auch ihn ergriff die verheerende Seuche. Als er dem Tode nahe war, rühmten die um ihn sitzenden Bürger die Größe seiner Tugend und seiner Macht und die Menge seiner Siege, ohne daß sie von dem Perikles gehört zu werden glaubten. Er aber hatte alles gehört und sagte: „Ich wundere mich, daß ihr nur das erwähnt, woran das Glück gleichen Anteil mit mir hat, und was schon vielen Feldherrn zu teil geworden ist; das Schönste und Größte sagt ihr aber nicht: „Kein Athener hat meinetwegen das Trauergewand angelegt.""

XXIV.

Kleon, der Gerber.

So glänzend Perikles Verdienste um den athenischen Staat sind, so trifft ihn doch der Vorwurf, daß er das athenische Volk an früher nicht gekannte Genüsse gewöhnt hat. Die schädlichen Folgen dieser Genußsucht des Volks traten jedoch nicht während seines Lebens, sondern erst nach seinem Tode hervor, als an seine Stelle in der Staatsverwaltung Männer kamen, die dem Volke alle Genüsse nur aus dem Grunde gewährten, um sich dessen Gunst zu verschaffen und es nach ihren eigenen Vorteilen zu leiten. Der habsüchtigste und unverschämteste dieser Männer war Kleon, Gerber und Lederhändler zu Athen, was jedoch nicht so zu verstehen ist, als ob er selbst dieses Gewerbe betrieben habe, sondern er hatte eine Gerberwerkstätte, in der größtenteils Sklaven arbeiteten. Wie grenzenlos seine Habsucht war, geht daraus hervor, daß er anfangs ein geringes Vermögen besaß, nach seinem Tode aber 50 Talente hinterließ. Sein äußeres Auftreten war ganz das Gegenteil von dem des Perikles; er hatte auf der Straße einen raschen unanständigen Gang; auf der Rednerbühne suchte er durch heftige Geberden, durch seine schreiende Stimme die Zuhörer zur Leidenschaftlichkeit zu reizen, dabei warf er den Mantel zurück, schlug die Hüfte und sprang von einer Seite der Rednerbühne zur andern. Mit der größten Frechheit und Unverschämtheit verfolgte er durch falsche Anklagen vor Gericht die ruhigen und wohlhabenden Bürger, um nach ihrer Verurteilung sich durch Einziehung ihres Vermögens zu bereichern, so daß alle Wohlgesinnten vor ihm in Angst lebten. Seine blutige Grausamkeit zeigte er besonders bei folgender Gelegenheit:

Im vierten Jahre des peloponnesischen Krieges (428) war die Insel Lesbos von dem athenischen Bunde abgefallen. Die Athener schlossen die Hauptstadt Mitylene von der Land- und Seeseite ein und ihr Feldherr Paches zwang sie im folgenden Jahre (427) zur Übergabe. Die gefangenen vornehmen Mitylenäer wurden verhaftet und nach Athen gebracht. Bei ihrer Ankunft hielt das Volk eine Versammlung und faßte, von Kleon aufgereizt, den Beschluß, alle erwachsenen Mitylenäer zu töten, die Frauen und Kinder als Sklaven zu verkaufen. Sogleich wurde ein Schiff nach Lesbos geschickt, um dem Paches den Befehl zur Ausführung dieses Beschlusses zu überbringen. Am folgenden Tage bereuten die Athener ihren übereilten Beschluß, und eine neue Volksversammlung ward berufen. Doch Kleon fühlte keine Reue über dieses Bluturteil und beharrte fest auf seiner Meinung. Dagegen trat ein anderer Athener von milderer Gesinnung auf und brachte es durch seine Rede dahin, daß die Mehrzahl des Volkes seiner Meinung beistimmte. Ein zweites Schiff wurde schnell nach Lesbos abgeordnet, um die Ausführung des ersten Beschlusses zu hintertreiben. Es kam noch zur rechten Zeit an; die Mitylenäer wurden gerettet, nur jene gefangenen Vornehmen, die in Athen verhaftet waren, wurden auf Betrieb des blutgierigen Kleon hingerichtet; es waren ihrer über 1000. Die Lesbier verloren ihre Länderreien, die unter athenische Bürger verteilt wurden.

Auf dieselbe Weise übte Kleon auch in den folgenden Jahren einen ungünstigen Einfluß auf den Gang des peloponnesischen Krieges und das athenische Volk aus. Die Athener hatten die Burg von Pylos in Messenien neu befestigt und eine Besatzung hineingelegt. Diese Anlage ward den Lacedämoniern, da ihre entlaufenen Heloten hier einen Zufluchtsort fanden, höchst gefährlich. Sie beschlossen daher, die athenische Besatzung daraus zu vertreiben, aber ihre Flotte ward geschlagen und 400 ihrer edelsten Bürger wurden auf der gegenüberliegenden Insel Sphakteria eingeschlossen (425). Um diese zu retten, boten die Lacedämonier den Athenern den Frieden an, und er wäre zustande gekommen, wenn nicht der übermütige Kleon, der keinen Frieden wollte, das Volk gereizt hätte, den Feinden überaus harte Bedingungen zu stellen, die sie nicht erfüllen konnten. So ward der Friede durch Kleon vereitelt. Da aber Sphakteria noch nicht erobert war, und das Volk, dessen Not wuchs, gegen ihn, den Friedensstörer murrte, so schob er alle Schuld auf die Saumseligkeit und Schwäche der Feldherren, die schon längst Sphakteria erobert haben könnten, wenn sie nur den guten Willen hätten. Damals war der Feldherr Nicias gerade in der Versammlung, und wie ihn Kleon vor dem Volke der Feigheit beschuldigte, erbot er sich, ihm seine Feldherrnstelle abzutreten, wenn er selbst einen Versuch zur Eroberung der Insel machen wollte. Kleon, der diesen Vorschlag nicht für Ernst hielt, war anfangs bereit, nachher aber, als er merkte, daß Nicias Ernst machte, suchte er Ausflüchte und lehnte den Oberbefehl ab, aber das Volk ließ ihm nicht eher Ruhe, als bis er ihn übernahm. Nun bequemte sich Kleon dazu und versprach prahlerisch, die Spartaner in zwanzig Tagen lebendig nach Athen zu bringen oder zu töten. Bei dieser Äußerung brach das Volk in ein lautes Gelächter aus. Doch war das Glück dem Prahler günstig. Ein auf der Insel Sphakteria entstandener Waldbrand machte den Boden kahl und erleichterte den Athenern die Eroberung.

Die auf der Insel eingeschlossenen Spartaner mußten sich nach der tapfersten Gegenwehr ergeben, wurden nach Athen gebracht und in Ketten gelegt.

Die Ereignisse des Krieges waren den Athenern nicht immer günstig. In der Folgezeit erlitten sie besonders auf der Halbinsel Chalcidike durch den spartanischen Feldherrn Brasidas bedeutende Verluste. Kleon trieb das Volk an, das Verlorene wieder zu erobern und ging selbst mit einem Heere nach der Halbinsel. Dieser Zug hatte wenigstens den Vorteil, daß er Athen von diesem verderblichen Bürger befreite. Kleon fand vor der Stadt Amphipolis bei einem Rückzuge seinen Tod (422). Da auch Brasidas gefallen war, gelang es dem gemäßigten Nicias, den Frieden herzustellen, der auf fünfzig Jahre beschlossen ward. (Nicischer Friede.)

XXV.

Alcibiades.

Alcibiades, der Sohn des Klinias, stammte aus einem reichen und edlen Geschlechte, das bis auf den Telamonier Ajax hinaufreichte, und war verwandt mit Perikles, der nach dem Tode seines Vaters die Vormundschaft über ihn führte. Die Natur hatte den Alcibiades mit den glänzendsten Gaben des Körpers und der Seele ausgestattet, er besaß eine sehr schöne Gestalt, einen lebhaften durchdringenden Geist, eine einschmeichelnde Stimme, die durch ein leichtes Anstoßen mit der Zunge — er konnte den Buchstaben R nicht aussprechen — nur um so lieblicher war. Dagegen fehlte ihm aber auch nicht jener Leichtsinn und ausgelassene Mutwille, der überhaupt ein Zug des athenischen Volkes war. Bei solchen Gaben war es kein Wunder, daß er schon als Knabe die Aufmerksamkeit der Athener auf sich zog, und manche witzige Äußerung, mancher lose Streich wird uns von ihm erzählt.

Einst übte er sich mit einem stärkeren Knaben im Ringen und, um nicht zu unterliegen, biß er ihn in den Arm. Als sein Gegner ihn mit den Worten schalt: „Du beißest ja, Alcibiades, wie die Weiber!" antwortete dieser: „Nein,

wie die Löwen!" — Ein andermal spielte er mit mehreren
anderen Knaben auf der Straße Würfel und war gerade am
Wurf, als ein Wagen gefahren kam. Alcibiades bat den
Fuhrmann zu warten, da dieser aber nicht auf ihn hörte,
legte er sich quer vor die Pferde auf die Straße und sagte:
„Nun fahre zu, wenn du willst!" Der Fuhrmann mußte
umwenden. — Alcibiades war lernbegierig und seinen Lehrern
folgsam, nur gegen die Flöte zeigte er einen unbesiegbaren
Widerwillen, weil sie den Mund und das Gesicht entstelle
und nicht gestatte, daß der Spielende dazu singe. „Die
Kinder der Thebaner," sagte er, „mögen die Flöte blasen,
denn sie verstehen nicht zu reden." Er teilte seine Abneigung
gegen dieses Instrument seinen Gespielen mit und brachte es
förmlich in Verruf. — Einst wollte er seinen Vormund Perikles
besuchen, erfuhr aber vor der Thür, daß dieser beschäftigt sei
und gerade darüber nachdenke, wie er den Athenern Rechen=
schaft ablege. „Wäre es nicht besser," sagte Alcibiades,
„darüber nachzudenken, wie er ihnen keine Rechenschaft mehr
abzulegen brauche?"

Als Jüngling war er innig befreundet mit dem weisen
Sokrates, der den sonst leichtsinnigen und übermütigen
Jüngling so für sich zu gewinnen wußte, daß er wißbegierig
dessen Lehren anhörte und seinen Tadel ruhig über sich er=
gehen ließ. „Nur bei ihm", sagte er, „begegnete es mir,
daß ich mich vor mir selber schämte." Leider schlug aber
Alcibiades, wenn er unter das Volk kam, die Lehren des
Weisen wieder in den Wind. Auf dem Feldzuge nach Po=
tidäa, den er und Sokrates mitmachten, fiel einst Alcibiades
verwundet nieder; da deckte ihn der Weise mit seinem Schild
und rettete sein Leben. Als nach der Schlacht der Preis
der Tapferkeit dem Sokrates zuerkannt werden sollte, bat
dieser die Richter, ihn dem Alcibiades zu erteilen. — In
der für die Athener unglücklichen Schlacht bei Delion zog
sich Sokrates zu Fuß mit wenigen Gefährten zurück unter
steter Verfolgung der Feinde; da sprengte Alcibiades, der
den Feldzug zu Pferde mitmachte, heran und rettete sein Leben.

Einst machte Alcibiades mit seinen Gefährten eine Wette,
daß er dem Hipponikos, einem reichen und angesehenen
Athener, eine Ohrfeige geben wollte, und führte diese That
auf offener Straße aus. Jedermann war über diese Frech=

heit empört. Am anderen Tage jedoch begab sich Alcibiades
zum Hipponikos, bat ihn demütig um Verzeihung und bot
seinen entblößten Rücken zur verdienten Geißelung dar.
Hipponikos verzieh ihm und wurde in der Folge so für
Alcibiades eingenommen, daß er ihm seine Tochter zur
Frau gab.

Alcibiades besaß einen Hund von ausgezeichneter Schön=
heit, den er für siebenzig Minen*) gekauft hatte. Diesem
schnitt er den Schwanz ab, der die Zierde des Tieres war.
Als ihm seine Freunde vorstellten, daß alle Athener dieses
Streiches wegen auf ihn schimpften, sagte er lachend: „Das
will ich eben: mögen die Athener dies von mir sagen, da=
mit sie nichts Schlimmeres von mir sagen.‟

Einst ging Alcibiades auf den Marktplatz, als gerade
das Volk versammelt war. Bei seiner Ankunft schrie das
Volk seinem Liebling freudig entgegen, so daß er darüber
ganz die Wachtel vergaß, die er im Busen seines Gewandes
trug. Da suchte der Vogel seine Freiheit und flog davon,
und das ganze Volk verließ die Versammlung und stürmte
der Wachtel nach, um seinem Liebling sich gefällig zu er=
weisen. Ein gewisser Antiochos fing sie und ward dafür
Alcibiades Freund.

Seine Mitbürger suchte er an Aufwand und glänzender
Pracht zu übertreffen. Auf den olympischen Wettkämpfen
erschien er mit sieben Wagen, was noch kein König gethan
hatte, und trug mit dreien den Sieg davon.

Alcibiades öffentliches Auftreten fiel gerade in die Zeit,
wo Nicias den Frieden zwischen den feindlichen Staaten ab=
geschlossen hatte. Doch war diese Zeit durchaus keine fried=
liche, und Alcibiades, der vor Begierde brannte, sich Feld=
herrnruhm zu erwerben, wandte alle Kunstgriffe an, den
Krieg wieder zum offenen Ausbruch zu bringen.

Vor allem suchte er das Volk zu einem Zuge nach
Sicilien zu bewegen, wozu sich damals eine günstige Gelegen=
heit darbot. Die Einwohner der Stadt Segesta auf Sicilien

---

*) Ueber das athenische Geld merke man: 1 Talent (4125
Mark) hatte 60 Minen; 1 Mine (68³/₅ Mark) 100 Drachmen,
1 Drachme (68³/₅ Pf.) 6 Obolen (1 Obolos 11²/₅ Pf.).

führten Krieg mit der Stadt Selinus und wurden von dieser und den mächtigen Syrakusiern hart bedrängt. Sie baten in Athen um Hülfe und versprachen in ihrer Not sechzig Talente monatlichen Sold für sechzig Schiffe. Alcibiades wußte durch seine einschmeichelnde Beredsamkeit das Volk so zu bethören und ihm die Eroberung von ganz Sicilien als so gewiß vorzuspiegeln, daß es den Segestanern den verlangten Beistand bewilligte. Durch Alcibiades Reden begeistert, schwelgte das Volk schon zum voraus in ausgelassener Siegesfreude und träumte sogar von Karthagos und Afrikas Eroberung, worauf die Unterwerfung Italiens und des Peloponneses folgen sollte. Die prächtigste von allen Flotten ward ausgerüstet, und Nicias, Lamachos und Alcibiades zu Feldherren ernannt.

Noch ehe die Flotte auslief, ereignete sich in Athen ein Unfall, der für Alcibiades die verderblichsten Folgen hatte. In einer Nacht wurden alle Hermensäulen, die vor den Häusern der Athener standen, wahrscheinlich von einer Schar trunkener Jünglinge umgeworfen und verstümmelt. Das Volk glaubte hierin einen Angriff auf seine Religion und Götterverehrung und einen Versuch zum Umsturz der Freiheit zu sehen. Aller Verdacht, diese Frevelthat verübt zu haben, fiel auf Alcibiades, dessen Feinde nicht säumten, den Unwillen des Volkes gegen ihn rege zu machen, zumal da ein Gerücht im Umlauf war, daß er gewisse gottesdienstliche Handlungen der Athener mit seinen Freunden heimlich nachgeäfft und verspottet habe. Seine Feinde drohten mit einer Anklage und Alcibiades drang darauf, daß diese Sache noch vor seiner Abreise nach Sicilien entschieden werde. Allein seine Gegner wußten, daß sie ihm, so lange er in Athen war, nichts anhaben konnten, da er bei dem Volke und dem Heere in großer Gunst stand. Sie beschlossen daher, unter dem Vorwand, der Krieg erleide keinen Aufschub, die Anklage für jetzt ruhen zu lassen und die Zeit seiner Abwesenheit zu erwarten, um ihn dann desto sicherer zu verderben.

So segelte denn Alcibiades und die anderen Feldherren ab. Die Flotte landete an der Küste von Sicilien (415) und schon hielten die Feldherren Rat über den Kriegsplan, als von Athen ein Schiff kam, das den Alcibiades abholte, damit er vor Gericht gestellt werden sollte. Seine Feinde hatten ihn in seiner Abwesenheit der Entweihung der Religion angeklagt und schon waren viele, gleichfalls beschuldigt, als Opfer der Volkswut hingerichtet worden.

Alcibiades folgte und bestieg das Schiff. Unterwegs aber stellte er Betrachtungen an über den Leichtsinn und Wankelmut des Volks und über die Grausamkeit, mit der es schon oft vornehme und ausgezeichnete Männer verfolgt hatte. Er benutzte daher eine Gelegenheit, sich seinen Wäch=tern zu entziehen, und blieb ihren Nachsuchungen verborgen. Als ihn jemand fragte: „Traust du denn deinem Vater=lande nicht?" antwortete er: „Nicht einmal meiner eigenen Mutter, wenn es sich um mein Leben handelt, denn sie könnte aus Versehen einen schwarzen Stein statt eines weißen in die Urne werfen." Er entkam nach Elis, und als er hörte, daß die Athener ihn zum Tode verurteilt und sein Andenken verflucht hätten, sagte er: „Ich will ihnen zeigen, daß ich noch lebe." Er begab sich nach Sparta, wo er freundlich auf= genommen ward. Von jetzt an suchte er sich an den Athenern zu rächen und ihnen zu schaden, indem er den Lacedämoniern Ratschläge erteilte, wie sie den Krieg auf die für Athen verderblichste Weise führen könnten. Auf seinen Rat be= festigten sie das nahe an der Grenze von Attika gelegene Dekelea, und wiederholten von diesem festen Standort aus jährlich ihre verheerenden Einfälle in das attische Gebiet. Ferner erteilte er ihnen den Rat, den Syrakusiern in Sicilien Hülfe zu schicken, um die Unternehmung der Athener zu ver= eiteln. Dies geschah und mit solchem Erfolge, daß der an= fangs glückliche Feldzug für Athen den traurigsten Ausgang hatte. Nach vielen Verlusten mußten sich die Athener den Syrakusiern ergeben; die Gefangenen wurden in die Stein= gruben von Syrakus geworfen, wo sie elend verschmachteten, Nicias aber und noch ein anderer Feldherr öffentlich hin= gerichtet (413).*) Die Athener, deren Hülfsmittel erschöpft waren, wurden durch die Nachricht von dieser Niederlage in die größte Verzweiflung versetzt, und der Staat kam an den Rand des Verderbens. Dies alles war die Wirkung der Rache des Alcibiades.

---

*) Nach anderer Nachricht kamen sie der Hinrichtung durch Selbstmord zuvor.

Dieser nahm in Sparta ganz die Sitten und die Lebens=
art der Spartaner an: er badete im Eurotas, erschien bei
ihren Mahlen und aß die schwarze Suppe wie ein echter
Lakone. Obgleich er durch diese strenge Lebensart die Lace=
dämonier ganz bezauberte und für sich einnahm, so dauerte
doch auch hier das gute Vernehmen, in dem er zur Regierung
stand, nicht lange. Man setzte Mißtrauen in ihn und be=
fürchtete, daß er doch über kurz oder lang wieder auf die Seite
der Athener treten und sich gegen Sparta wenden würde.
Da er sich nun auch den Haß des Königs Agis zugezogen
hatte, so war er in Sparta nicht mehr sicher und ging nach
Asien zum persischen Statthalter Tissaphernes. Auch
ihn wußte er so für sich zu gewinnen, daß er nicht mehr, wie
bisher, den Lacedämoniern, sondern den Athenern Unter=
stützung versprach. Alcibiades suchte sich jetzt wieder mit
seinen Landsleuten auszusöhnen und seine Zurückberufung zu
bewirken. Er trat daher in Verbindung mit den Feldherren
der athenischen Flotte bei Samos, denen er den Beistand des
persischen Satrapen gegen Sparta zusagte. Er ward vom
Heere als Feldherr aufgenommen und bald auch durch einen
Volksbeschluß nach Athen zurückberufen. Doch nur als sieg=
reicher Feldherr und mit Ruhm gekrönt wollte Alcibiades
seine Vaterstadt wiedersehen. Erst nachdem er die Flotte der
Lacedämonier bei Sestos und Abydos in zwei Schlachten
besiegt und sie bei Kyzikos zu Wasser und zu Lande geschlagen,
endlich den Athenern die Gegenden des Hellespont wieder
erobert hatte, segelte er nach Athen zurück, indem er reiche
Beutestücke und Siegeszeichen und die Trümmer von zwei=
hundert zerstörten Schiffen mit sich führte (408).

Als er sich dem Piräeus näherte, erwartete ihn eine
zahllose Menge Volkes, doch stieg er nicht eher an das Land,
als bis er seine Verwandten am Ufer erblickte. Nun landete
er, das Volk richtete alle seine Blicke nur auf ihn und schien
für die anderen Feldherren, die ihn begleiteten, kein Auge zu
haben. Alcibiades ging in die Volksversammlung und ver=
teidigte sich hier gegen die ihm zur Last gelegten Beschuldi=
gungen, wobei er jedoch nicht das Volk, sondern nur sein
Mißgeschick anklagte, und schloß seine Rede damit, daß er
den Mut der Bürger für die weitere Führung des Krieges
belebte. Die Athener gaben ihm sein Vermögen zurück,

widerriefen den über ihn ausgesprochenen Fluch und er=
nannten ihn zum unumschränkten Anführer zu Wasser und
zu Lande. Weinend nahm Alcibiades die Beweise des Wohl=
wollens seiner Mitbürger auf, und unter der Menge selbst
beweinten viele sein herbes Mißgeschick.

Doch Alcibiades sollte zum zweiten Male erfahren, wie
unsicher und schwankend die Gunst des Volkes ist. Er kehrte
nach Samos zurück und stellte seine Flotte bei dem Vor=
gebirge Notion in der Nähe von Ephesos auf, während Ly=
sander mit der peloponnesischen Flotte in dem Hafen dieser
Stadt lag. Einst entfernte sich Alcibiades auf kurze Zeit
von der Flotte und übertrug den Oberbefehl einem Unter=
feldherrn. Dieser ließ sich gegen den ausdrücklichen Befehl
des Alcibiades in dessen Abwesenheit mit dem Lysander in
eine Schlacht ein, die mit einer vollständigen Niederlage der
Athener endigte. Alcibiades vermochte bei seiner Rückkehr
nicht, den Schaden wieder gut zu machen. Das Volk geriet
bei dieser Nachricht außer sich und entsetzte ihn, dem es die
ganze Schuld beimaß, seiner Feldherrnstelle. So sank der
Mann, der noch vor kurzer Zeit der Abgott seines Volkes
war, wieder von dem Gipfel seines Glückes herab.

Er ging nach Thracien, wo er sich eine Burg erbaut
hatte. Doch nie erstarb in ihm die Liebe zu seinem Vater=
lande. Als die athenische Flotte bei Ägospotamos lag
(405), und die Soldaten sich trotz der drohenden Nähe Ly=
sanders zügellos auf dem Lande zerstreuten, um Beute zu
holen, begab sich Alcibiades, der das Gefährliche ihrer Lage
einsah, zu dem athenischen Feldherrn und versprach ihm, die
Feinde in kurzer Zeit zur Schlacht zu zwingen, wenn er ihn
aufnehmen wollte. Doch er wurde mit der Antwort: nicht
er, sondern ein anderer habe hier zu befehlen, abgewiesen.
So erlitten denn die Athener die furchtbare Niederlage
bei Ägospotamos, die Athen der Rache der Lacedämonier
preisgab.

Diese glaubten jedoch ihres Sieges nicht sicher zu sein,
so lange Alcibiades noch lebte. Er floh vor den Nach=
stellungen seiner Feinde nach Asien zum persischen Statthalter
Pharnabazos und war im Begriff, zum König von Persien
zu reisen, um durch dessen Beistand die Rettung und Be=
freiung seines Vaterlandes zu bewerkstelligen. Doch Lysander

verlangte von Pharnabazos die Auslieferung des gefürchteten Mannes, bis dieser endlich zwei Mörder ausschickte, ihn zu töten. Sie waren aber zu feig, ihn im offenen Kampfe zu erlegen und zündeten daher das Haus an, in dem er gerade übernachtete. Vom Knistern des Feuers aufgeweckt, sprang Alcibiades, mit einem Dolche bewaffnet, heraus und stürzte sich durch die Flammen. Jetzt erlegten ihn die Mörder aus der Ferne durch Pfeile und brachten sein Haupt dem Pharnabazos. Seine Freundin Timandra, die bei ihm lebte, bedeckte seinen Leichnam mit ihrem Gewande und verbrannte ihn an der Flamme des angezündeten Hauses.

XXVI.
Lysander.

Der Spartaner Lysander war nicht von königlichem Geschlechte, aber doch von Herakliden entsprossen. In Armut und nach den strengen Grundsätzen der spartanischen Jugendbildung erzogen, ertrug er den Mangel mit Standhaftigkeit und Uneigennützigkeit; nie ließ er sich durch den Glanz des Goldes blenden, und der Mann, der nach dem Ende des peloponnesischen Krieges die Fülle des Goldes und Silbers in Sparta einführte und in diesem Staate zuerst einen öffentlichen Schatz bildete, hinterließ keine Drachme eigenen Vermögens.

Lysanders erstes Auftreten fällt in die letzte Zeit des peloponnesischen Krieges, in dem er endlich den Sieg vollständig zu gunsten der Lacedämonier entschied. Nach dem unglücklichen Ausgang des Unternehmens gegen Sicilien drohte den Athenern der Verlust der Seeherrschaft. Seitdem jedoch Alcibiades an der Spitze der Flotte stand, gab er dem Kampf, in dem bisher die Spartaner das Übergewicht gehabt hatten, eine andere Gestalt, so daß sich unter seiner Leitung das Glück wieder auf die Seite der Athener wandte. Die Lacedämonier erlitten mehrere bedeutende Niederlagen, und nur in dem Lysander fanden sie einen Feldherrn, der einem Gegner, wie Alcibiades, gewachsen war. Er segelte nach Ephesos und trat bald in Verbindung mit dem Kyros, dem Sohne des persischen Königs Dareios Nothos. Da der Satrap Tissaphernes sich gegen die Lacedämonier, mit denen er verbündet war, zweibeutig benahm und die Hülfsgelder kärglicher als sonst auszahlte, so reiste Lysander zum Kyros, klagte den Tissaphernes an und gewann bald das Vertrauen des persischen Prinzen.

Kyros hieß den Lysander sagen, was er wünsche, und dieser, die dargebotene Gelegenheit benutzend, sagte: „Da du mir so bereitwillig entgegenkommst, o Kyros, so bitte ich dich, dem Solde der Matrosen einen Obolos zuzulegen, damit sie statt drei täglich vier Obolen empfangen." Gern bewilligte Kyros die Bitte und schenkte ihm zehntausend Dareiken (Gold= stücke). Nun konnte Lysander seine Leute so reichlich bezahlen, daß viele von den Feinden zu ihm übergingen und diese bald Mangel an den nötigen Leuten zur Bemannung der Schiffe litten.

Dennoch wagte Lysander gegen den bis dahin noch un= besiegten Alcibiades kein Treffen. Bald aber ereignete sich jener schon oben erwähnte Fall, daß Alcibiades, der die Flotte eine Zeit lang zu verlassen genötigt war, seinem Steuermann Antiochos die Leitung übertrug. Antiochos fuhr, gleichsam um den spartanischen Feldherrn zu höhnen, mit zwei Schiffen keck und übermütig in den Hafen von Ephesos vor der feindlichen Flotte vorbei; doch Lysander ließ sich nicht ungestraft reizen. Er sandte ihm anfangs zwei Dreiruderer entgegen, da aber die athenischen Schiffe zu Hülfe eilten, wurde bald die ganze Flotte der Lacedämonier in den Kampf hineingezogen, in dem Lysander fünfzehn Schiffe nahm und ein Siegesdenkmal errichtete. Die Niederlage der Athener war die Ursache von Alcibiades Sturz.

Schon jetzt war Lysander darauf bedacht, in den Städten Kleinasiens alle die, welche er als kühne und unternehmende Männer erkannte, zu seinen treuen und ergebenen Anhängern zu machen und in ihnen die Hoffnung rege zu erhalten, daß sie einst nach dem Fall von Athen und dem Sturz der Volks= herrschaft durch ihn in ihren Vaterstädten zur Regierung ge= langen würden. Um sich ihre Ergebenheit und Anhänglichkeit zu sichern, scheute er kein Mittel und übte rücksichtslos Un= gerechtigkeiten und Bedrückungen aller Art. Die geheimen Gesellschaften und Verbindungen, welche er hier stiftete, waren die Anfänge der Zwingherrschaften, die er in der Folge in allen Städten einführte.

Lysander wurde, nachdem die Zeit seines Oberbefehls abgelaufen war, zurückberufen, und Kallikratidas, ein Spartaner von altem Schrot und Korn, folgte ihm in der Feldherrnwürde. Voll Neid und Eifersucht bereitete der abziehende Lysander seinem Nachfolger Hindernisse und Schwierigkeiten, indem er den Ueberrest der ihm von Kyros zur Bezahlung der Mannschaft geschenkten Summe diesem wieder schickte und den Kallikratidas im größten Mangel und in Ratlosigkeit zurückließ. Auch war dessen Heerbefehl nicht von langer Dauer: er verlor bei den Arginusischen Inseln gegen die athenische Flotte Schlacht und Leben (406).

Die lacedämonischen Bundesgenossen in Asien verlangten von neuem den Lysander zum Feldherrn und die Regierung in Sparta gab ihren dringenden Vorstellungen Gehör. Da jedoch ein Gesetz verbot, denselben Mann zweimal mit dem Oberbefehl zu beauftragen, so schickten sie als Feldherrn den Arakos ab, stellten ihm aber den Lysander als Unteradmiral zur Seite. In der That aber lag die ganze Leitung der Kriegsangelegenheiten in den Händen Lysanders. Seine alten Anhänger nahmen ihn mit Freuden auf, während diejenigen, denen des Kallikratidas schlichtes und gerades Wesen gefallen hatte, in ihm einen Mann sehen mußten, der mit Lug und Trug seine Zwecke zu erreichen suchte und oft den Vorteil höher achtete, als die Gerechtigkeit. Als man ihm einst freimütig bemerkte, daß einem Sprößling des Herakles die List nicht zieme, sagte er: „Wenn die Löwenhaut nicht mehr ausreicht, muß man den Fuchsbalg darannähen." Kein Eid, keine feierliche Versicherung war ihm heilig, und er führte sogar den Wahlspruch im Munde: Knaben müsse man mit Würfeln, Männer mit Eidschwüren täuschen. Dies zeigte er auch durch die That bei folgender Gelegenheit. Während er öffentlich Freude über die zwischen den Vornehmen, die seine Anhänger waren, und dem Volke zustande gekommene Versöhnung heuchelte, reizte er die ersteren insgeheim zu einem Angriff gegen das Volk auf. Als die Männer des Volks sich durch die Flucht zu retten suchten, beruhigte er sie durch das Versprechen, daß er die Angreifer zur Strafe ziehen werde. In Wahrheit wollte er nur, daß die Häupter des Volkes nicht fliehen, sondern bleiben sollten, um sie desto sicherer ins Verderben zu stürzen. Und in der That fanden alle, die feinem Versprechen Glauben geschenkt hatten, kurz darauf ihren Tod.

Lysander nahm mit der Flotte seinen Standpunkt im Hafen von Lampsakos, ihm gegenüber bei Ägospotamos landete die athenische Flotte. Vier Tage nach einander versuchte die letztere den spartanischen Feldherrn zur Schlacht herauszufordern, doch vergebens: am Abende segelten die athenischen Schiffe immer nach ihrem Standorte zurück, stets verfolgt von den Schnellseglern Lysanders, der die Bewegungen der Feinde sorgfältig beobachtete. Die Athener schwärmten dann, mit jedem Tage sorgloser, in der Umgegend weit umher, um Nahrungsmittel zu holen, ohne die Warnung des in der Nähe befindlichen Alcibiades zu beachten. Auch am fünften Tage sandte Lysander der athenischen Flotte einige Schiffe nach, mit dem Befehl, ihm, sobald die Feinde sich nach ihrer Gewohnheit zerstreuen würden, durch Aufsteckung eines Schildes ein Zeichen zu geben. Auch diesmal zerstreuten sich die Athener, und kaum erblickte Lysander das verabredete Zeichen, als er mit seiner ganzen Flotte zum Angriff heransegelte. Nur die Schiffe des Atheners Konon gingen mit ganzer Mannschaft dem Feinde entgegen, alle übrigen fielen dem Lysander in die Hände. Dreitausend Athener, darunter ihr Feldherr Philokles, wurden niedergehauen. Konon entfloh nach Cypern und sandte ein Schiff nach Athen, die traurige Botschaft zu verkünden (405).

Lysander segelte nun zu den einzelnen Städten umher und befahl allen Athenern, auf die er stieß, in ihr Vaterland zurückzukehren, da er keinen verschonen würde, den er außerhalb der Stadt anträfe. Seine Absicht war, die Athener durch eine solche Überfüllung ihrer Stadt in kurzer Zeit der Hungersnot preiszugeben, damit sie der Belagerung, zu der er sich anschickte, keinen kräftigen Widerstand entgegen zu setzen vermöchten. Allenthalben schaffte er die Volksregierungen ab und setzte einen spartanischen Harmosten (Stadtvogt) nebst zehn Beamten ein. Zu solchen Beamten wurden aber nur diejenigen gewählt, die zu den von Lysander gestifteten Gesellschaften gehörten, und auf deren Treue und Ergebenheit er sicher rechnen konnte. Auf diese Weise trachtete Lysander nach der Herrschaft von ganz Griechenland.

Jetzt nahete der furchtbare Sieger dem Piräeus und traf hier mit den Heeren der beiden lacedämonischen Könige Agis und Pausanias zusammen. Bald entstand Hungersnot in der Stadt und viele raffte der Tod hinweg, dennoch traten die Athener noch nicht mit dem Feinde in Unterhandlung. Als aber Not und Mangel mit jedem Tage stieg, sandten sie Boten nach Sparta zu den Ephoren und erboten sich, Bundesgenossen der Lacedämonier zu werden, wenn man ihnen die langen Mauern der Stadt und den Piräeus ließe. Der Vorschlag ward verworfen; die Verzweiflung erreichte den höchsten Grad. Da erbot sich Theramenes zum Friedensunterhändler. Er reiste zu dem Lysander, der sich inzwischen nach Asien begeben hatte, und hielt sich, vielleicht absichtlich, um die Drangsale der Athener zu steigern, über drei Monate auf. Lysander wies ihn endlich mit der Bemerkung, daß er nicht das Recht habe, den Frieden zu bewilligen, nach Sparta. Noch gräßlicher wütete der Hunger in der geängstigten Stadt, immer mehr Opfer sanken dahin, und die Athener mußten sich endlich dazu verstehen, den Theramenes mit unumschränkter Vollmacht nach Sparta zu schicken. Hier ward eine Versammlung gehalten, in der die rachesüchtigen Thebaner und Korinther sogar auf gänzliche Vernichtung Athens antrugen. Diesen Vorschlag wiesen jedoch die Spartaner, eingedenk der großen Verdienste, die sich Athen um ganz Griechenland erworben hatte, mit Entschiedenheit zurück. Dennoch waren die Bedingungen, unter denen sie den Frieden bewilligten, noch hart genug: die Athener reißen ihre Mauern und die Festungswerke des Piräeus nieder, liefern alle Schiffe bis auf zwölf aus, nehmen die Vertriebenen wieder auf und halten mit den Spartanern gleiche Freunde und Feinde.

Notgedrungen mußte das Volk diese Bedingungen annehmen. Nun segelte Lysander in den Hafen ein, ließ die Schiffe ausliefern und die langen Mauern unter dem Schall der Flöten und der Jubelgesänge der spartanischen Bundesgenossen niederreißen. Und dies alles geschah an einem Tage, der in dem Gedächtnis des Volkes die Erinnerungen an die glänzendste und ruhmvollste Vergangenheit weckte: am Jahrestage der Schlacht bei Salamis. Die Lacedämonier aber und ihre Bundesgenossen begrüßten diesen Tag der Demütigung

des verhaßten Athens als den Anfang der langersehnten
Freiheit Griechenlands. Die Volksherrschaft wurde gestürzt
und statt ihrer eine Regierung von dreißig Beamten in der
Stadt, gewöhnlich die dreißig Thrannen genannt, eingesetzt,
wozu noch zehn für den Piräeus kamen.

Mit der Einnahme Athens hatte Lhsander den Gipfel
seiner Macht erreicht, und sein Stolz und Übermut kannte
keine Grenzen mehr; eine bange Furcht vor dem gewaltigen
Mann bemächtigte sich der Gemüter der Griechen, die ihm
Altäre errichteten und, wie einem Gott, Opfer darbrachten.
Doch eben dieser schrankenlose Stolz und Ehrgeiz erregte den
Unwillen der spartanischen Regierung, der durch die Klagen
des von Lhsander beleidigten persischen Satrapen Pharnabazos,
dessen Land er hart drückte, noch gesteigert ward. Er bekam
den Befehl zur Rückkehr. Bei dieser Nachricht geriet Lhsander
in Schrecken, er trat wieder in freundliche Unterhandlungen
mit dem Satrapen und bat ihn um ein Schreiben, in dem
Pharnabazos die gegen ihn erhobenen Beschuldigungen zurück=
nehmen sollte. Doch diesmal fand der Schlaue seinen Meister.
Pharnabazos schrieb einen für Lhsander sehr günstig lautenden
Brief, den er ihm vorlas, zugleich hatte er aber noch einen
anderen Brief verfaßt, der das Gegenteil von dem ersten
enthielt, diesem aber äußerlich ganz ähnlich war. Beim
Siegeln wußte der Satrap den zweiten Brief geschickt mit
dem ersten zu vertauschen, und händigte diesen, der schwere
Beschuldigungen gegen Lhsander enthielt, ihm ein. In der
Hoffnung durch dieses Schreiben alle Anklagen niederzuschlagen,
reiste Lhsander ab und übergab bei seiner Ankunft in Sparta
den Ephoren den Brief. Diese gaben ihn dem erstaunten
Lhsander selbst zu lesen, der auf diese Weise, ohne es zu
wissen, sein eigner Ankläger ward. Nur mit Mühe entging
er der gegen ihn eingeleiteten Untersuchung.

Von dieser Zeit an beschäftigten den Lhsander große
Entwürfe: er faßte den Plan, die königliche Herrschaft zu
stürzen und die Obergewalt an sich zu reißen. Da er jedoch
wußte, wie groß das Ansehen war, in welchem die Aussprüche
der Orakel bei den Spartanern standen, und welchen Einfluß
sie auf die Angelegenheit des Staates ausübten, so suchte
er sich einen für sein Vorhaben günstigen Orakelspruch zu
verschaffen. Von dem Orakel zu Delphi abgewiesen, ging er

zum Heiligtum des Jupiter Ammon in Afrika, indem er
vorgab, daß ihn die Erfüllung eines Gelübdes dorthin führte.
Er hoffte, die afrikanischen Priester für sich zu gewinnen.
Doch diese berichteten seinen Versuch zur Bestechung nach
Sparta und klagten ihn an. Lysander hatte jedoch das Glück,
auch von dieser Beschuldigung freigesprochen zu werden.

Obschon er zum Schutz der von ihm eingesetzten Tyrannen
gegen Thrasybulos, der zur Befreiung Athens siegreich
von Phyle aufgebrochen war, heraneilte, und die Stadt zu
Wasser und zu Lande einschloß, so vermochte er doch nicht,
die Gewalthaber aufrecht zu erhalten, da Pausanias, einer
der spartanischen Könige, durch Lysanders Stolz gekränkt,
ihm entgegenarbeitete und den Frieden herstellte.

Seinen großen Einfluß zeigte Lysander, als nach dem
Tode des Königs Agis zur Wahl eines andern Königs geschritten ward. Die Echtheit des Leotychides, des Sohnes
des Agis, ward von dem Volke bezweifelt; und Lysander
setzte es durch, daß dessen Unechtheit öffentlich anerkannt und
er also vom Throne ausgeschlossen ward. Dagegen verwandte
er sein ganzes Ansehen zur Erhebung des Agesilaos, der
nach Agis König wurde. Ihn begleitete er auch auf seinen
Feldzügen in Asien gegen Persien. Anfangs gelang es ihm,
den einfachen Agesilaos durch seinen Glanz zu verdunkeln
und durch den Einfluß, den er auf seine alten Anhänger
ausübte, in Schatten zu stellen. Bald mußte er aber dem
kräftig auftretenden König an Ansehen weichen und verließ
voll Verdruß Asien. Als unter den Griechen der sogenannte
korinthische Krieg ausbrach, fand Lysander vor der Stadt
Haliartos in Böotien in einem Treffen seinen Tod (394).

XXVII.

Kritias und Theramenes. — Thrasybulos.

Die von Lysander angeordneten dreißig Tyrannen setzten
einen Rat und Beamte ein und regierten den Staat nach
Willkür. Zuerst zogen sie freilich nur jene ruchlosen Menschen,
die während der Volksherrschaft von falschen Anklagen guter
Bürger gelebt hatten, die Sykophanten, vor Gericht und
reinigten durch ihre Hinrichtung den Staat von diesen

schädlichen Menschen, ohne die wohlgesinnten Bürger zu
kränken. Doch diese Mäßigung war nicht von langer Dauer.
Unter dem Schutze des spartanischen Harmosten Kallibios und
seiner Besatzung begnügten sie sich nicht mehr mit der Hin=
richtung der schlechten Bürger, sondern ergriffen und töteten
auch diejenigen, von denen sie den mächtigsten Widerstand
gegen ihre frevelhafte Gewaltherrschaft befürchteten.

Das Haupt dieser Tyrannen war Kritias, der an=
fangs mit dem uns schon bekannten Theramenes in gutem
Vernehmen stand. Als jedoch die Hinrichtungen überhand
nahmen, that Theramenes öfters Einsprache und zog sich da=
durch den Haß des Kritias zu, der ihm endlich den Unter=
gang bereitete. Aus Furcht, Theramenes möchte sich unter
dem Volke einen Anhang bilden und der Herrschaft der
Dreißig gefährlich werden, stellten diese ein Verzeichnis von
dreitausend Bürgern auf, angeblich die besten aus dem Volke,
welche allein das Recht haben sollten, an den Staats=
angelegenheiten teil zu nehmen und Waffen zu tragen.
Auch gegen diese Maßregel äußerte sich Theramenes in den
heftigsten Worten, indem er es für ungereimt erklärte, daß
nur diesen Dreitausend der Name guter und wackerer Bürger
zukommen sollte, außer ihnen aber weder rechtliche, noch
unter ihnen schlechte zu finden wären. Die Hinrichtungen
nahmen indessen ihren Fortgang und trafen sowohl diejenigen,
welche sich die persönliche Feindschaft eines der Dreißig zuge=
zogen hatten, als auch die, welche ein bedeutendes Vermögen
besaßen, nach dessen Besitz die Tyrannen gelüstete. Auch
Theramenes ward aufgefordert, jeden Bürger, welchen er
wollte, zu ergreifen. Er aber antwortete: „Es geziemt sich
nicht, daß wir, die wir uns für die besten im Staate aus=
geben, die Sykophanten an Ungerechtigkeiten überbieten. Jene
lassen doch wenigstens die leben, von denen sie Geld emp=
pfangen, wir aber töten Unschuldige, um ihr Vermögen ein=
zuziehen. Handeln wir nicht viel ungerechter als jene?“ —
Von dieser Zeit an betrachteten die Dreißig den Theramenes
als einen ihrer Willkürherrschaft gefährlichen Mann und be=
schlossen seinen Sturz.

Eine Ratsversammlung ward berufen; zuvor aber hatte
die Wache Befehl erhalten, mit verborgenen Schwertern zu
erscheinen. In Gegenwart des Theramenes erhob sich Kritias

und klagte ihn als einen Feind der Verfassung und als den
Urheber vieler Uebel für den Staat an. Als er seine An=
klagerede geendigt hatte, nahm Theramenes das Wort zu
seiner Verteidigung, und bald wurden in der Versammlung
Stimmen zu seinen gunsten laut. Da erkannte Kritias, daß
Theramenes, wenn man dem Rate die Entscheidung überließe,
der Anklage entgehen würde, und besprach sich heimlich mit
den Dreißigen. Darauf entfernte er sich und befahl der
Wache, bis an die Schranken der Versammlung zu treten.
Bei seinem Eintritt aber sagte er zu dem Rate: „Ich halte
es für die Pflicht eines tüchtigen Vorstehers, nicht zuzugeben,
daß seine Freunde hintergangen werden! Und dieser Ansicht
gemäß will auch ich handeln. Die Männer hier geben zu
erkennen, es nicht gestatten zu wollen, daß wir den Thera=
menes freisprechen, da er ohne Hehl unsere Regierung ge=
schmäht hat. Unsere neuen Gesetze verbieten, jemanden ohne
euer Urteil zu töten, der zur Zahl der Dreitausend gehört;
was die außer diesem Verzeichnis befindlichen Bürger betrifft,
so haben über diese die Dreißig allein das Recht der Hin=
richtung. So streiche ich denn mit euer aller Bewilligung
den Theramenes aus dem Verzeichnis und wir verurteilen
ihn zum Tode!"

Nach diesen Worten sprang Theramenes an den Altar
und sagte: „Ich flehe euch, ihr Männer, um das an, was
ich mit dem größten Rechte fordern kann; daß es dem Kritias
nicht zustehe, mich oder einen andern nach seinem Belieben
aus dem Verzeichnis zu streichen, sondern daß ihr sowohl
als ich nach dem Gesetze gerichtet werdet, das über die
Dreitausend im Verzeichnis gegeben worden ist. Wohl weiß
ich, daß mich dieser Altar nicht schützen wird, ich will euch
aber zeigen, daß diese nicht nur ungerecht gegen die Menschen,
sondern auch Frevler gegen die Götter sind. Ueber euch
jedoch, ihr Männer, wundere ich mich, daß ihr nicht euch
selbst zu Hülfe kommt und nicht einsehet, daß der Name
eines jeden von euch eben so leicht aus dem Verzeichnis
gestrichen werden kann, als der meinige."

Jetzt befahl Kritias den Elfmännern, welchen die Auf=
sicht über das Gefängnis und die Ausführung der Todes=
urteile oblag, den Theramenes zu ergreifen und sprach:
„Wir übergeben euch den Theramenes, der nach dem Gesetze

zum Tode verurteilt ist; führt ihn ins Gefängnis und thut
das übrige." Darauf zogen die Diener den Theramenes,
der Götter und Menschen zu seinem Beistande anrief, von
dem Altar. Der Rat aber blieb ruhig aus Furcht vor den
Bewaffneten. Die Elfmänner führten den Theramenes über
den Marktplatz, und als dieser nicht aufhörte, mit lauter
Stimme zu wehklagen, drohte ihm einer: „Es wird dir
schlecht ergehen, wenn du nicht schweigst!" „Und wenn ich
schweige", sagte Theramenes, „wird es mir n i c h t schlecht
ergehen!" Er mußte den Giftbecher trinken und als er ihn
fast ganz geleert hatte, goß er die Neige auf die Erde mit
den Worten: „Dies soll für den schönen Kritias sein!"

Nach der Hinrichtung des Theramenes fuhren die Dreißig
fort, alle diejenigen, nach deren Vermögen sie strebten, aus
dem Wege zu räumen. Viele verließen ihr Vaterland und
gingen in die Verbannung. Theben, Megaris und Argos
nahmen die Flüchtlinge freundlich auf. Doch bald sollte für
Athen der Tag der Befreiung nahen.

Thrasybulos, der neben Alcibiades einst den Befehl
auf der athenischen Flotte geführt hatte, und sich jetzt unter
der Zahl der Ausgewanderten befand, besetzte von Theben
aus mit siebenzig Vertriebenen die auf der Grenze gelegene
Festung Phyle und machte sie zu einem Zufluchtsort für die
Flüchtlinge. Täglich mehrte sich sein Anhang und bald flößte
er den Dreißigen in Athen Besorgnis ein. Sie zogen gegen
Phyle, die Veste zu erobern, jedoch der Versuch mißlang,
und sie mußten sich mit Verlust zurückziehen. Von Phyle aus
unternahm Thrasybulos mit den Seinen kleine Streifzüge, die
für ihn siegreich ausfielen und die kleine Schar mit Mut
und Hoffnung beseelten.

Kritias hielt sich mit seinen Genossen in Athen nicht
mehr für sicher und beschloß nach Eleusis zu ziehen, wo er
die ihm verdächtig Gesinnten töten ließ. Thrasybulos aber
rückte bei nächtlicher Stille ungehindert vor Athen und ge=
langte mit seinem kleinen Heer, das schon auf 1000 Mann
gestiegen war, vor die Hafenstadt Piräeus. Die Dreißig
zogen mit aller ihnen zu Gebote stehenden Mannschaft aus
der Stadt, und es kam zu einem entscheidenden Treffen, in
dem der Sieg auf seiten des Thrasybulos und seiner

Anhänger war. Bei diesem Siege beobachtete Thrasybulos
die größte Mäßigung, die fliehenden Bürger wurden nicht
verfolgt, die Gefallenen wurden nicht geplündert, nur Waffen
und Nahrungsmittel nahmen die Sieger. Jetzt trat er mit
den Bürgern in der Stadt in Unterhandlung, die Dreißig
wurden vom Volke abgesetzt und zogen nach Eleusis, von wo
sie nach Sparta um Hülfe schickten; an ihre Stelle wurden
zehn Beamte gewählt, die jedoch im Einverständnis mit den
Tyrannen die Herrschaft derselben zu erhalten suchten und
gleichfalls Sparta um Beistand baten. Lysander erschien und
schloß die Stadt zu Wasser und zu Lande ein, doch zugleich
kam, wie schon erzählt ist, Pausanias mit einem Landheere,
der aus Haß gegen Lysander den Krieg nur zum Schein
führte und durch geschickte Unterhandlungen zwischen Thrasybulos
und den Anhängern der Tyrannen eine Versöhnung zustande
brachte. Den Friedensbedingungen zufolge hörte die Herr=
schaft der Dreißig und der Zehnmänner auf, wogegen die
Regierung wieder in die Hände des Volkes gelegt ward.
Alle Verbannten durften zurückkehren, und eine allgemeine Ver=
zeihung für alle Bürger wurde erlassen, mit Ausschluß der
Dreißig, der Zehn im Piräcus und der Elfmänner, die nach
Eleusis zogen, später aber, als sie sich neue Gewaltthaten
erlaubten, ergriffen und getötet wurden. Thrasybulos ward
wegen seiner großen Verdienste um Athen von den dankbaren
Bürgern mit einem Kranze aus Ölzweigen beschenkt. Von
seinen weiteren Schicksalen wissen wir nur, daß er vor der
Stadt Aspendos in Pamphylien bei einem Ausfall der
Feinde in seinem Zelte getötet ward.

XXVIII.

Sokrates.

Schon in der Geschichte des Alcibiades gedachten wir
des weisen Sokrates. Er war der Sohn des Atheners
Sophroniskos, eines Bildhauers, und erlernte die Kunst seines
Vaters. Auch haben wir schon gehört, daß er an einigen
Feldzügen seiner Vaterstadt Athen teil nahm und sich durch
Mut und Tapferkeit auszeichnete. Ebenso war er ein Muster
in der Strenge der Lebensweise und in der Abhärtung des

Körpers. Als er den Feldzug gegen Potidäa in Thracien mitmachte, war der Winter so rauh, daß keiner ausging, ohne die Füße in Pelz oder Filz zu wickeln. Sokrates ging un= beschuht und in derselben Kleidung, die er immer trug. Doch weder die väterliche Kunst noch das Kriegshandwerk war es, wozu er sich hingezogen fühlte; vielmehr fand er den wahren Beruf seines Lebens darin, schöne und geistreiche Jünglinge zu belehren und durch die Bande der Freundschaft an sich zu knüpfen. Seine Lehren erteilte er öffentlich, ohne sich dafür bezahlen zu lassen, und ging durch ein tabelloses und tugendhaftes Leben seinen Schülern mit dem würdigsten Beispiel voran in einer Zeit, wo in ganz Griechenland die größte Sittenverderbnis herrschte. Seine Schüler wußte er so für sich zu gewinnen, daß Antisthenes, der im Piräeus wohnte, täglich den eine halbe Meile weiten Weg in die Stadt ging, um Sokrates zu hören. Noch mehr that ein anderer seiner Schüler, Euklides aus Megara. Als die Athener im peloponnesischen Kriege den Megarensern bei Todesstrafe den Besuch ihrer Stadt verboten hatten, wagte es Euklides in Frauenkleidern von Megara nach Athen zu reisen, einen Weg von vier Meilen, um nur einen Tag die Unterhaltung des Sokrates zu genießen. Doch wurden manche seiner Schüler, wie Alcibiades, Kritias und Thera= menes seinen Lehren untreu, ja, sie sind es gerade, die dem athenischen Staat so verderblich wurden.

Die Inschrift des delphischen Orakels „Erkenne dich selbst" hatte er zum Grundsatz seines Lebens gemacht. Einfachheit und Mäßigkeit ohne Übertreibung war eine seiner ersten Tugenden. „Nichts bedürfen", sagte er, „ist göttlich, und am wenigsten bedürfen, führt der Gottheit am nächsten." Als ihn aber einst Antisthenes in der Gleichgültig= keit gegen alles Äußere noch übertreffen wollte und, um Auf= sehen zu erregen, in einem zerrissenen Mantel einherging, rief ihm Sokrates zu: „Freund, durch die Löcher deines Mantels schimmert aller Orten deine Eitelkeit hervor."

Sokrates war kein Bild der Schönheit; er hatte hervor= stehende Augen und eine Stülpnase, einen großen Mund und dicke Lippen. Die Heftigkeit seiner Natur hatte er durch Selbstbeherrschung überwunden. Als ihm einst jemand eine Ohrfeige gab, sagte er: „Es ist doch verdrießlich, daß man nicht voraus weiß, wann es gut wäre, einen Helm zu tragen." Eben so hörte er mit der größten Ruhe, daß jemand schlecht von ihm gesprochen habe. „Mag er mich doch prügeln", sagte er, „wenn ich nicht dabei bin". Einst schalt seine Frau mit ihm. Da sie bei seinen gelassenen Antworten immer heftiger wurde, ging er endlich weg. Da ergriff sie ein Gefäß mit Wasser und goß es ihm nach. „Ich dachte es wohl", sagte Sokrates zu einem Nachbar, „nach solchem Donnerwetter mußte wohl Regen kommen."

Hatte er sich durch anstrengende Leibesübungen erhitzt und kam zu einem Brunnen, so füllte er mehrmals den Eimer und goß ihn dann langsam wieder aus, teils um seiner Gesundheit nicht zu schaden, teils um sich in der Beherrschung seiner Begierden zu üben.

Seine Lehrweise bestand darin, daß er den Leuten zuerst durch seine Fragen zeigte, daß sie nichts wüßten, dann aber durch fortgesetzte geschickte Fragen ihnen half, aus sich selbst heraus zu richtigem Wissen und zu klarer Erkenntnis zu kommen. Eines Tages begegnete Sokrates in einem engen Durchgang dem Xenophon, einem schönen Jüngling, den er zum Schüler zu haben wünschte. Sokrates hielt ihm den Stock vor, und der Jüngling blieb stehen. „Sage mir doch", begann Sokrates, „wo man Mehl kauft?" — „Auf dem Markte." — „Und Öl?" — „Eben da." — „Aber wohin geht man, um weise und gut zu werden?" Der Jüngling stutzte. „Folge mir", fuhr Sokrates fort, „ich will es dir sagen." Und beide wurden unzertrennliche Freunde. In einer Schlacht, als Xenophon verwundet vom Pferde geworfen wurde, trug ihn Sokrates auf seinen Schultern aus dem Getümmel.

Der junge Aeschines wünschte sehr ein Schüler des Sokrates zu werden, scheute sich aber, ihm zu nahen, weil er sehr arm war. Sokrates, der seinen Wunsch merkte, fragte ihn: „Warum scheust du dich vor mir?" — „Weil ich nichts habe, das ich dir geben könnte." — „Ei", erwiderte Sokrates, „schätzest du dich selbst so gering? Giebst du mir nichts, wenn du dich selbst mir giebst?" Und der Jüngling wurde ein eifriger Schüler des Sokrates.

Den jungen Alcibiades, der sich scheute vor dem Volke als Redner aufzutreten, wies er folgendermaßen zurecht:

14*

„Würdest du dich wohl fürchten, vor einem Schuster zu reden?" — „O nein!" — „Oder könnte dich ein Kupfer=schmied verlegen machen?" — „Nicht im mindesten." — „Aber vor einem Kaufmann würdest du erschrecken?" — „Eben so wenig." — „Nun sieh", fuhr Sokrates fort, „aus solchen Leuten besteht die athenische Volksversammlung. Du fürchtest den Einzelnen nicht, warum wolltest du sie versammelt fürchten?"

Wenn auch das delphische Orakel den Sokrates für den weisesten aller Menschen erklärt hatte, so hatte er doch er=bitterte Feinde an den Lehrern einer solchen Weisheit, die man Sophisten nannte. Sie stellten den Satz auf: „Alles ist Recht, was dir als Recht erscheint"; und setzten die höchste Glückseligkeit in die Befriedigung der sinnlichen Lust. Sokrates sagte, er unterscheide sich von ihnen darin, daß sie nichts wüßten von dem, was sie zu wissen vorgäben, er aber wisse, daß er nichts wisse.

Bis in sein siebzigstes Jahr war Sokrates durch Lehre und Beispiele bemüht, seine Mitbürger zum Guten zu führen; dabei konnte es aber nicht fehlen, daß ihn viele, denen die Strenge seiner Lehren und die Rücksichtslosigkeit seines Tadels mißfiel, beneideten und haßten. Doch erst nach dem Sturze der dreißig Thrannen erhoben einige Athener eine öffentliche Anklage gegen ihn, indem sie ihn beschuldigten, daß er die Jugend verderbe und die Verehrung neuer Götter einführe.

Es war in Athen Sitte, daß sich die Angeklagten vor Gericht durch kunstvolle Reden verteidigten und durch Bitten und Thränen das Mitleid der Richter zu erregen suchten. Sokrates verschmähte diese niedrigen Mittel; in seiner ein=fachen Verteidigungsrede begnügte er sich, den Richtern ein Bild seines vergangenen Lebens darzustellen. Diese Ver=teidigung fand bei seinen Richtern kein Gehör, und sie ver=urteilten ihn zum Tode. Nach athenischer Sitte mußte jeder Verurteilte selbst angeben, welche Strafe er verdient zu haben glaubte. Auch Sokrates sollte sich jetzt selbst eine Strafe bestimmen, und er erklärte, er glaube verdient zu haben, daß er von dem Staate auf öffentliche Kosten ernährt werde, eine Ehre, welche den Siegern in den olympischen Spielen erwiesen wurde. Durch diese Antwort erbitterte er seine

Richter noch mehr, und viele, welche zuerst gegen die Todes=
strafe gestimmt hatten, sprachen sich jetzt für seine Hinrich=
tung aus. Er ward verurteilt, den Giftbecher zu trinken,
und ins Gefängnis geführt.

Am Tage vor seiner Verurteilung aber ging gerade
das heilige Schiff nach Delos ab, um dem Apollo ein Opfer
zu bringen, und nach athenischem Gebrauche durfte vor der
Rückkehr dieses Schiffes kein Todesurteil vollzogen werden.
So lebte denn Sokrates noch dreißig Tage im Gefängnis,
wo ihn seine Schüler, niedergebeugt von Schmerz über den
nahen Verlust eines solchen Lehrers, täglich besuchten und
sich mit ihm unterhielten. Am lautesten jammerte Apollo=
doros: als dieser einst schluchzend ausrief: „Ach, daß du
so unschuldig sterben mußt!" antwortete Sokrates lächelnd:
„Wünschest du denn, daß ich schuldig stürbe?"

Einer seiner Schüler, Kriton, hatte durch eine Summe
Geldes den Kerkermeister bestochen und forderte den Sokrates
auf, in der Nacht durch die offene Thür des Gefängnisses
zu entfliehen und nach Thessalien zu reisen, wo Kriton Gast=
freunde hatte. Sokrates verschmähte diesen Vorschlag und
bewies dem Kriton, daß es die Pflicht des Bürgers sei, den
Gesetzen des Staates in jedem Falle zu gehorchen.

Am Morgen seines Todestages erschienen seine Freunde
schon früh im Gefängnisse. Auch seine Frau, Xanthippe,
war da, das jüngste Kind auf den Armen tragend. Um
ihr heftiges Wehklagen nicht länger anhören zu müssen, bat
Sokrates, sie hinwegzuführen, und nun begann er sein letztes
Gespräch mit seinen Freunden, indem er sie über die Unsterb=
lichkeit der Seele belehrte. So verging der Tag und der
Abend brach herein, als der Diener eintrat und ihm anzeigte,
daß es nun Zeit sei. „Du wirst mir nicht fluchen," sagte
er, „wie die andern thun; ich thue ja nur, was mir die
Oberen befehlen. Ich habe dich als den besten Mann kennen
gelernt von allen, die hierher gekommen sind. Lebe wohl
und versuche, die Notwendigkeit so leicht als möglich zu er=
tragen." Weinend entfernte sich der Diener. „Wie brav
der Mensch ist!" sagte Sokrates. „Auch während der ganzen
Zeit hat er sich so bewiesen, wenn er mich besuchte. Aber
geht und holt den Trank, wenn er schon eingerieben ist."
Die Freunde baten ihn, noch zu warten, aber er hielt es

für lächerlich, jetzt noch mit dem Leben zu geizen. „Wie muß ichs machen?" fragte er den, welcher den Giftbecher brachte. „Du mußt trinken und dann umhergehen, bis dir die Füße schwer werden und dann dich niederlegen." Er nahm den Becher mit voller Heiterkeit und ohne eine Miene zu verändern; vielmehr sah er den Menschen mit seinem gewöhnlichen scharfen Blick an. „Ist es wohl erlaubt, den Göttern zu spenden?" fragte er. Man sagte ihm, es werde nur so viel eingerieben, als zum Trinken notwendig sei. „Gut," erwiderte er, „so wollen wir wenigstens beten, daß der Übergang dorthin glücklich von statten gehe." Bei diesen Worten leerte er, fest anhaltend, den Becher.

Bei diesem Anblick konnten sich seine Freunde der Thränen nicht länger erwehren; sie weinten und rangen die Hände. Er aber hieß sie ruhig sein, denn darum habe er ja die Weiber weggeschickt. Er ging indes auf und ab, und als er Mattigkeit fühlte, legte er sich nieder und verhüllte sein Gesicht. Nach einiger Zeit befühlte ihm der, welcher das Gift gereicht hatte, die Füße, drückte sie stark und fragte ihn, ob ers fühle. „Nein," sagte der Sterbende. Dann ging er prüfend vorwärts und zeigte den Umstehenden, wie er kalt und starr werde. Da nun schon der Unterleib anfing, kalt zu werden, deckte er sich noch einmal auf und sagte zu Kriton: „Wir sind dem Asklepios einen Hahn schuldig. Opfert ihn ja und versäumt es nicht." Kriton fragte ihn, ob er noch etwas zu sagen habe, aber er antwortete nicht mehr. — Dies war das Ende des besten, weisesten und ge=rechtesten aller Griechen (399 v. Chr.).

XXIX.
Agesilaos.

Nach dem Tode des spartanischen Königs Agis hätte eigentlich dessen Sohn Leotychides in der königlichen Würde folgen sollen. Dennoch bestieg durch den Einfluß des damals so mächtigen Lysander der lahme Agesilaos den Thron, obschon die Spartaner durch einen Wahrsager vor der Herr=schaft eines lahmen Königs gewarnt wurden. Agesilaos, ursprünglich nicht für den Thron bestimmt, war wie ein

gemeiner Spartaner erzogen worden, und schien seinen Mit=
bürgern um so geeigneter zum Herrschen, weil er früher das
Gehorchen gelernt hatte. Auch war er durch seine Milde
und Menschenfreundlichkeit bei dem Volke beliebt. Während
die früheren Könige der wachsenden Macht der Ephoren
hindernd entgegentraten, gab Agesilaos dieses Bestreben auf,
indem er sich in allen Angelegenheiten den Ephoren will=
fährig bewies und sogar bei ihrem Erscheinen von seinem
Sitze aufstand. Seinen Feinden suchte Agesilaos nie auf
ungerechte Weise zu schaden, wogegen er sich jedoch nicht
scheute, seine Freunde auch in ungerechten Handlungen zu
unterstützen, wie ihn denn überhaupt der Tadel trifft, daß er
den Vorteil höher achtete als die Gerechtigkeit.

Nach dem Untergange der athenischen Seemacht hatten
die persischen Satrapen Pharnabazos und Tissaphernes die
Städte an der Küste von Kleinasien unter die Botmäßigkeit
des persischen Königs zurückgeführt; nur die Joner suchten
bei Sparta Hülfe gegen Tissaphernes, und dieses schickte
nach einander zwei Feldherren, Thimbron und Derkyllidas,
nach Asien. Doch gleich nach der Thronbesteigung des
Agesilaos machte der Perserkönig gewaltige Rüstungen, um
die Lacedämonier aus Asien zu vertreiben. Agesilaos ward
mit einem Heere abgeschickt und Lysander begleitete ihn (395).
Während sich das Heer zu Gerästos auf Euböa sammelte,
ging Agesilaos nach Aulis und brachte dort einem Traum=
gesichte gemäß ein Opfer an derselben Stätte, wo einst
Agamemnon durch die Opferung seiner Tochter die erzürnte
Göttin versöhnt hatte.

Tissaphernes schloß anfangs aus Furcht vor dem spar=
tanischen König einen Waffenstillstand; als er sich aber im
Besitz hinlänglicher Streitkräfte glaubte, eröffnete er treuloser
Weise die Feindseligkeiten. Jetzt vergalt Agesilaos den
Meineid des Satrapen durch eine Kriegslist. Er traf schein=
bar alle Anstalten, um in Karien einzufallen, und Tissaphernes
versammelte hier seine ganze Macht, als Agesilaos plötzlich
nach Phrygien aufbrach, viele Städte eroberte und reiche
Beute machte. Durch diesen Erfolg kamen die Soldaten des
Agesilaos zu der Ansicht, daß Tissaphernes durch seinen
Treubruch die Strafe und den Zorn der Götter auf sich
geladen habe, und folgten ihrem Könige, als einem wegen

feiner Gewiſſenhaftigkeit von den Göttern begünſtigten Manne, um ſo bereitwilliger.

Um dem Mangel an Reiterei abzuhelfen, befahl Ageſilaos den reichen und unkriegeriſchen Bundesgenoſſen, Pferde zu ſtellen und erließ ihnen unter dieſer Bedingung den Kriegs= dienſt. So brachte er in kurzer Zeit eine anſehnliche Reiter= ſchar zuſammen. Im folgenden Jahre täuſchte ſich Tiſſaphernes abermals über den Zug des Ageſilaos, indem er Karien ſchützte, während der ſpartaniſche König in Lydien einfiel und bis Sardes vordrang. Tiſſaphernes eilte zur Hülfe herbei; es kam zur Schlacht, als das perſiſche Fußvolk noch nicht angekommen war; Ageſilaos machte mit ſeinen Fuß= truppen einen Angriff auf die perſiſche Reiterei, die bald mit großem Verluſt zurückgeſchlagen ward. Tiſſaphernes fiel infolge dieſer Niederlage bei ſeinem König in Ungnade, der ihn hinrichten ließ und den Satrapen Tithrauſtes an ſeine Stelle ſetzte.

Tithrauſtes knüpfte ſogleich mit Ageſilaos Friedens= unterhandlungen an, auf die ſich dieſer jedoch nicht einließ, da er zum Abſchluß eines Friedens keine Vollmacht hatte. Indes wurde er doch durch ein Geſchenk von dreißig Talenten bewogen, in die Satrapie des Pharnabazos einzubrechen und das Land des Tithrauſtes zu verſchonen. Damals ward ihm von der ſpartaniſchen Regierung auch noch der Ober= befehl über die Flotte übertragen, eine Ehre, die noch keinem Feldherrn zu teil geworden war.

Pharnabazos begann, als ſein Land verwüſtet wurde, Unterhandlungen mit dem furchtbaren Gegner, und beide Feldherren verabredeten eine Zuſammenkunft an einem be= ſtimmten Orte. Ageſilaos war zuerſt da und warf ſich in das Gras, um den Pharnabazos zu erwarten. Dieſer erſchien und ſeine Diener breiteten weiche Decken und koſtbare Teppiche für ihn aus. Als aber Pharnabazos den König im Graſe liegen ſah, fühlte er ſich beſchämt und ohne ſein reiches und koſtbares Kleid zu ſchonen, ließ er ſich gleichfalls in das Gras nieder. Ageſilaos ſuchte den Pharnabazos für die Sache der Griechen zu gewinnen, was ihm jedoch nicht gelang, denn Pharnabazos antwortete entſchloſſen: „Wenn der König einen andern Feldherrn ſchickt, werde ich auf eure Seite treten; wenn er mir aber den Oberbefehl überläßt, ſo soll es mir nicht an Bereitwilligkeit fehlen, für den König gegen euch zu kämpfen." Diese Antwort gefiel dem Agesilaos, und er entließ den Pharnabazos mit den Worten: „Möchtest Du bei solcher Gesinnung lieber unser Freund als unser Feind sein."

Agesilaos führte nun im zweiten Jahre den Krieg in Asien, und der Ruf seiner Einfachheit und Mäßigkeit, seines leutseligen und menschenfreundlichen Benehmens verbreitete sich immer weiter. Agesilaos schlief, wie ein gemeiner Soldat, auf schlechter Streue und ertrug Hitze und Kälte mit gleicher Ausdauer. Eine Freude war es den asiatischen Griechen zu sehen, wie die sonst so hochmütigen, in Üppigkeit und Schwelgerei verweichlichten persischen Feldherren und Beamten sich jetzt vor einem Manne, der in einem schlichten Mantel umherging, beugten, und sich seinen Befehlen demütig unterwerfen mußten.

Schon war Agesilaos bei dem Fortschritte seiner Waffen im Begriff, gegen den Perserkönig den Kampf um Thron und Herrschaft zu unternehmen, als ihm der Befehl, Asien zu verlassen und dem bedrängten Vaterland zu Hülfe zu eilen, zukam. Es war nämlich dem Satrapen Tithraustes gelungen, bei dem allgemeinen Hasse, der gegen das übermütige und seine Obmacht mißbrauchende Sparta herrschte, eine Verbindung der feindlichen Staaten gegen die Lacedämonier zustande zu bringen. Da Tithraustes zu diesem Zwecke auch Bestechungen anwandte, so konnte Agesilaos mit Recht sagen, der persische König treibe ihn mit zehntausend Bogenschützen (das Gepräge der persischen Goldstücke) aus dem Lande. Schon war Lysander nach Böotien aufgebrochen, hatte aber bei einem Sturm auf die Stadt Haliartus seinen Tod gefunden. Deshalb riefen die Ephoren den Agesilaos zurück.

Mit bitterem Schmerze verließ er das Land seiner Siege und kehrte auf demselben Wege, den einst Xerxes eingeschlagen hatte, in Eilmärschen nach Europa zurück. Eine thracische Völkerschaft verlangte für den Durchzug hundert Talente. Höhnisch fragte Agesilaos: „Warum sind sie nicht gleich gekommen, sie zu holen?" führte sein Heer vorwärts und schlug die Thracier in die Flucht. Als der König von Macedonien um den Durchzug ersucht ward, gab er zur Antwort, er

wolle sich bedenken. „So mag er sich denn bedenken," sagte
Agesilaos, „wir wollen indes marschieren." Doch gestattete
der Macedonier den friedlichen Durchzug. In Thessalien erhielt er die Nachricht von einem Siege der Spartaner und
einer großen Niederlage der Feinde. „Wehe dir, Griechenland, daß du durch dich selbst so viele Männer verlierst, die,
wenn sie lebten, alle Barbaren im Kampfe zu besiegen vermöchten."

Zu derselben Zeit (394) erfocht der athenische Feldherr
Konon, von Pharnabazos unterstützt, einen glänzenden See-
sieg bei Knidos in Karien, der die spartanische Flotte vernichtete und dem Feldherrn Pisander, einem Schwager des
Agesilaos, das Leben kostete. Agesilaos verheimlichte die Kunde
von dieser Niederlage der Spartaner seinen Soldaten, um
sie nicht mutlos zu machen, und zeigte äußerlich nur Trauer
über den Tod seines Verwandten. Bei Koronea in Böotien
traf er auf das feindliche Heer; der Kampf, in dem Agesilaos
selbst verwundet ward, blieb zwar unentschieden, doch schrieben
sich die Spartaner den Sieg zu, da die Feinde um Bestattung der Toten baten, was ein Zeichen der Niederlage
war. Agesilaos kehrte nach Sparta zurück.

Trotz seiner Siege vermochte Agesilaos nicht, seinem
Vaterlande die Erniedrigung zu ersparen, die es in der
folgenden Zeit, im sogenannten korinthischen Kriege (394 bis
387), erfuhr. Er mußte sogar ruhig mit ansehen, wie
Konon mit persischem Gelde die Mauern Athens wieder auf-
baute. Und kaum war die Ruhe hergestellt, als sich Sparta
eine frevelhafte Gewaltthat zu Schulden kommen ließ. Der
spartanische Feldherr Phöbidas besetzte im tiefen Frieden
bei einem Durchzug durch Böotien die Burg von Theben,
Kadmea genannt, und Agesilaos zeigte hier die Schatten-
seiten seines Charakters, indem er diese widerrechtliche und
treulose Handlung ihres Vorteils wegen rechtfertigte und den
Spartanern riet, die Burg zu behalten. Dafür erntete
Sparta den Lohn, als die beiden thebanischen Feldherren,
Epaminondas und Pelopidas, nach Befreiung der
Kadmea den spartanischen Staat an den Rand des Verderbens brachten. Damals gedachten die Spartaner der
Weissagung, sich vor der Herrschaft des hinkenden Königs
zu hüten, unter welcher sie schweres Unheil zu ertragen haben

würden. Dennoch wäre Sparta ohne Agesilaos verloren gewesen. Als nach der Niederlage bei Leuktra (371) unter den Spartanern selbst Zwietracht auszubrechen schien, und zweihundert Spartaner schon einen wohlbefestigten Ort besetzt hatten, eilte Agesilaos auf sie zu und sagte, sie hätten seinen Befehl nicht recht verstanden, sie sollten nicht hierher, sondern dorthin gehen. So wurde durch die Geistesgegenwart des Agesilaos die Verschwörung unterdrückt.

In seinem hohen Alter unternahm Agesilaos noch einen Zug nach Ägypten, wo er den König Tachos, und dann den Nektanebis, die sich gegen Persien empört hatten, unterstützte. Auch als Greis ließ er von seiner strengen Lebensweise nichts nach, sondern pflegte zu sagen: „Mein Beispiel muß aus zwei Gründen am meisten auf die Spartaner wirken, weil ich ein so hochbejahrter Mann und ein König bin." Im Begriffe, von Ägypten nach Hause zurückzukehren, erkrankte er in dem sogenannten Hafen des Menelaos und starb im 84. Jahre seines Lebens. Sein Körper ward nach Sparta geschickt.

XXX.
Pelopidas und Epaminondas.

Pelopidas stammte aus einem edlen Geschlecht und besaß großes Vermögen, das er zu wohlthätigen Zwecken verwandte. Er war ein Freund der Ringkunst, die er eifrig betrieb, sowie der Jagd, welche seine Lieblingsbeschäftigung war.

Als Phöbidas auf Anstiften der beiden Befehlshaber Archias und Leontidas die Burg von Theben in Besitz genommen hatte, wurde Pelopidas mit vielen andern Thebanern von den Lacedämoniern aus der Stadt verbannt. Sie nahmen ihre Zuflucht nach Athen und fanden hier Sicherheit, obschon die spartanische Regierung die Athener zur Vertreibung der Verbannten aufforderte. Pelopidas, einer der jüngsten von diesen, ließ nicht ab, seine Gefährten zur Befreiung ihrer unter spartanischem Joche seufzenden Vaterstadt zu begeistern; er erinnerte sie in seinen Reden an die That des Thrasybulos, der ja auch sein von dreißig Thrannen

unterdrücktes Vaterland erlöst hatte. Sein Vorschlag fand
Beifall, und auch die in Theben zurückgebliebenen Freunde
traten mit den Verbannten in Athen in geheime Verbindung.
Charon räumte den Verschworenen sein Haus in Theben
ein, und Phyllidas, der Geheimschreiber der beiden Pole=
marchen Archias und Philippos, stellte sich an die Spitze
der Unternehmung.

An einem bestimmten Tage schlug Pelopidas mit den
jüngeren Verbannten, zwölf an der Zahl, den Weg nach
Theben ein, während die übrigen noch auf der Grenze zu=
rückblieben. In Bauernkleidern, mit Hunden und Jagdgerät
zogen sie weiter und kamen noch bei Tage auf verschiedenen
Seiten in die Stadt. Sie begaben sich in das Haus des
Charon, ohne von jemandem bemerkt zu werden, da sich die
Leute vor dem Schneegestöber und der Kälte — es war
Winter — in die Häuser zurückgezogen hatten. Im Hause
des Charon fanden sich über vierzig Verschworene ein.

Der Verabredung gemäß gab Phyllidas am Abend ein
Gastmahl, bei welchem auch die Polemarchen Archias und
Philippos erschienen. Als sie schon halb vom Weine trunken
waren, verbreitete sich das Gerücht, die Verbannten seien in
der Stadt verborgen. Wiewohl Phyllidas dem Gespräche
eine andere Wendung zu geben suchte, sandte Archias dennoch
einen Diener zum Charon, mit dem Befehl, sogleich zum
Polemarchen zu kommen. Schon waren in Charons Hause
die Verschworenen mit Panzern und Schwertern gerüstet, als
plötzlich an die Thür geklopft wird. Charon meldet seinen
Gefährten den erhaltenen Befehl, zum Archias zu kommen.
Da glauben alle den Plan verraten und halten sich schon
für verloren. Charon geht, um keinen Verdacht zu erregen,
in die Wohnung des Phyllidas. Bei seinem Eintritt sagte
Archias: „Einige Verbannte sind, wie ich höre, in der Stadt
verborgen und werden von Bürgern unterstützt.“ Charon,
anfangs bestürzt, merkte an diesen unbestimmten Worten, daß
Archias nichts Gewisses wußte, und antwortete: „Laßt euch
nicht durch ein leeres Gerücht schrecken! Doch will ich es
untersuchen!“ Mit diesen Worten ging Charon weg und
verkündete den Freunden das Vorgefallene.

Inzwischen setzte Phyllidas seinen Gästen reichlich Wein
vor und hielt sie durch das Versprechen hin, daß bald

Tänzerinnen zu ihrer Belustigung erscheinen würden. Da kommt ein Brief von Athen an Archias mit der Bitte, das Schreiben sogleich zu lesen, da es wichtige Dinge enthalte. Doch Archias, schon berauscht, nimmt den Brief und schiebt ihn lächelnd mit den Worten: „Ernste Dinge verschiebe ich auf morgen!" unter das Polster. Nachher fand sich, daß die ganze Verschwörung in dem Briefe mitgeteilt war.

Bald erschienen die erwarteten Tänzerinnen; es waren die Verschworenen, welche Weiberkleider über die Panzer angezogen und das Haupt bekränzt hatten. Eine Zeit lang sahen sie sich im Kreise um, und als sie jeden erkannt hatten, stürzten sie mit gezückten Schwertern auf die Polemarchen Archias und Philippos, und machten sie ohne Mühe nieder.

Größere Arbeit hatte Pelopidas, der mit einem andern Verschworenen den Leontidas aufsuchte. Dieser war in seinem Hause; man fand die Thür verschlossen; Leontidas schlief schon. Als die Thür geöffnet ward, durchbohrten die Verschworenen sogleich den Pförtner. Aber Leontidas, ein starker und mutiger Mann, erlegte den Gefährten des Pelopidas, der Leichnam hinderte diesen am Kampfe, und erst nach heftigem Widerstande tötete er den Leontidas.

So ward die Stadt von den Tyrannen befreit. Auch die übrigen Verschworenen wurden nun herbeigerufen, die Waffenfabriken erbrochen und Schilde und Schwerter genommen, die Bürger aber zur Freiheit aufgerufen. Jetzt erst erfuhren die ängstlichen Thebaner, was geschehen war. Mellon, Charon und Pelopidas wurden zu Polemarchen ernannt, die Besatzung der Kadmea zum Abzug genötigt.

Pelopidas, der Befreier seiner Vaterstadt, war innig befreundet mit Epaminondas. Dieser Thebaner, aus einem angesehenen, aber armen Geschlechte entsprossen, zeichnete sich vor allen seinen Mitbürgern durch seltene Bildung aus; er war ein großer Kenner und Freund der Musik und übertraf alle Thebaner an Beredsamkeit. Auch die Übungen des Leibes vernachlässigte er nicht; seine Lieblingsbeschäftigung aber war die Philosophie. Er vereinigte alle Tugenden, die einem Manne ziemen: er war ernst, tapfer und so wahrheitsliebend, daß er sich auch im Scherze keine Unwahrheit erlaubte; Beleidigungen ertrug er gelassen und bewahrte anvertraute Geheimnisse mit der größten Gewissenhaftigkeit. Er lebte bis an seinen Tod in großer Armut, so daß er nur einen Mantel hatte und nicht ausgehen konnte, so oft derselbe gewaschen wurde. Dennoch konnte ihn sein Freund Pelopidas niemals bewegen, eine Gabe von ihm anzunehmen. Einst schickte der Perserkönig Artaxerxes einen Gesandten mit vielem Golde an Epaminondas, um ihn zu bestechen, doch dieser wies den Perser mit den Worten zurück: „Wenn die Absichten deines Königs meinem Vaterlande nützlich sind, so bedarfst du kein Geld, da ich bereit bin, seinen Willen umsonst zu erfüllen, wenn aber das Gegenteil der Fall ist, so hat er nicht Gold und Silber genug. Denn für alle Reichtümer der Erde werde ich die Liebe zu meinem Vaterlande nicht verleugnen. Dir verzeihe ich, daß du mich verkannt und für beinesgleichen gehalten hast; doch entferne dich schleunig, damit du nicht deine Bestechung an anderen versuchest." Sein Freund mußte dem Gesandten das Geld, welches er schon von diesem genommen hatte, zurückgeben.

Epaminondas und Pelopidas lebten mit einander in Eintracht und Freundschaft. Einst kämpften beide zusammen in einer Schlacht im Peloponnes, als die Thebaner noch mit den Spartanern verbündet waren. Schon wich der Flügel der Lacedämonier, und die meisten flohen; da wehrten Epaminondas und Pelopidas mit zusammengehaltenen Schilden die anstürmenden Feinde ab. Pelopidas sank mit sieben Wunden zu Boden, Epaminondas stellte sich vor ihn und schützte seinen Freund. Als auch er schon aus mehreren Wunden blutete, eilte der spartanische König herbei und rettete beide.

Epaminondas war auch nach der Besetzung der Kadmea in Theben geblieben, da man ihn seiner Armut wegen für unbedeutend hielt. Als aber nach der Befreiung der Kadmea ein Krieg mit Sparta bevorstand, stellte er sich mit Pelopidas an die Spitze der Thebaner. Diese beiden ausgezeichneten Männer führten den Krieg gegen die Lacedämonier nicht nur mit dem glücklichsten Erfolg, sondern erhoben auch ihr früher unbedeutendes Vaterland zum ersten und blühendsten Staat Griechenlands.

Als Agesilaos mit einem Heere in Böotien einbrang, vermied absichtlich Pelopidas eine entscheidende Schlacht, um seine Thebaner erst in kleinen Kämpfen zu üben, und balb mußte Agesilaos, durch Krankheit genötigt, den Oberbefehl niederlegen. Einst traf Pelopidas auf eine starke Abteilung Spartaner, und bei ihrem Anblick rief ihm ein Thebaner zu: „Wir sind den Feinden in die Hände gefallen!" — „Warum nicht lieber sie uns?" antwortete Pelopidas, griff an und schlug die überlegenen Gegner.

Die Spartaner, welche von den siegreichen Athenern zu Wasser und zu Lande hart bebrängt wurden, sehnten sich nach Frieden. Auch kam wirklich ein Vertrag zwischen Sparta und den übrigen Staaten zustande, an welchem jedoch die Thebaner deshalb nicht teilnahmen, weil sie die Herrschaft über die Städte Böotiens nicht aufgeben wollten, wie dies Sparta verlangte. So begann der Kampf zwischen Theben und Sparta von neuem.

Der spartanische König Kleombrotos rückte mit 25 000 Mann in Böotien ein und traf bei Leuktra unweit Plätäa auf das viel schwächere thebanische Heer (371). Den Pelopidas hatte bei seinem Ausgang aus dem Hause seine Gemahlin gebeten, sein Leben zu retten, doch er antwortete: „Den gemeinen Kriegern mag man dies raten, den Feld= herren aber, daß sie andere retten." Epaminondas erhöhte den Mut seiner anfangs vor der Übermacht zagenden The= baner, unter benen die sogenannte heilige Schar den Kern bildete. Die spartanische Reiterei warb von der thebanischen geworfen, und Epaminondas drang mit seiner nachher so berühmt gewordenen schrägen Schlachtordnung, die seine Er= findung war, auf den rechten Flügel der Feinde ein. Auch das Fußvolk der Spartaner wich; 4000 Mann, unter ihnen König Kleombrotos, lagen tot auf dem Schlachtfelbe. Von den Lacebämoniern waren so viele geflohen, daß die Regierung zu Sparta in Verlegenheit geriet, wie sie das strenge Gesetz, welches den Flüchtigen die Strafe der Ehrlosigkeit bestimmte, aufrecht er= halten sollte. Da trat Agesilaos auf und sagte: „Laßt heute das Gesetz schlafen, aber morgen mit neuer Kraft erwachen."

Durch die Niederlage bei Leuktra hatte die spartanische Macht einen harten Schlag erlitten. Auch im Peloponnes entstanden jetzt Unruhen; die Arkadier erhoben sich zur Freiheit und verbanden sich zu einem Staat, dessen Hauptstadt Megalopolis (d. h. die große Stadt) war. Als Agesilaos dies zu hindern suchte, drang Epaminondas (370) zu ihrem Schutze in den Peloponnes; er rückte bis Sparta vor, welches seit 500 Jahren keinen Feind gesehen hatte. Doch rettete Agesilaos die Stadt; Epaminondas aber verwüstete die ganze Landschaft und baute den Spartanern zum Trotz die alte Stadt Messene wieder auf, wo sich die den Lacedämoniern stets feindlich gesinnten Messenier niederließen.

Als Epaminondas von diesem Zuge nach Theben zurückkehrte, ward er angeklagt, weil er den Oberbefehl über die gesetzliche Zeit geführt hatte, ein Vergehen, worauf der Tod stand. Er gestand dies Vergehen ein und bat nur die Richter, folgende Worte niederzuschreiben: „Epaminondas ist von den Thebanern mit dem Tode bestraft worden, weil er sie zwang, bei Leuktra die Spartaner zu besiegen, welche vor ihm kein Böotier im Kampfe anzusehen wagte, und weil er durch ein Treffen nicht nur Theben vom Untergange gerettet, sondern auch ganz Griechenland befreit und nicht eher vom Kriege abgelassen hat, bis Messene erbaut und befestigt war." Diese Verteidigung erregte allgemeines Gelächter, und kein Richter wagte es, ihn zu verurteilen. Epaminondas entging dieser Anklage auf die rühmlichste Weise.

Während dieser Feldherr gegen die Lacedämonier kämpfte, führte Pelopidas Krieg in Thessalien gegen Alexander, den Tyrannen von Pherä, welcher sich ganz Thessalien zu unterwerfen suchte. Einst geriet er in die Gefangenschaft des Tyrannen. Er ließ dem Alexander sagen, es sei thöricht, ihn zu schonen und leben zu lassen, da er, wenn er entkomme, sofort Rache nehmen würde. Alexander fragte: „Warum eilt denn Pelopidas zum Tode?' — „Damit du," antwortete Pelopidas, „den Göttern desto verhaßter werdest und ein um so schmählicheres Ende nehmest." Bald zwang aber Epaminondas an der Spitze eines Heeres den Alexander zur Auslieferung des Pelopidas. Auf einem späteren Zuge gegen Alexander verlor Pelopidas in einer Schlacht sein Leben (364).

Der Krieg gegen Sparta hatte seinen Fortgang. Noch dreimal drang Epaminondas in den Peloponnes. Bei dem letzten Einfall kam es zwischen den Thebanern und Lacedämoniern zur Schlacht bei Mantinea (362). Schon hatte Epaminondas die Schlachtlinie der Feinde durchbrochen, als ein Wurfspeer seine Brust durchbohrte. Tödlich verwundet sank er nieder. Die Ärzte erklärten, er werde sterben, sobald man das Eisen aus der Wunde ziehe. Epaminondas war besorgt, sein Schild möchte in die Hände der Feinde gefallen sein; als man ihm denselben zeigte, küßte er ihn als den treuen Begleiter seines Ruhmes. Jetzt kam die Nachricht von dem Siege der Thebaner; da rief Epaminondas: „Nun habe ich genug gelebt!“ und ließ das Eisen aus der Brust ziehen. Als seine Freunde beklagten, daß er keine Söhne hinterlasse, antwortete er sterbend: „Ich hinterlasse zwei unsterbliche Töchter, die Schlachten bei Leuktra und Mantinea!“ und verschied. — Nach seinem Tode sank Theben schnell von der Höhe seiner Macht und Blüte in seine vorige Unbedeutendheit zurück.

XXXI.

Philipp, König von Macedonien (360—336 v. Chr.). — Demosthenes. Phokion.

Als Pelopidas in Thessalien kämpfte, griff er auch in die Angelegenheiten des macedonischen Reiches ein und befestigte den König Alexander, den ältesten Sohn des Amyntas, auf dem Throne; den jüngsten aber, Philipp, nahm er als Geisel mit nach Theben. Hier lebte Philipp im Hause des Epaminondas und hatte Gelegenheit, sich nach dem Vorbilde dieses großen Thebaners zum tüchtigen Feldherrn und Krieger auszubilden; vor allem aber lernte er in Theben die Verwirrungen und Zerwürfnisse, so wie das Sittenverderbnis der griechischen Staaten kennen.

Nach dem Tode des macedonischen Königs Perdikkas machte Philipp Ansprüche auf den erledigten Thron; doch befand er sich anfangs in einer sehr schwierigen Lage, da sich mehrere Bewerber um den Thron erhoben, und das Reich von allen Seiten durch furchtbare Feinde bedroht ward.

Dennoch verlor Philipp den Mut nicht; er besaß Selbstver=
trauen genug, alle seine Feinde überwinden zu können; freilich
war ihm auch jedes Mittel recht, wenn es nur zum Ziele
führte, und neben Tapferkeit, Feldherrntalent, rastloser Thätig=
keit und kluger Benutzung der Umstände verschmähte er auch
Treulosigkeit nicht zur Schwächung und Überlistung seiner
Feinde. Stets unterhielt er in den griechischen Städten für
große Summen Verräter unter den Bürgern, die, durch
seine Bestechungen gewonnen, die Freiheit ihres Vaterlandes
an den fremden Eroberer verkauften.

Durch List und Klugheit entledigte er sich bald der
anderen Kronbewerber und schlug die Barbaren, die von
Norden und Westen das Reich bedrohten, in blutigen Schlachten.
Durch sein freundliches und herablassendes Wesen hatte er
seine Macedonier so für sich gewonnen, daß sie ihn mit
Übergehung jedes andern zum König wählten.

In seinen Kriegen gegen die barbarischen Nachbaren
bildete er sich ein geübtes und furchtbares Heer, dem er durch
eine eigentümliche Schlachtordnung, welche er vom Epami=
nondas erlernt und dann vervollkommnet hatte, den Ruhm
der Unüberwindlichkeit verschaffte. Diese Schlachtordnung
war die sogenannte macedonische Phalanx; 8000 Mann
schwerbewaffnete Krieger standen 16 Reihen tief hintereinander
und hielten ihre 14 bis 16 Fuß langen Speere vor, so
daß diese keilförmige Masse einen undurchdringlichen Wald
von Speeren bildete und schon durch den bloßen Anblick
Furcht einflößte. Lange Zeit galt diese Phalanx für un=
besiegbar, und erst in späterer Zeit unterlag sie der römischen
Kriegskunst.

Als sich Philipp im sichern Besitz seines Reiches sah,
suchte er die griechischen Pflanzstädte an der macedonischen
und thracischen Küste zu unterwerfen, er nahm Amphipolis,
besetzte Pydna und entriß die den Thasiern gehörige Stadt
Krenides, die er stark befestigte und nach seinem Namen
Philippi nannte. Mit dieser Stadt fielen auch die reichen
Goldbergwerke am Pangäos in seine Hände, die er so eifrig
bearbeiten ließ, daß sie ihm jährlich 1000 Talente eintrugen.
Dieses Geld lieferte ihm die Mittel zu den zahlreichen Be=
stechungen, durch welche er sich in den griechischen Städten
Verräter erkaufte, welche ihm die Unterwerfung Griechenlands

erleichterten. Er pflegte zu sagen: „Keine Mauer ist so hoch, daß nicht ein mit Gold beladener Esel hinüber könnte."

Denn Philipp war nicht zufrieden mit dem macedonischen Königreiche; er hatte es sich zur Aufgabe seines Lebens gemacht, die durch Zwietracht und Sittenverderbnis zerrütteten griechischen Staaten zu unterwerfen. Zur Erreichung dieses Zweckes hatte er sich schon die Freundschaft der Thessalier erworben, welche er gegen die Anmaßungen der herrschsüchtigen Tyrannen von Pherä, die ganz Thessalien zu unterjochen strebten, schützte. So war ihm der Durchzug durch Thessalien nach dem eigentlichen Griechenland gesichert, und er wartete nur auf eine günstige Gelegenheit, sich in die Angelegenheiten dieses Landes zu mischen. Die Veranlassung dazu blieb nicht aus.

Die Phokier hatten einen dem Apollo geweihten Landstrich bebaut. Für dieses Vergehen war ihnen eine schwere Geldstrafe auferlegt, die sie nicht bezahlen konnten. Die stets von Haß gegen die Phokier erfüllten Thebaner begannen nun den Krieg, welcher der heilige, genannt wird, weil die Beschützung des dem Gott geheiligten Landes den Vorwand dazu gab. Die Phokier überfielen aus Verzweiflung den delphischen Tempel und verwandten die geraubten Tempelschätze zur Anwerbung von Söldnerheeren. Vier Feldherren stellten sich nach einander an ihre Spitze und führten den Krieg (von 356 bis 345) nicht ohne Glück. Die siegreichen Phokier drangen nach Thessalien vor, dessen Bewohner jetzt den Philipp zur Hülfe riefen. Er erschien und schlug die Phokier in einem großen Treffen. Gern wäre er von Thessalien aus durch die Thermophylen nach Griechenland vorgedrungen, allein hier traf er auf die Athener und mußte für diesmal seinen Plan noch aufschieben. Dafür machte er in den folgenden Jahren Eroberungen auf der Halbinsel Chalcidike, unter denen die Wegnahme und Zerstörung der von den Athenern unterstützten Stadt Olynth (348) am wichtigsten ist.

─────────────

Der Mann, welcher den Plan Philipps, Griechenland zu unterwerfen, durchschaute und seine Mitbürger mit rastloser Thätigkeit zum Kampf gegen den gefährlichen Feind aufforderte, war der Athener Demosthenes. Er war der Sohn eines Waffenschmiedes und trieb selbst noch dieses Geschäft durch Sklaven. Seinen Vater verlor er schon als siebenjähriger Knabe und mußte, da er wegen seiner Schwäche und Kränklichkeit an den Leibesübungen der übrigen Knaben keinen Teil nehmen konnte, von diesen manchen Spott ertragen. Niemand ahnte damals in ihm den künftigen großen Redner, denn er besaß eine schwache Brust und stotterte, auch konnte er das R nicht aussprechen. Einst hörte er eine Rede des Redners Kallistratos und der Eindruck derselben auf ihn war so mächtig, daß er den Entschluß faßte, selbst die Kunst der Beredsamkeit zu studieren. Er las mit dem größten Fleiße die Werke der griechischen Schriftsteller, um sich ihre Darstellungs= und Ausdrucksweise anzueignen und schrieb ein großes Werk, die Geschichte des Thukydides, achtmal ab. Auch hörte er den berühmten Weisen Plato und den Redner Isäos. Zuerst trat er mit einer Anklage gegen seine Vormünder auf, die ihm durch ihren Eigennutz sein Vermögen vermindert hatten. Er gewann den Prozeß, erhielt aber nur einen kleinen Teil seines Vermögens zurück. Jetzt wagte er es auch öffentlich vor dem athenischen Volke aufzutreten, aber er ward ausgepfiffen und verlacht. Dasselbe Schicksal hatte er auch bei einem zweiten Versuche. Voll Verdruß und Mißmut lief er nach Hause und beklagte sich bei seinem Freunde Satyros, einem Schauspieler, bitter über die Ungerechtigkeit des Volkes, das so viele ungebildete Menschen gern höre und ihn, der allen Eifer auf die Beredsamkeit verwandt habe, so schmählich behandele. „Du hast Recht", sagte Satyros, „doch will ich dem Übel, welches die Ursache ist, abhelfen, wenn du mir eine Stelle aus dem Euripides oder Sophokles hersagen willst." Demosthenes that es, und nun wiederholte der Schauspieler dieselbe Stelle mit so lebendigem Vortrage und ausdrucksvollem Mienenspiel, daß Demosthenes eine ganz andere Stelle zu hören glaubte. Da sah er ein, was ihm noch fehlte, und mit neuem Eifer arbeitete er an seiner ferneren Ausbildung.

Um seine Stimme zu stärken, ging er an die Meeres= küste und suchte das Tosen der an das Ufer anschlagenden Wellen zu überschreien. Er schor sich das Haupt auf einer Seite, um sich zwei bis drei Monate lang jeden Ausgang

unter das Volk unmöglich zu machen. Während dieser Zeit
übte er sich in einem unterirdischen Gemache vor dem Spiegel
in der Haltung des Körpers und im Mienenspiel. Auch
nahm er Kieselsteinchen in den Mund und versuchte dennoch
deutlich zu reden; er ging steile Berge hinan, indem er Reden
hersagte, um seinen Atem zu stärken. Nach solchen Vor=
übungen trat er von neuem vor dem Volke auf und jetzt
war der Erfolg der glänzendste. Demosthenes ist der größte
und berühmteste aller Redner gewesen.

Er trat also in einer Zeit auf, wo die Athener sittlich
verdorben waren, und wo ein mächtiger Feind, Philipp von
Macedonien, der Freiheit der Griechen den Untergang drohte.
Mit unermüdlichem Eifer erinnerte Demosthenes in seinen
voll Begeisterung gehaltenen Reden das Volk an die Helden=
thaten seiner Vorfahren unter Miltiades und Themistokles,
ermahnte die Bürger, selbst in den Kampf gegen den mächtigen
Unterdrücker zu ziehen und nicht die Verteidigung ihrer Frei=
heit gemieteten Söldnern zu überlassen. Er forderte die
Reichen auf, Beisteuern zum Kriege zu geben und der trägen
Ruhe und Bequemlichkeit zu entsagen. Leider hatten seine
Reden oft nicht den gehörigen Erfolg, denn selbst unter den
besseren Athenern gab es manche, die an der Rettung des
Vaterlandes verzweifelten und es für das Beste hielten, den
Frieden mit dem macedonischen König zu erhalten. Diese
Ansicht teilte auch Phokion und wurde deshalb einer der
Gegner des Demosthenes.

Phokion soll der Sohn eines Löffelmachers gewesen sein.
Sein Leben lang lebte er in großer Armut und zeigte in
seinem ganzen Wesen einen tiefen Ernst, denn niemand hat
ihn je lachen oder weinen sehen. Nie besuchte er ein öffent=
liches Bad und hielt stets die Hände unter dem Mantel
verborgen, was bei den Griechen für ein Zeichen des An=
standes galt. Auf den Feldzügen ging er stets unbeschuht
und leicht gekleidet, so daß die Soldaten es für ein Zeichen
eines strengen Winters hielten, wenn er davon eine Aus=
nahme machte. Sein Äußeres war finster und mürrisch,
weshalb sein Umgang von andern nicht gesucht ward. Als
einst jemand über seine finstere Miene spottete, und die
Athener ein Gelächter erhoben, sagte er: „Meine Miene hat
noch niemandem ein Leid zugefügt, aber das Gelächter dieser

Umstehenden hat dem Staate schon viele Thränen verursacht." Ungeachtet seiner Armut nahm er nie Geschenke an, und einst sahen macedonische Boten, welche ihm ein Geschenk von hundert Talenten überbringen wollten, wie seine Frau den Teig knetete und er selbst das Wasser zutrug. In seinem Hause herrschte die größte Einfachheit. Die Athener gaben ihm den Ehren= namen des Rechtschaffenen. Während Demosthenes zum Kriege gegen Philipp riet, ermahnte Phokion stets in kurzen und scharfen Ausdrücken zum Frieden, und Demosthenes fürchtete ihn mehr als andere athenische Redner. Wenn sich Phokion erhob, pflegte Demosthenes heimlich zu seinen Freunden zu sagen: „Das Beil meiner Reden ist da." Als sie einst in ihren Meinungen einander heftig entgegentraten, rief De= mosthenes unwillig aus: „Die Athener werden dich töten, Phokion, wenn sie rasend werden!" „Und dich", antwortete Phokion, „wenn sie bei Verstande sind." Da Phokion den Athenern ihre Fehler, namentlich ihren Leichtsinn mit bitterem Tadel vorwarf, so mußte er denn auch gewöhnlich hören, daß seine Vorschläge verworfen wurden. Als daher seine Vorschläge einst beifällig aufgenommen wurden, verwunderte er sich selbst und rief: „Habe ich denn vielleicht etwas När= risches gesagt?" — Phokion ward im Jahre 318 v. Chr. von den Athenern der Verräterei angeklagt und mußte den Giftbecher trinken. Als einer seiner Freunde sagte: „Welch ein unwürdiges Schicksal trifft dich, Phokion!" antwortete er: „Aber kein unerwartetes, denn es hat noch alle großen Athener betroffen!" — Vier Jahre früher hatte Demosthenes seinen Untergang gefunden. Nach dem Tode Alexanders des Großen ward er genötigt, vor den Verfolgungen der Mace= donier, die seine Auslieferung verlangten, aus seiner Vater= stadt zu entfliehen. Er entkam nach Kalauria, einer kleinen Insel, Trözen gegenüber. Die macedonischen Häscher fanden ihn in Poseidons Tempel, an dessen Bildsäule sitzend. Vergebens war ihr listiges Zureden, der Gnade Antipaters, des macedonischen Herrschers, zu vertrauen und ihnen gut= willig zu folgen. Zuletzt wollten sie Hand anlegen; da bat er, einige Augenblicke einzuhalten, trat etwas zurück, sog das Gift, das er in einer Feder bei sich führte, ein und starb wenige Augenblicke nachher mit den Worten: „Diesen Leib bringet dem Antipater, den Demosthenes werdet ihr nicht hinbringen." Der Tod des großen Mannes fällt in das Jahr 322 v. Chr.

Während Philipp mit den Eroberungen an der macedonischen und thracischen Küste beschäftigt war, wurde der heilige Krieg mit der größten Erbitterung fortgesetzt. Die Phokier hatten die letzten Tempelschätze angegriffen, um Söldner anzuwerben und die Thebaner sahen sich wiederholt genötigt, den König Philipp um Hülfe anzusprechen. Nachdem er die Athener durch listige Unterhandlungen getäuscht und durch glänzende Versprechungen bethört hatte, zog er durch die Thermopylen gegen die unglücklichen Phokier, deren Städte, zwanzig an der Zahl, von den siegreichen Macedoniern mit schrecklicher Grausamkeit zerstört wurden.

Für jetzt zog sich Philipp wieder zurück, behielt aber den Paß von Thermopylä besetzt. Listig wartete er auf eine neue Gelegenheit, an den griechischen Angelegenheiten teilzunehmen, und unterhielt inzwischen durch Bestechungen Verräter in den griechischen Städten. Der bekannteste dieser Verräter ist der athenische Redner Äschines. Bald ward ein neuer heiliger Krieg beschlossen gegen die Einwohner der Stadt Amphissa in Lokris, welche die dem Apollo geheiligte Ebene von Krissa angebaut hatten. Auf den Rat des bestochenen Äschines ward Philipp zum Oberfeldherrn ernannt (339).

Zwar gelang es den Bemühungen des Demosthenes, die Athener zu bewaffnen, doch konnten sie nicht hindern, daß Philipp Amphissa eroberte. Dieser ging jetzt nicht wieder zurück, sondern blieb in Lokris und besetzte Elatea, um sich den Übergang nach Böotien zu sichern.

Die Athener konnten sich nicht mehr länger täuschen, sie erkannten, daß ihnen im folgenden Jahre der Entscheidungskampf um ihre Freiheit bevorstand. Mit rastlosem Feuereifer ermahnte Demosthenes die Athener und Thebaner zur Eintracht und Abwehr gegen den gemeinsamen Feind, und brachte ein Bündnis zwischen beiden Staaten zustande. Im Jahre 338 v. Chr. kam es in den Ebenen von Chäronea in Böotien zur Schlacht. Philipp stand den Athenern, sein Sohn Alexander den Thebanern gegenüber. Die Griechen mußten der überlegenen Feldherrnkunst Philipps und der Geübtheit seiner Scharen unterliegen, sie erlitten eine vollständige Niederlage. Die heilige Schar der Thebaner, 400 Mann stark, wurde niedergehauen; die Athener mußten dem Andrange der macedonischen Phalanx weichen.

Philipp soll in der Freude über diesen Sieg sich so vergessen haben, daß er im Übermut über das Schlachtfeld hinlief und die stolze Kriegserklärung der Athener höhnend hersagte. Da rief ihm ein Athener zu: „Wie, du spielst die Rolle des Thersites, da dir das Schicksal die des Agamemnon zugewiesen hat!" Doch zeigte Philipp gegen die Athener eine seltene Großmut, er gab ihnen den Frieden unter milden Bedingungen, indem er ihnen ihre Gefangenen ohne Lösegeld auslieferte, während die Thebaner die ihrigen loskaufen mußten; auch legte er keine Besatzung in die Stadt, wie er dies in Theben that. Als man ihm riet, Athen zu zerstören, wies er diesen Vorschlag mit den Worten zurück: „Wie, ich habe so vieles für den Ruhm gethan und sollte jetzt den Schauplatz des Ruhmes zerstören?"

Trotz der Niederlage ehrten die Athener den Demosthenes, der doch am meisten zum Kriege geraten hatte, sehr hoch; eine besondere Auszeichnung erwiesen sie ihm dadurch, daß sie ihn den bei Chäronea gefallenen Athenern die Leichenrede halten ließen.

Philipp wurde nach seinem Siege auf einer allgemeinen Versammlung der griechischen Staaten zu Korinth (337) zum Oberfeldherrn ernannt. Er beabsichtigte einen Feldzug gegen das persische Reich, doch war die Ausführung dieses Plans seinem größeren Sohne vorbehalten. Als er zu Agä in Macedonien die Hochzeit seiner Tochter feierte, ward er von einem Befehlshaber, Pausanias, der sich vom König beleidigt glaubte, aus Rache ermordet (336). Der Mörder ward ergriffen und getötet.

Philipp hatte vor seinem Tode das Orakel in Delphi über seinen Zug gegen die Perser befragt und die Antwort erhalten:

„Siehe, der Stier ist bekränzt, sein Ende da, nahe der Opfrer."
Diesen Spruch bezog er auf die Perser; nun aber war er es selbst, der im 46sten Jahre seines Lebens durch Meuchelmord gefallen war.

———————

XXXII.

Alexander der Große.

(336 bis 323 v. Chr.)

Alexander, Philipps Sohn, wurde 356 vor Chr. in
derselben Nacht geboren, in welcher der berühmte Dianen=
tempel zu Ephesos, eines der Wunderwerke der alten Bau=
kunst, von Herostratos, der sich durch diese Schandthat bei
der Nachwelt bekannt machen wollte, in Brand gesteckt wurde.
Die ephesischen Priester hielten den Brand dieses Tempels
für das Vorzeichen eines großen Unheils, welches Asien heim=
suchen werde, verhüllten ihr Haupt und trauerten. Die
Geburt Alexanders war für Philipp mit noch zwei glücklichen
Ereignissen verbunden: sein Feldherr Parmenio erfocht einen
Sieg, und sein Viergespann trug zu Olympia den Preis
davon. Im Gefühl des Übermaßes seines Glückes rief er
aus: „Götter, sendet mir auch ein Unglück, denn zu viel des
Glückes habt ihr mir verliehen!" Dem Alexander gab er
den Aristoteles zum Lehrer. „Ich freue mich", schrieb er
an diesen, „daß der Knabe geboren ist, während du noch
lebst, damit du ihn unterrichten und zu einem guten König
ausbilden kannst." Aristoteles entwickelte die herrlichen An=
lagen des Knaben und unterrichtete ihn in allen Gegenstän=
den griechischer Bildung, vor allem flößte er ihm Liebe zu
den Werken der griechischen Dichter ein, und der Jüngling
gewann die Gesänge des Homeros so lieb, daß er sie fast
auswendig wußte und stets eine Abschrift derselben unter
seinem Kopfkissen liegen hatte. Sein heißester Wunsch war,
dereinst eben solche Thaten, wie Achilles, auszuführen, aber
auch von den Dichtern ebenso besungen zu werden. Daher
pries er jenen Göttersohn glücklich, der im Leben einen
Freund an Patroklos und im Tode an Homeros einen Herold
seines Ruhmes gefunden habe. Schon als Knabe zeigte er
eine glühende Ruhmbegierde. Einst fragte man ihn, ob er
nicht in den Wettspielen zu Olympia auftreten wollte. „Ja",
sagte er, „wenn ich mit Königen um die Wette laufen
könnte!" Wenn die Nachricht von einem Siege seines Vaters
ankam, rief er schmerzlich aus: „Ach, mein Vater wird mir

alles voraus wegnehmen, und mir nichts mehr zu thun übrig lassen!" Einst wurde seinem Vater ein wildes Pferd, Bukephalos genannt, um den ungeheuren Preis von dreizehn Talenten zum Kauf angeboten. Die besten Reiter versuchten ihre Kunst daran, allein es ließ keinen aufsitzen, und Philipp befahl endlich, das Pferd als unbrauchbar wegzuführen. Da erbat sich Alexander von seinem Vater die Erlaubnis noch einen Versuch zu machen. Er ergriff es beim Zügel, führte es gegen die Sonne, weil er bemerkt hatte, daß es sich vor seinem eigenen Schatten fürchtete, streichelte es eine Zeit lang, ließ dann unbemerkt seinen Mantel fallen und schwang sich darauf. Sogleich flog das Pferd blitzschnell davon und alle Zuschauer zitterten für Alexander. Als sie aber sahen, daß er wieder umlenkte und das Roß nach Willkür bald rechts, bald links tummelte, erstaunten alle und Philipp rief mit Freudenthränen, indem er ihn umarmte: „Mein Sohn, suche dir ein anderes Königreich, Macedonien ist für dich zu klein!"

Achtzehn Jahre alt focht er mit in der Schlacht bei Chäronea und im einundzwanzigsten Jahre ward er nach dem Tode seines Vaters König von Macedonien (336). Alexanders Plan war, an der Spitze der Griechen das große persische Reich zu zerstören und an den Persern für ihre früheren Einfälle in Europa Rache zu nehmen. Er ging nach Korinth und ließ sich hier, wie sein Vater, zum Oberfeldherrn der Griechen gegen die Perser ernennen. Die Griechen, welche sich nach dem Tode seines Vaters zu befreien und mit dem Knaben Alexander, wie sie ihn nannten, bald fertig zu werden hofften, mußten sich ihm unterwerfen.

In Korinth lernte Alexander auch den weisen Diogenes kennen, der den Grundsatz des Sokrates, so wenig als möglich zu bedürfen, so weit ausdehnte, daß er sich bei den Griechen lächerlich machte. Er ging mit ungeschorenem Barte, mit einem schmutzigen und zerrissenen Mantel, ohne Sohlen, einen Bettelsack auf dem Rücken und wohnte damals in einer großen Tonne. Alexander, der von ihm gehört hatte, ging zu ihm. Diogenes lag eben vor seiner Tonne und sonnte sich. Als er eine Menge Menschen auf sich zukommen sah, richtete er sich ein wenig auf. Alexander redete lange mit ihm und fand seine Antworten so treffend und geistreich, daß er freundlich zu ihm sagte: „Kann ich dir eine Gunst erweisen?" „Ja," antwortete Diogenes, „tritt mir ein wenig aus der Sonne." — Der König wandte sich um und sagte zu den Umstehenden: „Wenn ich nicht Alexander wäre, möchte ich wohl Diogenes sein!"

Auch die Künstler besuchte Alexander fleißig, da er hoffte, durch sie verewigt zu werden, und zeigte sich in seinen Urteilen über Dinge, die er nicht verstand, oft ein wenig vorlaut. Einst tadelte er an einem Gemälde die un= richtige Zeichnung des Pferdes und befahl, sein Pferd selbst zur Vergleichung herbeizuführen. Es kam und wieherte so= gleich dem gemalten entgegen. „Sieh da!" sagte der Maler, „dein Pferd versteht sich besser auf die Kunst als du." — Als der junge König ein andermal mit vieler Anmaßung und weniger Kenntnis über Gemälde sprach, stieß ihn der Maler Apelles leise an und sagte: „Höre doch auf, Alexander! sieh nur, wie die Jungen dort lachen, die mir die Farben reiben."

Während Alexander damit beschäftigt war, die nördlichen Völkerschaften wieder zum Gehorsam zu bringen, verbreitete sich in Griechenland das Gerücht von seinem Tode. Sogleich erhoben sich die Griechen, ihre Freiheit wieder zu erringen, und Theben griff die macedonische Besatzung an. Bald aber nahete Alexander und stand vor Theben, ehe diese Stadt hinlängliche Truppen hatte an sich ziehen können. Nach einem verzweifelten Kampfe unterlagen sie der macedonischen Tapferkeit und Übermacht. Die Stadt ward darauf gänzlich zerstört bis auf die Tempel und das Haus des Pindaros, eines berühmten Dichters; alle Einwohner, mit Ausnahme der Nachkommen dieses Dichters, wurden als Sklaven ver= kauft.

Nachdem er so für Griechenlands Ruhe gesorgt hatte, dachte er an die Ausführung seines riesenhaften Planes. In Delphi wollte er die Pythia befragen an einem Tage, wo das Gesetz verbot Orakel zu erteilen. Er aber zog die Pythia mit Gewalt in das Heiligtum, und die Priesterin rief: „Mein Sohn, du bist unwiderstehlich!" Diesen Ausruf nahm Alexander als das günstigste Orakel an.

Nun brach er im Jahre 334 mit einem Heere von 30000 Fußgängern und etwas über 5000 Reitern auf. Bei seinem Übergang über den Hellespont goß er, wie einst Xerxes, Trankopfer aus und sprang dann zuerst an Asiens Küste. Hier opferte er allen griechischen Helden vor Troja und bekränzte das Grab des Achilles.

Am Fluß Granikos fand Alexander ein persisches Heer. Um es anzugreifen, mußte man durch den Fluß setzen, aber seine Feldherren widerrieten ihm den Durchgang. Doch Alexander rief: „Der Hellespont würde sich schämen, wenn wir dieses Flüßchen fürchteten!" stürzte mit seinen Soldaten hinein, watete glücklich hinüber, griff an, schlug die Feinde und eroberte ihr mit vielen Kostbarkeiten angefülltes Lager. Alexander selbst war in Lebensgefahr gewesen. Zwei persische Feldherren, die ihn an dem hohen Federbusche auf dem glänzenden Helme erkannten, eilten auf ihn zu. Er verteidigte sich tapfer, doch bekam er einen Hieb auf den Kopf, daß der Helm zersprang, und als er sich gegen denjenigen wandte, der ihm den Streich gegeben hatte, hob schon der zweite Perser den Arm, ihm auf den entblößten Kopf den Todesstreich zu geben. In diesem Augenblick eilte Klitos, ein braver Macedonier, herbei, und schlug dem Perser mit einem fürchterlichen Hiebe von hinten Arm und Schwert zur Erde, indes Alexander den andern Perser erlegte.

Infolge des Sieges am Granikos ward allmählich ganz Kleinasien erobert. Von der Landschaft Pisidien aus wandte sich Alexander nach Phrygien, wo ihn sein Feldherr Parmenio mit einem Teile des Heeres erwartete. In der Stadt Gordion wurde auf der Burg der Wagen eines alten phrygischen Königs aufbewahrt, in welchem das Joch durch einen sehr künstlichen Knoten von Baumbast befestigt war. Eine alte Sage ging, daß wer diesen Knoten löse, zum Herrn über ganz Asien bestimmt sei. Alexander zog sein Schwert und zerhieb den Knoten, um zu zeigen, daß das Schicksal ihm die Herrschaft über Asien beschieden habe. Als er hierauf Kleinasien bis an den Halys unterworfen hatte, zog er südlich nach Cilicien.

In Tarsos, der Hauptstadt von Cilicien, verfiel Alexander in eine gefährliche Krankheit. Er hatte mit Schweiß und Staub bedeckt ein Bad in dem kalten Flusse Cydnos genommen, der durch Tarsos strömt, und sich ein heftiges Fieber zugezogen. Kein Arzt getraute sich ihm etwas zu verordnen, und eine Schlacht mit dem Perserkönig Dareios Kodomannos stand bevor. Der Unmut des Königs stieg aufs höchste. Da entschloß sich sein Arzt Philipp, ein gefährliches, aber entscheidendes Mittel zu wagen. Er geht weg, einen Trunk zu bereiten. Indes kommt ein eilender Bote von seinem Feldherrn Parmenio mit folgendem Schreiben: „Traue dem Arzte Philipp nicht, der Perserkönig hat ihn mit vielem Gelde gewonnen und ihm seine eigene Tochter zur Ehe versprochen." Alexander legte den Brief unter sein Kopfkissen. Philipp trat herein mit einer ruhigen freien Miene; mit fester Hand reichte er dem Alexander den Becher; dieser nahm ihn, gab ihm Parmenios Brief und trank, während der Arzt las. Philipp versicherte seine Treue und der Ausgang rechtfertigte ihn. Nach wenigen Tagen stand Alexander wieder gesund an der Spitze seiner jubelnden Soldaten.

Indes war der Perserkönig mit einem Heere von 600000 Streitern vorgerückt. Bei Issos, in dem südöstlichen Winkel Kleinasiens, trafen beide Heere zusammen (333). Die Perser wurden völlig geschlagen; der König selbst floh und riß die übrigen mit sich fort. Viele tausende wurden gefangen, das ganze kostbare persische Lager ward von den Siegern erobert. Auch des Königs Mutter, seine Gemahlin und zwei seiner Töchter waren unter den Gefangenen, die Alexander jedoch nicht als Gefangene, sondern ihrer Würde gemäß behandeln ließ. Als Dareios davon hörte, rief er, die Hände gen Himmel emporhebend: „Götter, erhaltet mir mein Reich, damit ich mich dankbar bezeigen kann; habt ihr aber dessen Untergang beschlossen, so gebt es keinem anderen als dem Alexander." Dareios bot ihm, um seine Familie wieder zu erhalten und Frieden zu haben, Asien bis an das Taurosgebirge an, doch Alexander wies diesen Vorschlag zurück.

Darauf zog er längs der Küste hinunter nach Süden, eroberte Phönizien und zerstörte die Stadt Thyros. Alexander hatte den Einzug in die Stadt verlangt, um einem der tyrischen Götter zu opfern, allein die Thyrier schlugen sein Begehren ab. Da ließ Alexander einen zweihundert Fuß breiten Damm durch das Meer aufführen, um das feste Land mit der Insel, worauf die Stadt lag, zu verbinden. Die Mauern der Inselstadt wurden nun mit Heftigkeit bestürmt, doch widerstand sie noch sieben Monate, und Alexander dachte schon an den Rückzug, als die Thyrier durch einen Traum, daß einer ihrer Götter die Stadt verlassen wollte, entmutigt wurden. Alexander nahm nun die Stadt mit Sturm ein, und war über den langen Widerstand so erbittert, daß er 2000 Gefangene kreuzigen und 30 000 als Sklaven verkaufen ließ.

Auf seinem weiteren Zuge eroberte er Palästina. Der Hohepriester hatte sich geweigert, ihm Truppen und Getreide zu liefern, weil er dem König Dareios den Eid der Treue geleistet habe. Als nun Alexander gegen Jerusalem heranzog, ging, so wird erzählt,*) der Hohepriester durch ein himmlisches Gesicht aufgefordert, mit sämtlichen Priestern und einer großen Menge Volks, alle in weißen Gewändern und ihren Gott anrufend, dem Könige entgegen. Dieser, durch den ehrwürdigen Zug und den Namen Gottes, den der Hohepriester an seinem Gewande trug, ergriffen, fiel vor ihm nieder und betete den Gott der Juden an. Zu den Umstehenden aber sagte er, dieser Gott sei ihm schon in Macedonien einmal im Traum erschienen und habe ihn zu dem

---

*) Die Wahrheit der obigen, von einem jüdischen Geschichtsschreiber überlieferten Erzählung wird angezweifelt. Aus jüdischer Quelle fließt auch folgende Sage: Auf seinem Zug nach Indien kam Alexander an einen Strom. Er lagerte sich dort, nahm kleine gesalzene Fische in die Hand, daß er sie in die Flut tauchte und zum Brote aß. Und siehe, die Fische wurden wohlschmeckend und dufteten von Wohlgeruch. Er wusch sein Antlitz mit dem Wasser des Stromes, und sein Antlitz ward glänzend. Da sprach er: „Wahrlich, dies ist der Strom des Paradieses!" Und er machte sich auf und folgte dem Strom, bis er kam an die Pforten des Paradieses. „Öffnet mir die Thore!" rief er, „ich bin Alexander!" Aber eine Stimme von innen antwortete: „Dies ist die Pforte des Herrn, wo nur die Gerechten eingehen." Und Alexander antwortete: „Ich bin ein mächtiger Herrscher, hoch geachtet unter den Menschen, der Herr der Welt." Aber dieselbe Stimme erwiderte: „Dies ist die Pforte des Herrn, wo nur die Gerechten eingehen." Da sprach Alexander: „So gebt mir wenigstens ein Zeichen, daß ich hier gewesen bin." Und sie gaben ihm einen Totenkopf. Alexander trug ihn, doch bald ward ihm die Last zu schwer, und endlich konnte alles Gold Indiens ihn nicht aufwiegen. Da fragte der König die Rabbiner: „Ihr Söhne des Gesetzes, was bedeutet dieser Totenkopf, und daß er so schwer ist?" Und sie antworteten ihm: „Dieser Totenkopf ist der Mensch, und des Menschen Auge ist unersättlich. Nimm aber ein wenig Staub und bestreue ihn, so wird er alsbald leichter sein." Und sie nahmen Staub und bestreuten ihn, und das Gold und Silber wogen über.

persischen Feldzuge aufgefordert, da ihm die Herrschaft über
Asien bestimmt sei. Darauf hielt Alexander seinen Einzug
in Jerusalem, besuchte den Tempel und opferte nach Vor=
schrift des Hohenpriesters. Dieser legte ihm die Prophezeiung
Daniels (Kap. 8 und 11) aus und bezog sie auf den König.
Erfreut darüber, erließ Alexander den Juden die Steuern
im Sabbatjahre und gestattete ihnen, nach den Gesetzen ihrer
Väter zu leben.

Von Palästina aus kam der König nach Ägypten (332).
Die Ägypter nahmen ihn als einen Befreier von der persischen
Herrschaft freudig auf und unterwarfen sich ihm um so lieber,
da er die Sitten und Religionsgebräuche des Landes bestehen
ließ. Auch legte Alexander an einer der Mündungen des
Nil eine Stadt an, die er nach seinem Namen Alexandria
nannte, und welche später der Sitz des Welthandels wurde.
Von Ägypten aus unternahm Alexander noch einen Zug in
die libysche Wüste zum Orakel des Jupiter Ammon, wo ihn,
der Sage nach, die Priester als einen Sohn des Jupiter
begrüßten.

Dann zog Alexander wieder nach Norden durch Palästina
und Phönizien zurück und ging über den Euphrat und Tigris,
wo inzwischen König Dareios ein neues unermeßliches Heer
mit 200 Sichelwagen und 15 Elefanten gesammelt hatte.
Zwischen Gaugamela und Arbela trafen beide Heere
aufeinander (331). Der Feldherr Parmenio riet dem Alexan=
der zu einem nächtlichen Überfall, aber dieser antwortete:
„Es geziemt dem Alexander nicht, den Sieg zu stehlen!“
Noch am Morgen der Schlacht schlief er so fest, daß Par=
menio ihn wecken mußte. „Herr,“ rief er, „du schläfst ja,
als ob wir schon gesiegt hätten.“ — „Haben wir denn nicht
gesiegt,“ entgegnete der König, „da wir den Feind nun end=
lich vor uns haben und ihn nicht erst durch Wüsten mehr
aufsuchen dürfen?“ In der Schlacht leisteten die Perser,
namentlich ihre Reiterei, tapferen Widerstand; der linke Flügel
der Macedonier, den Parmenio befehligte, geriet ins Ge=
dränge, auf dem rechten Flügel aber war Alexander entschie=
den im Vorteil und stellte auch den Kampf auf dem linken
glücklich wieder her. Die Folge dieses Sieges war, daß die
Hauptstädte Babylon, Susa und Persepolis dem Sieger ihre
Thore öffneten. Hier fand Alexander ungeheure Schätze, mit

denen er seine Freunde, seine Offiziere und Soldaten be=
reicherte. Einst brachte ihm ein Hauptmann den Kopf eines
erlegten Feindes und sagte: „In unserem Lande erhält man
dafür einen goldenen Becher." „Doch nur einen leeren,"
antwortete Alexander, „ich will dir diesen voll einschenken
und ihn dir zutrinken." Ein andermal sah er einen Sol=
daten einen Esel mit königlichem Gelde vor sich hertreiben.
Da der Esel ermüdet war und kaum mehr fort konnte, nahm
ihm der Soldat seine Last ab und trug sie keuchend weiter.
„Werde nicht müde," rief ihm Alexander zu, „sondern trage
es den übrigen Weg noch vollends für dich in dein Zelt."

Der geschlagene Dareios war nach Medien und von da
nach den nördlichen Provinzen seines Reiches geflohen, und
Alexander machte sich auf, ihn zu verfolgen. Auf dem Zuge
erfuhr er, daß der Satrap Bessos sich gegen den unglück=
lichen Dareios empört habe, und ihn gefangen mit sich führe.
Alexander eilte dem Verräter nach. Auf diesem Zuge litt
das Heer, da das Wasser gänzlich mangelte, einen quälenden
Durst. Endlich brachte ein Soldat dem dürstenden Alexander
Wasser in einem Helme. Er nahm es; da er aber seine
Soldaten eben so, wie er, vor Durst lechzen sah, sagte er:
„Wenn ich allein trinken wollte, so würden diese hier den
Mut verlieren," und goß das Wasser aus. Die Soldaten
riefen voll Bewunderung über die Enthaltsamkeit des Königs:
„Wir sind nicht ermattet, wir sind auch nicht durstig, ja wir
halten uns auch nicht für sterblich, so lange wir einen solchen
König haben."

Bessos dachte bei der Verfolgung durch Alexander nur
auf seine eigene Rettung; zuvor aber brachte er mit seinen
Gefährten dem unglücklichen Dareios mehrere tödliche Wun=
den bei und ließ ihn dann auf seinem Wagen hülflos liegen.
Alexanders Reiter fanden ihn in seinem Blute. Er bat sie
um einen Trunk Wasser. Ein Macedonier brachte ihm etwas
in seinem Helme. Erquickt sprach der Unglückliche: „Freund,
das ist das höchste meiner Leiden, daß ich deine Wohlthat
nicht einmal vergelten kann. Aber Alexander wird sie dir
vergelten, und dem Alexander werden die Götter die Groß=
mut vergelten, die er meiner Mutter, meiner Gemahlin und
meinen Kindern erwiesen hat. Ich reiche ihm hier durch dich
meine Rechte." Der Macedonier ergriff sie, und Dareios

verschied. Gleich darauf kam Alexander; er war sehr bewegt bei dem Anblick, zog sein Oberkleid aus und breitete es über den Leichnam, den er in dem königlichen Begräbnis zu Persepolis mit großer Pracht beisetzen ließ. Auf einem späteren Zuge bekam Alexander den Mörder Bessos in seine Gewalt, ließ ihn geißeln und dann hinrichten.

Als sich Alexander fast das ganze weitläufige Perserreich unterworfen hatte, suchte er zwischen Macedoniern und Persern eine größere Annäherung zu bewirken. Er nahm persische Tracht und Sitten an, heiratete eine Perserin, ließ Perserknaben nach griechischer Weise erziehen und verlangte von seinen Macedoniern, daß sie nach morgenländischer Art vor ihm niederknien sollten. Dadurch erregte er in hohem Grade ihre Unzufriedenheit, die noch dadurch gesteigert ward, daß Alexander oft einen unbezähmbaren Jähzorn äußerte, der ihn bei der geringfügigsten Veranlassung zu Grausamkeiten hinriß.

Philotas, der Sohn des Parmenio, wurde einer Verschwörung gegen Alexander beschuldigt und mit dem Tode bestraft. Damit nicht der alte Parmenio, aufgebracht über den Tod seines Sohnes, eine Empörung gegen Alexander stifte, ließ dieser durch ausgesandte Meuchelmörder auch ihn, einen siebenzigjährigen Greis, niederstoßen.

Einst bei einem Schmause, wo alle schon vom Weine erhitzt waren, erhoben Schmeichler die Thaten Alexanders über die glänzendsten Thaten der berühmten Helden der Vorzeit. Nur Klitos, der dem König in der Schlacht am Granikos das Leben gerettet hatte, stimmte nicht ein, sondern behauptete, die Macedonier hätten bei jenen Thaten das meiste gethan und erhob Philipp weit über Alexander. Der ruhmsüchtige Alexander brannte vor Zorn; um so heftiger schrie der trunkene Klitos. Man brachte ihn weg, weil man den König vor Zorn glühend aufstehen sah. Doch Klitos kam durch eine andere Thür wieder in den Saal und stieß von neuem Schmähreden gegen den König aus. Da geriet Alexander, selbst berauscht, in Wut, riß einem Trabanten die Lanze aus der Hand und stieß den nieder, der ihm das Leben gerettet hatte. Aber in demselben Augenblicke waren Zorn und Rausch verschwunden, und zur Besonnenheit gekommen, erstarrte der König vor Schrecken über seine eigene That. Drei Tage lang wollte er weder Speise noch Trank zu sich nehmen, lag weinend und seufzend auf seinem Lager und rief unaufhörlich den Namen Klitos. Nur die Tröstungen seiner Freunde vermochten seinen Schmerz zu besänftigen und ihn dem Heere wiederzugeben.

Mit dem Frühling des Jahres 327 v. Chr. trat Alexander seinen Zug nach Indien an. Oft führte der Weg durch dürre wasserlose Sandwüsten, viele Beschwerden waren zu ertragen, doch Alexander ging mit unermüdlicher Thätigkeit und Ausdauer allen seinen Soldaten voran. Als er sich der Stadt Nysa, die von dem Gott Dionysos erbaut sein sollte, näherte, kamen Gesandte zu ihm, unter denen ihm besonders ein Greis durch sein edles Benehmen gefiel. Als dieser nach den Friedensbedingungen fragte, antwortete Alexander: „Sie sollen dich zu ihrem Beherrscher annehmen und mir hundert von ihren besten Männern als Geiseln senden." — „Doch würde ich besser regieren können," antwortete der Greis, „wenn ich dir nicht die besten, sondern die schlechtesten schicken dürfte." Dem Alexander gefiel die Antwort, und er nahm nur wenige Geiseln.

Weiter zog Alexander in das Land der fünf Ströme (Panjab). Hier verteidigte sich Poros, ein mächtiger König, mit großer Tapferkeit, fiel aber zuletzt auf dem Schlachtfelde in die Gewalt Alexanders. „Wie willst du behandelt sein?" fragte ihn dieser. — „Königlich." — „Erbitte dir etwas." — „In dem Worte königlich liegt alles, was ich zu erbitten habe." Alexander gab ihm sein Gebiet wieder und noch einen Teil der angrenzenden eroberten Länder dazu.

Alexander drang bis an den Fluß Hyphasis vor. Schon lange waren ihm seine Soldaten mit schweigendem Unwillen gefolgt: als aber der König seinen Zug noch weiter fortzuführen wünschte, sprachen sie ihr Verlangen zurückzukehren laut und unverhohlen aus. Alexander schloß sich drei Tage lang in seinem Zelte ein und ließ sich nicht sehen, um die Macedonier zur Änderung ihres Vorhabens zu bewegen. Umsonst, er mußte sich zur Rückkehr entschließen. An der Grenze seines Zuges ließ er zuvor zwölf turmhohe Altäre errichten und unter ritterlichen Spielen den Göttern Dankopfer darauf anzünden.

Mit einem Teil seines Heeres schiffte Alexander den Indos hinunter bis an die Mündung dieses Stromes, während Nearchos mit der Flotte an der Küste von Asien nach dem persischen Meerbusen segelte. Er selbst zog dann zu Lande mit dem Heere durch die brennenden Sandwüsten von Gedro-

fien. Die Wagen blieben im Sande stecken, die Lasttiere
fielen um; viele Soldaten starben vor Durst; oft fehlten Le=
bensmittel, und fand man sie, so tötete Unmäßigkeit, wen der
Mangel verschont hatte. Es entstand ein allgemeines Murren
unter den Soldaten, doch Alexander schwieg und ging zu Fuße
dem Zuge voran, bis sie endlich in angebaute Gegenden kamen.

Von Gedrosien ging der Zug durch Karmanien nach
Persis. In dieser Landschaft erkrankte Kalanos, ein Bramine,
den Alexander aus Indien mitgebracht hatte. Er faßte den
Entschluß, sich nach der Sitte seines Landes freiwillig den
Flammen zu übergeben, und weder Bitten noch Vorstellungen
Alexanders vermochten ihn von seinem Vorhaben abzubringen.
Ein Scheiterhaufen ward errichtet, und der Kranke darauf
gesetzt. Man hörte ihn mit völliger Ruhe indische Hymnen
singen, er verteilte noch den Schmuck und die Teppiche, mit
welchen der Scheiterhaufen ihm zu Ehren geziert war, unter
die Umstehenden. Dann legte er sich anständig zurück und
sah ohne die geringste Bewegung die Flammen über sich zu=
sammenschlagen. Alexander hatte diesem Schauspiel nicht bei=
wohnen wollen; er hatte aber befohlen, mit allen Trompeten
dazu zu blasen, worauf das ganze Heer das Kriegsgeschrei
anstimmte, und selbst die Elefanten sollen mitgebrummt haben.

In Susa, der Hauptstadt der Landschaft Susiana, suchte
Alexander das Band, durch welches er Macedonier und Perser
zu verbinden wünschte, noch enger zu knüpfen. Er selbst ver=
mählte sich mit einer persischen Königstochter, sein Freund
Hephästion mit einer andern Tochter des Dareios, achtzig
seiner Offiziere mit den angesehensten persischen Frauen.
Auch mehr als 15 000 gemeine Macedonier ließen sich durch
Belohnungen bewegen, persische Frauen zu nehmen. Nun
folgten Feste auf Feste, Spiele und Schmausereien wechselten
unaufhörlich mit einander ab.

Alexander wollte seine neuen persischen Unterthanen den
Macedoniern vollkommen gleichstellen und erregte dadurch die
Unzufriedenheit der letzteren im höchsten Grade. Als er aber
seinen Entschluß verkündigte, die durch Alter oder Wunden
unbrauchbaren Krieger nach Hause zu schicken: da erhob sich
allgemeiner Unwill: und es entstand ein förmlicher Aufruhr.
Das ganze Heer forderte laut seinen Abschied. Man brauche
sie ja nicht mehr, schrieen einige, er, sein Vater Ammon und
die neuen Perser könnten ja nun allein Krieg führen. Alexan=

16*

der ließ die Anstifter von seinen Leibwächtern greifen und
zum Tode führen: er selbst sprang auf den Rednerstuhl und
hielt eine nachdrückliche Strafrede. Er stellte ihnen vor, was
sein Vater und er selbst für die Macedonier gethan hätten,
wie er weder Wunden noch Mühseligkeit gescheut, seine
Krieger zu Siegesruhm und Reichtum gelangen zu lassen,
und schloß dann mit den Worten: „Jetzt gehet hin und er-
zählet, daß ihr euren König hier in Susa verlassen und den
von ihm überwundenen Barbaren zu bewachen übergeben
habt. Dadurch werdet ihr unstreitig bei den Menschen rühmlich und bei den Göttern als fromm erscheinen. Gehet hin!"

Nach dieser Rede begab sich Alexander in seinen Palast
und ließ sich zwei Tage lang nicht sehen, und schon verteilte
er die Befehlshaberstellen an die vornehmen Perser und ordnete das persische Heer, als die Macedonier am dritten Tage
ihn knieend um Verzeihung baten. Durch diese Reue ließ
sich Alexander versöhnen.

Einen herberen Schmerz bereitete dem Alexander der Tod
seines Freundes Hephästion. Drei Tage lang wies er Speise
und Trank von sich und verschmähte allen Trost. Dann
verwandte er zehntausend Talente zu dem Scheiterhaufen,
einem wahren Kunstwerke, auf welchem der Leichnam Hephä-
stions in Babylon, wo sich der König jetzt mit dem Heere
befand, verbrannt ward.

Auch ihm selbst, dem großen Alexander, war in Babylon
das Ziel seines Lebens gesteckt. Er verfiel in eine tödliche
Krankheit, die er sich durch die beständigen Anstrengungen
seines Körpers und Geistes, auch wohl durch Unmäßigkeit,
die er sich gegen Ende seines Lebens hatte zu Schulden kommen lassen, zugezogen hatte, und starb im Jahre 323 v. Chr.
An seinem Sterbetage wurde das verwaiste Heer zu ihm gelassen, und fast Mann für Mann reichte dem sterbenden König
die Hand.

Alexander hinterließ keinen Nachfolger. Unter seinen
Feldherren entstanden lange und blutige Kriege, die zu einer
Teilung des weitläufigen Reiches führten. Die daraus
hervorgegangenen Königreiche bestanden bis in die Zeiten der
Römer, wo sie nach und nach eine Beute dieses eroberungs-
süchtigen Volkes wurden.